国家级精品课程配套教材

21世纪高职高专精品教材

财务会计类

Jichu Kuaiji Xiti Yu Zhidao

基础会计习题与指导

第五版

陈岩　主　编

王觉　副主编

东北财经大学出版社

Dongbei University of Finance & Economics Press

大连

图书在版编目（CIP）数据

基础会计习题与指导／陈岩主编．—5 版．—大连：东北财经大学出版社，2018.1（2018.9 重印）

（21 世纪高职高专精品教材·财务会计类）

ISBN 978-7-5654-3009-1

Ⅰ.基… Ⅱ.陈… Ⅲ.会计学-高等职业教育-教学参考资料 Ⅳ.F230

中国版本图书馆 CIP 数据核字（2017）第 302874 号

东北财经大学出版社出版

（大连市黑石礁尖山街 217 号 邮政编码 116025）

网　　址：http：//www.dufep.cn

读者信箱：dufep @ dufe.edu.cn

大连市东晟印刷有限公司印刷　　　　东北财经大学出版社发行

幅面尺寸：185mm×260mm	字数：369 千字	印张：16.25
2018 年 1 月第 5 版		2018 年 9 月第 7 次印刷
责任编辑：张旭凤		责任校对：惠恩乐
封面设计：冀贵收		版式设计：钟福建

定价：29.00 元

教学支持　售后服务　　联系电话：(0411) 84710309

版权所有　侵权必究　　举报电话：(0411) 84710523

如有印装质量问题，请联系营销部：(0411) 84710711

第五版前言

2017 年，是中国现代史上具有里程碑意义的一年。

在这一年中，党的十九大召开，中国特色社会主义进入了新时代，我国社会主要矛盾已经转化为人民日益增长的美好生活需要和不平衡不充分的发展之间的矛盾。中国社会开启全面建设社会主义现代化国家新征程，向第二个百年奋斗目标进军。

在这一年中，"营改增"全面推开，《中华人民共和国会计法》作了适应新时代需要的修订。自 2014 年起陆续发布新增或修订的八项企业会计准则之后，财政部陆续发布了六项企业会计准则解释、四项会计处理规定及七项新增或修订的企业会计准则。

学以致用，在修订《基础会计》教材的同时，我们对与教材配套的练习册也相应地作了较大的改动。主要的变化如下：

第一，将会计基础理论的系统阐述，全面建立在决策有用论和受托责任论的学术体系之上。

第二，全面体现了近年来财政部陆续发布的六项企业会计准则解释、四项会计处理规定及七项新增或修订的企业会计准则的最新成果，并将这些准则中与基础会计相关的学术思想、具体程序和方法体现在教材的具体内容中。

第三，本书针对"营改增"的税法现实，全面修订了相关流转税的会计处理方法。

第四，2015 年 12 月，财政部部务会议、国家档案局局务会议修订、通过和公布了《会计档案管理办法》，本书也体现了新的《会计档案管理办法》的要求。

第五，兼顾会计基本理论的弹性与会计准则的刚性，既注重初学者掌握会计准则的基本精神，又注重培养财务人员的业务操作能力和职业判断能力。

第六，在"账务处理程序"一章，本书以仿真的凭证资料代替文字叙述的经济业务，模拟中小企业会计核算的基本流程，将理论融于实践，帮助初学者在最短时间内具备独立从事中小企业财务工作的能力。

本书是东北财经大学国家级精品课程"基础会计"的辅导教材，主要起学习指导和提供练习的作用，提高基础会计课程的教学和学习效果。经过四版的岁月洗礼，在第五版将要面世之际，我们衷心感谢十多年以来读者的关爱，我们将不懈努力，提高本书的质量，回馈于读者，回馈于社会。

由于编者水平有限，缺点和错误在所难免，恳请读者指正！

编　者
2018 年 8 月

第一版前言

如何提高基础会计课程的教学效果,是我们多年来一直在思考的问题。基础会计课程的特点有三个:一是高度的理论抽象,二是具体核算方法操作的高度技巧性,三是理论与实际应用的密切联系。高度的理论抽象需要言简意赅的归纳总结来辅助读者学习理解,具体核算方法操作的技巧需要大量的练习来培养,理论联系实际的应用需要案例来让读者理解理论在实际中的正确运用。为了达到学习、掌握、运用的目的,我们编撰了本书。

本书是基础会计学习的辅导教材,主要起学习指导和提供练习的作用。读者在学习基础会计课程的基础上,参考本书,进一步加深对应掌握内容的学习和理解,并能实际运用。为了让读者理解基础会计课程中高度抽象的理论问题,我们以学习目的与要求、预习要览、本章的重点与难点等方式,将每一部分课程的内容进行高度而通俗易懂的总结,并以关键概念、关键问题等形式让读者进一步加深对基础会计课程中涉及的理论问题的理解。为了让读者掌握基础会计课程中的具体核算方法的运用操作,配合教材的内容我们以练习题的方式编撰了大量的习题供读者练习。为了将理论与实际相联系,我们还配备了一些案例,力图让读者了解会计工作中可能碰到的实际问题及解决方法。

编写本教材的主导思想是配合教学需要、方便读者自学课程中的实训需要,同其他类似的教材比较,本书的特点是通俗性和理论联系实际,特别是将案例引入本书,体现了职业教育的特色。另外,在本书的编写过程中,参照了最新颁布的《企业会计准则》的有关内容,使本书与最新的会计法规制度相适应。

本书是在2001年由王觉副教授主编的《基础会计习题与案例》(东北财经大学出版社出版)一书的基础上,结合2004年度国家级精品课建设成果,考虑职业教育实训需求编写而成的。它凝聚了前《基础会计习题与案例》编写小组、精品课程建设小组的集体智慧。在此,对同仁们的辛勤劳动和大力支持,表示诚挚的感谢!

由于水平有限,缺点和错误在所难免,恳请读者指正!

编 者
2006 年 6 月 18 日

目　　录

第1章　概　论

一、学习目的与要求

通过本章的学习，对会计要有一个概括的了解，并理解如下内容：会计的含义、特点，会计对象，会计要素的具体组成及相互关系以及会计的职能、任务和方法。应重点掌握会计的含义、特点，会计要素的具体组成及相互关系，这是学习会计基础知识的必要前提。

二、预习要览

(一) 关键概念

1. 会计
2. 会计反映职能
3. 会计监督职能
4. 会计对象
5. 资金
6. 资金运动
7. 资金循环
8. 资金周转
9. 会计要素
10. 资产
11. 负债
12. 所有者权益
13. 收入
14. 费用
15. 利润
16. 利得
17. 损失

(二) 关键问题

1. 会计在经济管理中应发挥哪些方面的作用？
2. 你认为会计的本质是什么？
3. 会计核算方法之间的关系如何？
4. 会计有两大基本职能：反映和监督。通过本章的学习，你认为这两个基本职能之间的关系是什么？
5. 阅读最近相关报刊上关于会计反映和会计监督方面的论文，分析现实中会计两个基本职能作用的发挥情况及对策。
6. 为什么要划分会计要素？我国《企业会计准则》中规定了哪些会计要素？
7. 什么是资产？资产确认的条件有哪些？
8. 所有者权益包括哪些内容？从金额上看，它与资产、负债有何关系？
9. 收入和费用的发生对企业资产、负债及所有者权益会产生什么影响？
10. 企业的利润一般由哪些部分构成？

三、本章的重点与难点

(一) 会计的含义与对象

1. 会计的含义

会计是以货币为主要计量单位，利用一系列的会计方法，对社会生产过程中的经济活动，进行连续、系统、全面、综合的核算和监督，通过提供经济价值信息，反映和评价企业管理当局受托责任的完成情况。从对会计所下的定义来看，主要有以下几个问题：

（1）会计的计量单位。会计是以货币作为主要计量单位的，除此之外，还包括实物计量、劳动计量等单位。会计提供经济活动的信息主要是以价值形式进行的。

（2）会计的方法。会计工作有着自己专门的一系列程序与方法。

（3）会计的对象。会计的对象是社会生产过程中的经济活动。

（4）会计的职能。会计的职能，是指会计在经济管理活动中所具有的功能。反映和监督是会计的两大基本职能：①会计的反映职能，是指会计对客观经济活动的表述和价值数量上的确定，为经济管理提供所需要的信息。这个职能是通过会计上记账、算账和报账来实现的。②会计的监督职能，是指会计对经济活动的合理性、合规合法性和有效性进行的审查。它包括事前、事中和事后的监督。会计反映职能和监督职能是相辅相成、辩证统一的。会计反映是基础，没有会计反映，会计监督就没有客观依据；而会计反映必须以会计监督为保证，没有会计监督，会计反映就失去了存在的意义。

（5）会计的本质。会计是一种价值形式的信息提供和责任反映评价系统。

（6）会计管理的特征。会计管理具有连续性、系统性、全面性和综合性的特点。

2. 会计的对象

会计的对象就是社会生产过程中的资金运动。由于社会生产过程是由许多的企业、事业、行政等单位的经济活动和业务活动所组成的，而不同单位的经济活动和业务活动又不同，因此，不同单位的资金运动形式也有区别。工业企业是具有一定代表性的。

会计对象的具体划分就形成了会计的要素，包括资产、负债、所有者权益、收入、费用和利润。这就是会计对象的具体内容。

（二）会计的任务与方法

1. 会计的任务

会计的任务，是指根据会计的职能而规定的会计应该完成的工作和所要达到的目的要求。它是会计职能的具体化，也是发挥会计作用的前提。

会计的任务，取决于会计的职能和经济管理的要求，并受会计对象的特点所制约。在我国市场经济条件下，会计的基本任务概括起来主要有以下几点：

（1）记录经济业务，核算经济过程，提供会计信息。

（2）监督经济过程，维护财经纪律。

（3）预测经济前景，参与经营决策。

上述各项任务是相互联系、相互补充的，只有全面完成会计任务以后，才能充分发挥会计提供的信息在维护社会主义市场经济秩序、加强经济管理、提高经济效益中的重要作用。

2. 会计的方法

会计的方法，是指用来核算和监督会计对象、完成会计任务的手段。

会计的方法，由会计核算、预测、控制、分析、检查和监督等方法组成，形成了一个完整、科学的方法体系。其中，会计核算方法是基础，会计预测、控制、分析的方法是会计核算方法的继续和发展，而会计检查监督的方法是正确实施前述方法的保证。

会计核算是一个连续、系统和完整的过程，包括确认、计量、记录和报告四方面的内容。对经济业务进行会计核算时，首先要对经济业务进行确认和计量，在此基础上，利用会计凭证和账簿等进行记录，再以账簿记录为依据，编制财务报告，并将报告报送给使用者。会计确认和计量贯穿于会计核算的全过程。会计记录和报告需要有载体，在手工记账的条件下，其载体是会计凭证、账簿和财务报告。

进行会计核算，需要一系列专门方法，即会计核算方法。所谓会计核算方法，是指对会计对象进行确认、计量、记录和报告时所应用的方法。它主要包括：设置账户、复式记账、填制和审核凭证、登记账簿、成本计算、财产清查、编制财务报告。这七种会计核算方法相互联系、密切配合，组成了一个完整的方法体系。

（三）会计要素与会计等式

1. 会计要素的含义

会计要素，是对会计核算和监督的内容即会计对象按照一定的标准所进行的分类。

2. 会计要素的内容

我国《企业会计准则》规定了六个会计要素，即资产、负债、所有者权益、收入、费用和利润。

（1）资产

①资产的含义

资产，是指企业过去的交易或者事项形成的、由企业拥有或者控制的、预期会给企业带来经济利益的资源。

②资产的特征

A. 资产是一种能为企业提供未来经济利益的能力。这是资产的一项重要特征。

B. 资产必须为企业拥有或控制。前者是指企业对其有所有权；后者是指企业已经掌握了其实际未来利益和风险。

C. 资产是由过去的交易或者事项形成的。

③资产的分类

资产一般按流动性（即变现能力或耗用期限）可以分为流动资产和非流动资产。

流动资产，是指可以在1年内或超过1年的一个营业周期内变现、耗用或主要为交易目的而持有的资产，包括货币资金、交易性金融资产、应收及预付项目和存货等。其中，货币资金又包括库存现金、银行存款和其他货币资金；应收及预付项目包括应收票据、应收账款、其他应收款、预付账款等；存货是企业数量最大的流动资产，包括原材料、半成品、在产品、库存商品、包装物、低值易耗品等。

非流动资产是指流动资产以外的资产。如果资产预计不能在一个正常的营业周期中变现、出售或耗用，或持有目的主要不是为了交易，就是非流动资产，如可供出售金融资产、持有至到期投资、长期股权投资、投资性房地产、固定资产、无形资产、开发支出、递延所得税资产等。

固定资产，是指使用期限在1年以上，单位价值在规定标准以上，并在使用过程中保持原来物质形态的资产，包括房屋及建筑物、机器设备、运输设备、工具器具等。

无形资产，是指企业为生产商品或者提供劳务、出租给他人，或为管理目的而持有的、没有实物形态的、可辨认的非货币性资产，包括专利权、非专利技术、商标权、著作权、土地使用权等。

其他资产，是指除了上述资产以外的其他资产，如长期待摊费用等。

（2）负债

①负债的含义

负债，是指企业过去的交易或者事项形成的、预期会导致经济利益流出企业的现时义务。

②负债的特征

A. 负债的本质是一种经济义务，是由过去已经发生的经济交易或事项形成的经济义务。

B. 负债必须偿还，或以资产，或以劳务，或两者兼而有之。

C. 负债必须有能用货币计量或合理预计的金额。

D. 负债有确切的收款人和偿还日期。

③负债的分类

负债按其流动性（即偿还期限），一般可以分为流动负债和非流动负债。

A. 流动负债，是指将在 1 年内或者超过 1 年的一个营业周期内偿还的债务。它主要包括短期借款、应付票据、应付账款、预收账款、应付职工薪酬、应交税费、应付利息、其他应付款等。

B. 非流动负债，是指流动负债以外的负债。它主要包括长期借款、应付债券、长期应付款等。

（3）所有者权益

①所有者权益的含义

所有者权益是指企业资产扣除负债后，由所有者享有的剩余权益。公司的所有者权益又称为股东权益。

②所有者权益的内容

所有者权益包括五部分内容：实收资本（或股本）、资本公积、其他综合收益、盈余公积和未分配利润。

A. 实收资本（或股本）是投资者按照企业章程或合同、协议的约定，实际投入企业的资本。它是所有者权益的主体。

B. 资本公积是指由投入资本本身所引起的各种增值，与经济活动无关。它包括资本溢价、股本溢价、接受捐赠的资产价值和资本汇率折算差额等。

C. 其他综合收益是指企业根据会计准则未在损益中确认的各项利得和损失扣除所得税影响后的余额。

D. 盈余公积是从税后利润中提取的收益积累。它包括法定盈余公积和任意盈余公积。

E. 未分配利润是指企业留于以后年度分配的利润或待分配利润。

（4）收入

①收入的含义

收入是指企业在日常活动中形成的、会导致所有者权益增加的、与所有者投入资本无关的经济利益的总流入。

②收入的特征

A. 收入，从企业日常活动中产生，而不是从偶发的交易或事项中产生。不属于企业日常活动但也能给企业带来经济利益的交易或事项，其流入是利得，不是收入。

B. 收入可表现为企业资产的增加，也可表现为企业负债的减少，或者表现为二者兼而有之。

C. 收入能导致所有者权益的增加。

D. 收入只包括本企业经济利益的流入，不包括为第三方或客户代收的款项。

③收入的内容

收入包括销售商品和产品的收入、提供劳务的收入以及他人使用本企业资产的收入。

（5）费用

①费用的含义

费用，是指企业在日常活动中发生的、会导致所有者权益减少的、与向所有者分配利润无关的经济利益的总流出。

②费用的特征

A. 费用是已经发生或已经成为事实的耗费。

B. 费用会导致企业经济利益的减少。费用的发生可以表现为资产的减少或负债的增加。

C. 费用最终会减少企业的所有者权益。

③费用的内容

以工业企业为例，费用按其用途可分为计入产品成本的费用和不计入产品成本的费用。

A. 计入产品成本的费用，也称产品制造成本（或生产成本）。按其与产品的关系，又可分为直接费用和间接费用。直接费用是指为生产产品而直接发生的各项费用，包括直接材料费用、直接人工费用和其他相关支出。间接费用是指为生产产品而间接发生的各项费用，包括间接材料费用、间接人工费用以及其他间接费用。

B. 不计入产品成本的费用，也称期间费用。它包括管理费用、财务费用和销售费用。这些费用直接计入当期损益。

（6）利润

①利润的含义

利润，是指企业在一定会计期间的经营成果。利润包括收入减去费用后的净额、直接计入当期利润的利得和损失等。

②利润的构成

利润由营业利润、投资净收益和营业外收支净额组成。营业利润是指企业经济活动所产生的利润，是营业收入减去营业成本、税金及附加和期间费用后的余额。投资净收益是指企业对外投资所获得的利润，是企业投资收入减去投资损失后的余额。营业外收支净额是指与企业生产经营活动没有直接联系的营业外收入减去营业外支出后的余额。

③净利润的形成及分配

企业利润总额扣减所得税后的净额，即为企业净利润。企业的净利润必须分配，包括弥补亏损、提取盈余公积、分配股利等。

3. 会计要素划分的意义

会计要素的划分在会计核算中具有重要作用，它是对会计对象进行的科学分类，是设置会计科目和账户的基本依据，同时也为会计报表的构筑提供了框架。

4. 会计要素之间的数量关系——会计等式

（1）会计等式的含义

会计等式，是指运用数学方程的原理来描述会计对象具体内容，即会计要素之间相互关系的一种表达式。

（2）静态会计等式（基本会计等式）

资产＝权益＝债权人权益＋所有者权益＝负债＋所有者权益

这是反映特定日期静态财务状况的等式。

（3）动态会计等式

收入－费用＝利润

这是反映一定时期动态经营成果的等式。

将二者合并起来可得：

资产＝负债＋所有者权益＋（收入－费用）

　　　＝负债＋所有者权益＋利润

资产＋费用＝负债＋所有者权益＋收入

上述等式表明，企业的收入能导致企业资产的增加和所有者权益的增加，而费用的发生会导致资产和所有者权益的减少。

（4）经济业务类型及对会计等式的影响

企业经济业务发生后，会引起上述等式中有关项目的增减变动，但无论发生什么经济业务，都不会破坏各会计要素之间的平衡关系。

①资金投入业务

资金投入业务，会涉及会计等式两边发生变化，一方面会引起会计等式左边资产增加，同时另一方面也会使会计等式右边权益增加，两者增加的数额相等，结果会使企业的资金总额增加，但是不破坏会计等式的平衡关系。

②资金循环与周转业务

当涉及会计等式两边会计要素发生变化时，有两种情况：一种情况是会使资产增加，同时也使权益增加，增加的数额相等；另一种情况是会使资产减少，同时也会使权益减少，减少的数额相等。

当涉及会计等式一边会计要素变化时，也有两种情况：一种情况是只涉及会计等式左边会计要素发生变化，即会使一项（或几项）资产增加，同时也使另一项（或几项）资产减少，增减数额相等；另一种情况是只涉及会计等式右边会计要素发生变化时，会使一项（或几项）权益增加，同时也会使另一项（或几项）权益减少，增减数额相等。

③资金退出业务

当企业发生资金退出业务时，会影响会计等式两边会计要素发生变化。一方面会使资产减少，另一方面会使权益减少，两者减少的数额相等，会计等式仍保持平衡。

（5）会计等式的意义

由于会计等式这一平衡原理揭示了企业会计要素之间的这种规律性联系，因而它是设置会计科目和账户、复式记账和编制会计报表的理论依据。

四、练习题

(一) 单项选择题

1. 会计的基本职能是(　　)。
　A. 反映与分析　　　　B. 反映与监督　　　　C. 反映与核算　　　　D. 控制与监督

2. 会计的对象是指(　　)。
　A. 资金的投入与退出
　B. 企业的各项经济活动
　C. 社会生产过程中能用货币表现的经济活动
　D. 预算资金运动

3. 会计对各单位经济活动进行核算时,选作统一计量标准的是(　　)。
　A. 劳动量度　　　　B. 货币量度　　　　C. 实物量度　　　　D. 其他量度

4. 会计方法体系中,其基本环节是(　　)。
　A. 会计预测方法　　B. 会计分析方法　　C. 会计监督方法　　D. 会计核算方法

5. 传统的会计主要是(　　)。
　A. 记账、算账、报账　　　　　　　　B. 预测、控制、分析
　C. 记账、算账、查账　　　　　　　　D. 记账、算账、分析

6. 资产是企业拥有或控制的资源,该资源预期会给企业带来(　　)。
　A. 投入资本　　　　B. 负债　　　　C. 超额利润　　　　D. 现金流入

7. 所有者权益是企业所有者在企业资产中享有的经济利益,在数量上等于(　　)。
　A. 全部资产减去长期负债　　　　B. 全部资产减去流动负债
　C. 企业的新增利润　　　　　　　D. 全部资产减去全部负债

8. 负债的增加会导致(　　)。
　A. 权益增加　　　　B. 利润增加　　　　C. 收入增加　　　　D. 收入减少

9. 构成企业所有者权益主体的是(　　)。
　A. 资本公积　　　　B. 实收资本　　　　C. 未分配利润　　　　D. 盈余公积

10. 经济业务发生仅涉及资产这一会计要素时,只引起该要素中某些项目的(　　)变动。
　A. 同增　　　　B. 同减　　　　C. 一增一减　　　　D. 不增不减

11. 引起资产和权益同时增加的业务有(　　)。
　A. 从银行提取现金　　　　　　　　B. 从银行借款存入银行
　C. 用银行存款上交税费　　　　　　D. 用银行存款支付前欠购货款

12. 以下各项目中属于资产的有(　　)。
　A. 短期借款　　　　B. 存货　　　　C. 实收资本　　　　D. 应付利润

13. 某企业资产总额为150万元,当发生下列两笔经济业务后:(1)向银行借款10万元存入银行;(2)用银行存款偿还应付账款15万元,其权益总计为(　　)万元。
　A. 145　　　　B. 175　　　　C. 155　　　　D. 125

14. 按我国会计要素的划分,营业外支出归属的会计要素是(　　)。

A. 收入　　　　　　B. 费用　　　　　　C. 所有者权益　　　　D. 利润

15. 下列引起所有者权益总额增加的情况是(　　)。

A. 资产与负债同增　　　　　　　　B. 资产与负债同减

C. 资产增加、负债减少　　　　　　D. 资产减少、负债增加

16. 某企业本期期初资产总额为 100 000 元，本期期末负债总额比期初减少 10 000 元，所有者权益比期初增加 30 000 元。该企业期末资产总额是(　　)元。

A. 90 000　　　　　　B. 130 000　　　　　　C. 100 000　　　　　　D. 120 000

17. 引起资产内部一个项目增加，另一个项目减少，而资金总额不变的经济业务是(　　)。

A. 收到外单位前欠货款　　　　　　B. 收到国家拨入特准储备物资

C. 用银行存款偿还短期借款　　　　D. 收到投资者投入的机器一台

18. 流动资产是指其变现或耗用期在(　　)。

A. 1 年内　　　　　　　　　　　　B. 一个营业周期内

C. 1 年内或超过 1 年的一个营业周期内　　　D. 超过 1 年的一个营业周期内

19. 下列引起资产和负债同时减少的经济业务是(　　)。

A. 将现金存入银行　　　　　　　　B. 购进材料一批，货款暂欠

C. 以银行存款偿还银行借款　　　　D. 应付账款转为应付票据

20. 下列各项中，属于反映企业财务状况的会计要素是(　　)。

A. 收入　　　　　　B. 费用　　　　　　C. 利润　　　　　　D. 负债

(二) 多项选择题

1. 在工业企业经营过程中，其经营资金的主要变化方式是(　　)。

A. 货币资金转化为储备资金、固定资金　　　B. 储备资金转化为成品资金

C. 储备资金转化为生产资金　　　　D. 生产资金转化为成品资金

E. 成品资金转化为货币资金

2. 会计核算方法包括(　　)。

A. 财务指标分析　　　　　　　　　B. 填制和审核凭证

C. 设置会计科目和复式记账　　　　D. 成本计算和财产清查

E. 登记账簿和编制会计报表

3. 会计反映职能的特点是(　　)。

A. 反映已发生的经济业务　　　　　B. 具有完整性、连续性、系统性

C. 主要计量手段是货币　　　　　　D. 可以预测未来

E. 检查经济活动的合法性

4. 根据我国《企业会计准则》的规定，会计要素包括(　　)。

A. 资产和费用　　　　　　　　　　B. 负债和收入

C. 资金占用和资金来源　　　　　　D. 利润和所有者权益

E. 会计科目和账户

5. 资产的确认应满足下列(　　)条件。

A. 必须能为企业提供未来经济利益　　　B. 必须是企业拥有或控制的

C. 必须是具有实物形态的　　　　　D. 可以是未来产生的

E. 必须是过去的交易或事项形成的

6. 下列项目属于长期资产的有( )。

A. 存货　　　　　B. 长期股权投资　　　C. 无形资产　　　　D. 货币资金

7. 企业的投入资本是( )。

A. 企业所有者权益构成的主体

B. 投资者实际投入企业经营活动的各种财产物资和货币资金

C. 企业注册成立的基本条件之一

D. 企业投资人对企业净资产的所有权

E. 企业正常运作必需的资金和承担民事责任的财力保证

8. 资产按其流动性可分为( )。

A. 长期投资　　　　　B. 流动资产　　　　　C. 无形资产

D. 固定资产　　　　　E. 其他资产

9. 收入的特征是( )。

A. 会引起新资产的取得或债务的清偿　　　B. 所有的货币资产的流入都是收入

C. 并非所有的货币资产流入都是收入　　　D. 会引起所有者权益的增加

E. 只有当企业提供产品、劳务而取得货币资金或取得收取款项的权利时，才可确
　 认为收入

10. 下列经济业务，属于资产和权益同时减少的是( )。

A. 售出固定资产　　　　B. 上缴税款　　　　　C. 销售产品，货款未收

D. 用存款归还银行借款　　E. 用存款归还应付账款

11. 一个企业的资产总额与权益总额是相等的，这是因为( )。

A. 资产和权益是同一资金的两个侧面

B. 任何资产都有它相应的权益

C. 任何权益都能形成相应的资产

D. 某一具体资产项目的增加，总是同另一具体权益项目的增加同时发生

E. 权益方内部具体项目的增加减少，不影响资产总额与权益总额的变动

12. 下列资产项目与权益项目之间的变动符合资金运动规律的有( )。

A. 资产某项目增加与权益某项目减少

B. 资产某项目减少与权益某项目增加

C. 资产某项目增加而另一项目减少

D. 权益某项目增加而另一项目减少

E. 资产某项目与权益某项目同等数额的同时增加或同时减少

13. 下列项目中，属于所有者权益的有( )。

A. 长期待摊费用　　　　　B. 未分配利润　　　　　C. 无形资产

D. 盈余公积　　　　　　　E. 实收资本

14. 下列业务中可能引起所有者权益增加的有( )。

A. 以银行存款投资办公司　　　　　B. 公司所有者给公司投入设备

C. 所有者代公司偿还欠款　　　　　D. 提取现金

E. 以银行存款购买设备

15. 引起资产与权益同时增加的经济业务有（　　　）。

A. 投资者投入资本存入银行

B. 向银行取得短期借款存入银行

C. 计入产品成本但尚未支付的工人工资

D. 已经预提但尚未支付的费用

E. 货款尚未支付的已入库的原材料

（三）判断题

1. 会计计量单位只有一种，即货币计量。　　　　　　　　　　　（　　）

2. 我国所有企业的会计核算都必须以人民币作为记账本位币。　　（　　）

3. 会计核算的完整性是指对所有的经济活动都要进行计量、记录和报告。（　　）

4. 在会计核算方法体系中，其主要的工作程序是填制和审核凭证、登记账簿和编制财务报告。　　　　　　　　　　　　　　　　　　　　　　　　（　　）

5. 不能给企业未来带来预期经济利益的资源不能作为企业资产反映。　（　　）

6. 资产和权益在金额上始终是相等的。　　　　　　　　　　　　（　　）

7. 资产流入企业是由企业增加收入导致的。　　　　　　　　　　（　　）

8. 所有经济业务的发生都会引起会计等式两边发生变化。　　　　（　　）

9. 任何经济业务发生都不会破坏会计等式的平衡关系。　　　　　（　　）

10. 如果一个账户的借方登记增加额，则其贷方一定登记减少额。　（　　）

（四）综合题

1. 目的：熟悉与掌握各会计要素的具体内容。

资料：中星公司有下列项目：

库存现金	银行存款	实收资本	应收账款	应付账款
短期借款	原材料	库存商品	预付账款	主营业务收入
盈余公积	预收账款	管理费用	财务费用	未分配利润
投资收益	固定资产	应付职工薪酬	所得税费用	其他应收款
营业外收入	主营业务成本			

要求：根据上列资料，分别列示资产类、负债类、所有者权益类、收入类、费用类项目。

2. 目的：练习对会计要素进行分类，并掌握它们之间的关系。

资料：某企业月末各项目余额如下：

（1）银行里的存款 120 000 元；

（2）投资者投入资本 7 000 000 元；

（3）向银行借入 2 年期的借款 600 000 元；

（4）出纳处存放现金 1 500 元；

（5）向银行借入半年期的借款 500 000 元；

（6）仓库里存放的原材料 519 000 元；

（7）应付外单位货款 80 000 元；

（8）机器设备价值 2 500 000 元；

（9）房屋及建筑物价值 420 000 元；

（10）仓库里存放的产成品 194 000 元；

（11）应收外单位货款 100 000 元；

（12）以前年度尚未分配的利润 750 000 元；

（13）正在加工中的产品 75 500 元；

（14）对外长期投资 5 000 000 元。

要求：（1）判断上列资料中各项目的类别（资产、负债、所有者权益），并将各项目金额填入表 1-1。

表 1-1　　　　　　　　　资产、负债、所有者权益情况表　　　　　　　　单位：元

项　　目	金　　额		
	资　产	负　债	所有者权益
合　计			

（2）计算表 1-1 内资产总额、负债总额、所有者权益总额，并检验是否符合会计基本等式。

3. 目的：练习经济业务的类型。

资料及要求：对将会直接导致下列各项目变动的经济业务各举一例。

（1）既有现金又有利润：

　　现金　+　　　　　利润　+

（2）有现金无利润：

　　现金　+　　　　　负债　+

（3）有利润无现金：

①　资产　+　　　　　利润　+

②　利润　+　　　　　负债　−

（4）既无现金又无利润：

　　资产　+　　　　　负债　+

4. 目的：练习会计要素之间的相互关系。

资料：假设某企业 12 月 31 日的资产、负债及所有者权益的状况如表 1-2 所示。

要求：（1）计算表 1-2 中应填的数据。

（2）计算该企业的流动资产总额。

表 1-2　　　　　　　　　　　　资产负债表（简表）　　　　　　　　单位：元

资　产	金　额	负债及所有者权益	金　额
库存现金	1 000	短期借款	10 000
银行存款	27 000	应付账款	32 000
应收账款	35 000	应交税费	9 000
存货	52 000	长期借款	B
长期股权投资	A	实收资本	240 000
固定资产	200 000	资本公积	23 000
合　计	375 000	合　计	C

（3）计算该企业的负债总额。

（4）计算该企业的净资产总额。

5. 目的：练习与掌握经济业务的类型及对会计等式的影响。

资料：星海公司 2017 年 7 月 31 日的资产负债表显示资产总计 375 000 元，负债总计 112 000 元，该公司 2017 年 8 月份发生如下经济业务：

（1）用银行存款购入全新机器一台，价值 30 000 元。

（2）投资者投入原材料，价值 10 000 元。

（3）以银行存款偿还所欠供应单位账款 5 000 元。

（4）收到购货单位所欠账款 8 000 元，收存银行。

（5）将一笔长期负债 50 000 元转化为对企业的投资。

（6）按规定将 20 000 元资本公积转增资本金。

要求：（1）根据 8 月份发生的经济业务，分析说明它对会计要素情况的影响。

（2）计算 8 月末星海公司的资产总额、负债总额和所有者权益总额。

五、练习题参考答案

（一）单项选择题

1. B　2. C　3. B　4. D　5. A　6. D　7. D　8. A　9. B　10. C　11. B　12. B　13. A 14. D　15. C　16. D　17. A　18. C　19. C　20. D

（二）多项选择题

1. ACDE　2. BCDE　3. ABC　4. AD　5. ABE　6. BD　7. ABCDE　8. ABCDE 9. ACDE　10. BDE　11. ABCE　12. CDE　13. BDE　14. BC　15. ABCDE

（三）判断题

1. ×　2. ×　3. ×　4. √　5. √　6. √　7. ×　8. ×　9. √　10. √

（四）综合题

1. 资产类：库存现金、银行存款、应收账款、原材料、库存商品、预付账款、固定资产、其他应收款。

负债类：应付账款、短期借款、预收账款、应付职工薪酬。

所有者权益类：实收资本、盈余公积、未分配利润。

收入类：主营业务收入、利息收入、投资收益、营业外收入。

费用类：管理费用、财务费用、所得税费用、主营业务成本。

2．将各项目填入后见表1-3：

表1-3　　　　　　　　　　　　资产、负债、所有者权益情况表　　　　　　　　　单位：元

项　　　目	金　　　额		
	资　产	负　债	所有者权益
1. 银行里的存款 120 000 元	120 000		
2. 投资者投入资本 7 000 000 元			7 000 000
3. 向银行借入 2 年期的借款 600 000 元		600 000	
4. 出纳处存放现金 1 500 元	1 500		
5. 向银行借入半年期的借款 500 000 元		500 000	
6. 仓库里存放的原材料 519 000 元	519 000		
7. 应付外单位货款 80 000 元		80 000	
8. 机器设备价值 2 500 000 元	2 500 000		
9. 房屋及建筑物价值 420 000 元	420 000		
10. 仓库里存放的产成品 194 000 元	194 000		
11. 应收外单位货款 100 000 元	100 000		
12. 以前年度尚未分配的利润 750 000 元			750 000
13. 正在加工中的产品 75 500 元	75 500		
14. 对外长期投资 5 000 000 元	5 000 000		
合　　　计	8 930 000	1 180 000	7 750 000

3．（1）销售商品一批，收到现金。

（2）从银行取得借款。

（3）①赊销商品一批，收到商业汇票一张。

②向已预付货款的某公司发出商品。

（4）赊购商品一批。

注：以上答案仅供参考，并非唯一正确答案。

4．（1）A 为 60 000，B 为 61 000，C 为 375 000。

（2）流动资产总额＝1 000+27 000+35 000+52 000＝115 000（元）

（3）负债总额＝10 000+32 000+9 000+61 000＝112 000（元）

（4）净资产总额＝375 000-112 000＝263 000（元）

　　　　　或＝240 000+23 000＝263 000（元）

5．首先分析经济业务对会计要素的影响见表1-4。

表 1-4　　　　　　　　　　　　经济业务对会计要素影响表　　　　　　　　　　单位：元

会计要素项目及数量关系	资产 375 000	负债 112 000	所有者权益 263 000
（1）	固定资产+30 000 银行存款-30 000		
（2）	原材料+10 000		实收资本+10 000
（3）	银行存款-5 000	应付账款-5 000	
（4）	银行存款+8 000 应收账款-8 000		
（5）		长期借款-50 000	实收资本+50 000
（6）			实收资本+20 000 资本公积-20 000
期末金额	380 000	57 000	323 000

从表 1-4 中可以看出，8 月末该公司的资产总额为 380 000 元，负债总额为 57 000 元，所有者权益总额为 323 000 元。

第 2 章　会计的基本规范

一、学习目的与要求

会计规范是会计工作应遵循的前提、原则、方法和程序等内容的总和。会计规范可分为会计相关法律、会计假设、会计基本准则、会计具体准则、会计制度、会计人员工作规范等内容，本章主要讨论会计基本假设和会计基本准则。通过本章的学习，使学习者理解会计基本假设、会计核算的一般原则和会计人员工作规范。应重点掌握会计基本假设和会计核算的一般原则，它是进行会计事务处理的必要前提和行为规范。

二、预习要览

（一）关键概念

1. 会计基本假设　　　2. 会计主体　　　3. 持续经营

4. 会计分期　　　　　5. 货币计量　　　6. 权责发生制

7. 会计基本准则

（二）关键问题

1. 为什么要确定会计假设才能进行会计工作？每一个假设分别明确了什么问题？

2. 会计假设与会计基本准则有何关系？

3. 你认为从会计信息使用者的角度来看，会计基本准则中首要的要求和最重要的要求各是什么？

4. 你认为会计所提供的信息应该满足哪些要求才能有用？

5. 权责发生制与收付实现制有何区别和相同点？

三、本章的重点与难点

（一）会计基本假设

1. 会计基本假设的作用

会计基本假设，亦称会计核算的基本前提，是指为了保证会计工作的正常进行和会计信息的质量，对会计核算的范围、内容、基本程序和方法所作的基本假定。经济活动的复杂性决定了资金运动（即会计对象）的复杂性，也决定了面对变化不定的经济环境，必须以假设的方式对有些问题作出人为的、根本性的限定。

2. 会计基本假设的内容

我国《企业会计准则》中，明确规定了四项基本前提，即会计主体假设、持续经营假设、会计分期假设和货币计量假设。

（1）会计主体假设

会计主体假设是指会计所服务的特定单位。会计主体前提，是指会计核算是反映一个特定企业的经济活动，既不包括企业所有者个人，又不包括其他企业的经济活动。它明确了会计工作的空间范围。

会计主体与企业法人不同。所有法人都是会计主体，但有些会计主体就不一定是法人。法人实体、非法人实体、集团企业下属的子公司、企业所属的二级核算单位均可成为会计主体。会计主体前提是持续经营、会计分期前提和全部会计准则的基础。

（2）持续经营假设

持续经营假设是指当会计为某一个会计主体服务时，以该主体在可以预见的未来时间内按预定的方针持续经营下去为前提。它明确了会计工作的时间范围。只有假定这个会计主体是持续、正常经营的，会计原则和程序才有可能建立在非清算的基础之上，不采用合并、破产清算的那一套处理方法。

（3）会计分期假设

会计分期假设是指当会计为持续经营的会计主体进行核算和监督时，以企业的资金运动过程可以分期核算为前提，而不需要等到过程终止。它是对会计工作时间范围的具体划分。会计分期主要是确定会计年度，我国会计年度采用公历年度。还可以把会计年度划分为会计半年度、季度、月度，其中，半年度、季度、月度均称为会计中期。

（4）货币计量假设

货币计量假设是指当会计为持续经营的会计主体进行核算时，以采用币值稳定的货币为前提。我国有关法规规定，会计核算以人民币为记账本位币。业务收支以外币为主的企业，也可以选定某种外币作为记账本位币，但编制的会计报表应当折算为人民币反映。

（二）会计基本准则

会计基本准则，是在会计核算的基本前提下，进行会计核算的衡量标准和质量要求，是处理具体会计业务的基本依据。

根据最新颁布的《企业会计准则》的规定，我国会计基本准则大体上可以划分为三类：一是关于会计信息质量方面的要求；二是关于会计惯例修订方面的要求；三是关于会计要素确认、计量方面的要求。

1. 关于会计信息质量方面的要求

（1）可靠性要求

可靠性要求是指会计核算提供的信息应当以实际发生的经济业务及表明经济业务发生的合法凭证为依据，如实反映财务状况和经营成果，做到内容真实、数字准确、资料可靠。

（2）相关性要求

相关性又称有用性，是指会计核算所提供的会计信息应当有助于信息使用者做出决策，也就是信息要与决策相关联。

（3）可理解性要求

可理解性要求是指会计报表及其他相关信息必须明晰，便于会计信息使用者理解和利用。

（4）可比性要求

可比性要求是指对于相同或相类似的会计事项，采用的会计核算程序和方法应当是一致或相类似的。如对于相同的房屋建筑物，采用的折旧方法就应当是相同的。

（5）及时性要求

及时性要求是指会计必须及时地提供会计信息。

2. 关于会计惯例修订方面的要求

（1）实质重于形式要求

实质重于形式要求就是要求在选择会计要素确认和计量方法时，应根据会计事项的经济实质而不是其外在形式来确定。

（2）谨慎性要求

谨慎性要求，又称稳健性原则或保守主义，是指在处理不确定性经济业务时，应持谨慎态度，如果一项经济业务有多种处理方法可供选择时，应选择不导致夸大资产、虚增利润的方法。在进行会计核算时，应当合理预计可能发生的损失和费用，而不应预计可能实现的收入和过高估计资产的价值。

（3）重要性要求

重要性要求是指财务报告在全面反映企业的财务状况和经营成果的同时，应当区别经济业务的重要程度，采用不同的会计处理程序和方法。具体来说，对于重要的经济业务，应单独核算、分项反映，力求准确，并在财务报告中做重点说明；对于不重要的经济业务，在不影响会计信息真实性的情况下，可适当简化会计核算或合并反映，以便集中精力抓好关键。

3. 关于会计要素确认、计量方面的要求

（1）权责发生制

权责发生制是以"应收"、"应付"为标准来确认会计期间损益的方法。损益是指收入与相应费用对比的结果。

（2）配比要求

配比要求是指某种收入应与为取得这种收入而发生的费用相配比，以确认某项经济活动的业务成果。

（3）收益性支出与资本性支出相划分要求

收益性支出与资本性支出相划分要求是指收益性支出作为当期费用，应为当期利润的抵减，资本性支出未耗费部分作为资产，不得冲减当期损益，二者不得混淆。

（4）历史成本要求

历史成本要求，又称实际成本要求或原始成本要求，是指企业的各项财产物资应当按取得或购建时发生的全部必要的实际支出价值作为资产的入账价值。物价变动时，除非国家另有规定，否则不得调整账面价值。

四、练习题

（一）单项选择题

1. 凡支出的效益属于一个会计年度的，属于（　　）。

A. 营业性支出　　　　B. 营业外支出　　　　C. 收益性支出　　　　D. 资本性支出

2. 经营的目的是为了盈利的企业，在确定会计期间损益时应采用（　　）。

A. 收付实现制　　　　B. 实地盘存制　　　　C. 权责发生制　　　　D. 永续盘存制

3. 提取坏账准备金这一做法体现的是(　　　)。

A. 配比要求　　　　　B. 重要性要求　　　　　C. 谨慎性要求　　　　D. 可理解性要求

4. 在会计年度内，如把收益性支出当作资本性支出处理了，则会(　　　)。

A. 本年度虚增资产、收益　　　　　　　　B. 本年度虚减资产、虚增收益

C. 本年度虚增资产、虚减收益　　　　　　D. 本年度虚减资产、收益

5. 配比要求是指(　　　)。

A. 收入与费用相配比　　　　　　　　　　B. 收入与销售费用相配比

C. 收入与产品成本相配比　　　　　　　　D. 收入与其相关的成本费用相配比

6. 财产物资计价的要求是(　　　)。

A. 权责发生制要求　　　　　　　　　　　B. 配比要求

C. 历史成本要求　　　　　　　　　　　　D. 重要性要求

7. 下列支出属于资本性支出的有(　　　)。

A. 支付职工工资　　　　　　　　　　　　B. 支付当月水电费

C. 支付本季度房租　　　　　　　　　　　D. 支付固定资产买价

8. 进行会计核算提供的信息应当以实际发生的经济业务为依据，如实反映财务状况和经营成果，这符合(　　　)。

A. 历史成本要求　　　B. 配比要求　　　C. 可靠性要求　　　　D. 可比性要求

9. 各企业单位处理会计业务的方法和程序在不同会计期间要保持前后一致，不得随意变更，这符合(　　　)。

A. 可靠性要求　　　　B. 历史成本要求　　C. 可比性要求　　　　D. 重要性要求

10. 企业于4月初用银行存款1 200元支付第二季度房租，4月末仅将其中的400元计入本月费用，这符合(　　　)。

A. 配比要求　　　　　　　　　　　　　　B. 权责发生制要求

C. 可比性要求　　　　　　　　　　　　　D. 历史成本要求

(二) 多项选择题

1. 可理解性要求中强调应当清晰明了的内容有(　　　)。

A. 会计记录　　　　　B. 会计制度　　　　C. 会计凭证

D. 会计报表　　　　　E. 会计账簿

2. 历史成本要求的优点有(　　　)。

A. 交易确定的金额比较客观　　　　　　　B. 存货成本接近市价

C. 有原始凭证作证明可随时查证　　　　　D. 可防止企业随意改动

E. 会计核算手续简化，不必经常调整账目

3. 下列属于会计要素确认、计量方面的要求有(　　　)。

A. 配比要求　　　　　　　　　　　　　　B. 谨慎性要求

C. 可比性要求　　　　　　　　　　　　　D. 权责发生制要求

E. 历史成本要求

4. 下列项目中，属于资本性支出的内容有(　　　)。

A. 固定资产日常修理费　　　　　　　　　B. 购置无形资产支出

C. 固定资产交付使用前的利息支出　　　　D. 水电费支出

E. 办公费支出

5. 会计主体前提条件解决并确定了（　　　）。

A. 会计核算的空间范围　　　　　　　B. 会计核算的时间范围

C. 会计核算的计量问题　　　　　　　D. 会计为谁记账问题

E. 会计核算的标准质量问题

6. 下列属于会计信息质量方面的要求有（　　　）。

A. 可靠性要求　　　　　B. 可比性要求　　　　　C. 稳健性要求

D. 谨慎性要求　　　　　E. 及时性要求

7. 按权责发生制的要求，下列收入或费用应归属本期的是（　　　）。

A. 对方暂欠的本期销售产品的收入　　B. 预付明年的保险费

C. 本月收回的上月销售产品的货款　　D. 尚未付款的本月借款利息

E. 摊销以前期已付款的报刊杂志费

8. 会计基本假设包括（　　　）假设。

A. 会计主体　　　　　B. 可靠性要求　　　　　C. 持续经营

D. 会计分期　　　　　E. 货币计量

9. 会计主体应具备的条件是（　　　）。

A. 必须为法人单位　　　　　　　　　B. 具有一定数量的经济资源

C. 独立地从事生产经营活动或其他活动　D. 实行独立核算

E. 盈利企业

10. 下列支出属于收益性支出的有（　　　）。

A. 支付当月办公费　　　　　　　　　B. 当月银行借款利息支出

C. 购置设备支出　　　　　　　　　　D. 工资支出

E. 开办费支出

11. 可比性要求强调的一致是指（　　　）。

A. 会计处理方法一致　　　　　　　　B. 企业前后期一致

C. 会计指标计算口径一致　　　　　　D. 横向企业间一致

E. 收入和费用一致

12. 会计的目标就是为有关方面提供有用的信息，针对企业来说，会计提供的信息应当（　　　）。

A. 符合国家宏观经济管理的要求

B. 满足各方了解企业财务状况和经营成果的需要

C. 满足企业内部经营管理的需要

D. 满足信息使用者决策的需要

E. 满足公众了解企业经营状况的需要

（三）判断题

1. 会计主体是指企业法人。　　　　　　　　　　　　　　　　　（　　　）

2. 谨慎性要求是指在会计核算工作中做到不夸大企业资产，不虚增企业费用。

（　　　）

3. 企业选择一种不导致虚增资产、多计利润的做法，所遵循的是会计的可靠性要求。

（　　）

4. 不以营利为目的的单位，可用权责发生制作为会计期间的损益确认标准。

（　　）

5. 可比性要求是指会计处理方法在不同企业间应当一致，不得随意变更。（　　）

（四）综合题

目的：会计假设、会计基本准则的辨析。

资料：某会计师事务所是由张新、李安合伙创建的，最近发生了下列经济业务，并由会计作了相应的处理：

（1）6月10日，张新从事务所出纳处拿了380元现金给自己的孩子购买玩具，会计将380元计入事务所的办公费支出。其理由是：张新是事务所的合伙人，事务所的钱也有张新的一部分。

（2）6月15日，会计将6月1日至15日的收入、费用汇总后计算出半个月的利润，并编制了会计报表。

（3）6月20日，事务所收到某外资企业支付的业务咨询费2 000美元，会计没有将其折算为人民币反映，而直接记到美元账户中。

（4）6月30日，计提固定资产折旧，采用年数总和法，而此前计提折旧均采用直线法。

（5）6月30日，事务所购买了一台电脑，价值12 000元，为了少计利润、少缴税，将12 000元一次性全部计入当期管理费用。

（6）6月30日，收到达成公司的预付审计费用3 000元，会计将其作为7月份的收入处理。

（7）6月30日，在事务所编制的对外报表中显示"应收账款"60 000元，但没有"坏账准备"项目。

（8）6月30日，预付下季度报刊费300元，会计将其作为6月份的管理费用处理。

要求：根据上述资料，分析该事务所的会计人员在处理这些经济业务时是否完全正确？若有错误，主要是违背了哪项会计假设或会计基本准则？

五、练习题参考答案

（一）单项选择题

1. C　2. C　3. C　4. A　5. A　6. C　7. D　8. C　9. C　10. B

（二）多项选择题

1. ACDE　2. ACDE　3. ADE　4. BC　5. AD　6. ABE　7. ADE　8. ACDE　9. BD
10. ABD　11. ABCD　12. ABCDE

（三）判断题

1. ×　2. √　3. ×　4. ×　5. √

（四）综合题

该事务所的会计人员在处理经济业务时不完全正确，主要表现在：

（1）张新从事务所取钱用于私人开支，不属于事务所的业务，不能作为事务所的办公费支出。因此，会计人员违背了会计主体假设。

（2）6月15日，编制6月1日至15日的会计报表是临时性的。我国会计分期假设规定的会计期间为年度、半年度、季度和月度。

（3）我国有关法规规定，企业应以人民币作为记账本位币，但企业业务收支以外币为主的话，可以选择某种外币作为记账本位币。而该事务所直接将2 000美元记账是不妥当的，需看其究竟以何种货币为记账本位币。

（4）前后期采用不同的计提折旧的方法，违背了会计上的可比性要求。

（5）购买电脑应作为资本性支出，分期摊销其成本，不能一次性计入当期费用，这违背了收益性支出与资本性支出相划分要求。

（6）预收的审计费用不能作为当期的收入，应先计入负债，等为对方提供了审计服务后再结转，这违背了权责发生制要求和配比要求。

（7）按照谨慎性要求，应对应收账款计提坏账准备，但该事务所未计提。

（8）预付报刊费应在受益期间内摊销，不能计入支付当期的费用，这违背了权责发生制要求。

第3章　会计科目与会计账户

一、学习目的与要求

本章专门阐述会计核算基本方法之一——设置会计科目和会计账户。我们知道从会计核算意义上说，会计是一种科学分类技术，它通过设置会计科目和会计账户来进行分类别、分项目的核算，本章应重点理解会计科目的概念、设置原则，明确会计科目的作用以及科目内容和科目级次；进而掌握设置账户的必要性及会计账户的基本结构，以及会计账户与会计科目的联系与区别等问题。

二、预习要览

（一）关键概念

1. 会计科目　　　　2. 一级会计科目　　　3. 会计账户

4. 总分类账户　　　5. 明细分类账户　　　6. 会计账户的基本结构

（二）关键问题

1. 设置会计科目的原则有哪些？

2. 会计账户与会计科目的关系是什么？

3. 会计账户的基本结构如何？

4. 试述会计对象、会计要素、会计等式、会计账户之间的关系。

三、本章的重点与难点

（一）会计科目

1. 会计科目的含义

会计科目是对会计要素进行分类的项目。设置会计科目是会计核算的一种专门方法。

2. 设置会计科目的必要性

会计信息的使用者为了管理经济活动和决策，不仅需要总括的资料，还需要详细的资料。而按照会计要素分类核算提供的资料，满足不了会计信息使用者的需要。因此，需要在会计要素的基础上进行再分类，以便分门别类地核算，提供所需的会计信息。会计科目就是在会计对象划分会计要素的基础上，按照会计要素的具体内容进一步分类，并以此为依据设置账户，分类地、连续地记录经济业务增减变动情况，再通过整理和汇总等方法，反映会计要素的增减变动及其结果，从而提供各种有用的数据和信息。

在实际工作中，会计科目是事先通过会计制度规定了的，它是设置账户、处理账务所必须遵循的规则和依据，是正确进行核算的一个重要条件。

3. 设置会计科目的原则

（1）必须要结合会计要素的特点，能全面反映会计要素的内容。

（2）要兼顾对外报告和企业内部经营管理的需要，并根据需要提供数据的详细程度，分设总分类科目和明细分类科目。

（3）既要适应经济业务发展需要，又要保持相对稳定。

（4）统一性与灵活性相结合。

（5）会计科目要简明、适用。科目的数量和粗细程度应根据企业规模的大小、业务的繁简和管理的需要而定。

4. 会计科目的级次

会计科目按其提供指标的详细程度，或者说提供信息的详细程度，可以分为以下两大类：

（1）总分类会计科目。总分类科目亦称一级科目或总账科目。它是对会计要素的具体内容进行总括分类的会计科目，是进行总分类核算的依据，提供总括指标或信息。总分类科目原则上由财政部统一制定，以会计核算制度的形式颁布实施。

（2）明细分类会计科目。明细分类科目是对总分类科目所含内容再作详细分类的会计科目，它提供详细指标或信息。

在总分类科目与明细分类科目之间可以根据需要增设二级科目（也称子目），所提供的指标或信息介于总分类科目和明细分类科目之间。因此，会计科目按提供指标详细程度，一般分为三级：一级科目（总分类科目）、二级科目（子目）、三级科目（明细科目，也称细目）。

（二）会计账户

1. 会计账户的含义

会计账户是指具有一定格式，用来分类、连续地记录经济业务，反映会计要素增减变动及其结果的一种工具。设置账户是会计核算的一种专门方法。

2. 开设会计账户的必要性

会计科目只是对会计要素分类的项目，而为了序时、连续、系统地记录由于经济业务的发生所引起的会计要素的增减变动，核算时还需要使用的工具就是在账簿中开设的账户。

3. 会计账户与会计科目的关系

账户是根据会计科目开设的，账户的名称就是会计科目。

会计科目与账户的共同点是，都能分门别类地反映某项经济内容，即两者所反映的经济内容是相同的。

会计科目与账户的主要区别是，会计科目只表明某项经济内容，而账户不仅表明相同的经济内容，而且还具有一定的结构、格式，并通过账户的结构反映某项经济内容的增减变动情况。

在实际工作中，为满足会计核算的要求，应分别按总分类科目开设总分类账户，按明细分类科目开设明细分类账户。

4. 会计账户的基本结构

账户的基本结构分为左右两方：一方登记增加数，另一方登记减少数。至于哪一方登记增加，哪一方登记减少，则由所采用的记账方法和所记录的经济内容决定。

一个完整的账户还包括以下内容：账户的名称、会计事项发生的日期、摘要或经济业务的简要说明、凭证号数、增加额、减少额和余额。

每个账户一般有四个金额要素，即期初余额、本期增加发生额、本期减少发生额和期末余额。正常情况下，账户四个数额之间的关系为：

账户期末余额＝账户期初余额＋本期增加发生额－本期减少发生额

5. 账户的设置

作为对会计要素进行分类核算的账户，应该按照会计要素来设置，即资产类账户、负债类账户、所有者权益账户、收入类账户、费用类账户和利润类账户。再根据每一类的具体内容、特点和管理要求，分别设置若干个账户。

6. 会计对象、会计要素、会计科目、会计等式和会计账户的关系

会计对象是会计所反映和监督的内容。会计要素是对会计对象的具体划分和科学分类，是设置会计科目的基本依据。会计科目是对会计对象具体内容即会计要素进一步分类的项目，是设置账户的规则和依据。会计等式是反映会计要素之间数量关系的等式。会计账户是对会计要素进行分类核算的工具，它是根据会计科目开设的。

四、练习题

(一) 单项选择题

1. 会计对象的具体划分是(　　　)。

　A. 会计科目　　　　　B. 会计原则　　　　　C. 会计要素　　　　　D. 会计账户

2. 一般来说，一个账户的增加方发生额与该账户的期末余额都应该记在账户的(　　　)。

　A. 借方　　　　　　　B. 贷方　　　　　　　C. 相同方向　　　　　D. 相反方向

3. 会计科目是(　　　)。

　A. 会计要素的名称　　　　　　　　　　　　B. 会计报表的名称

　C. 账簿的名称　　　　　　　　　　　　　　D. 账户的名称

4. 设置会计科目要保持(　　　)。

　A. 永久性　　　　　　B. 统一性　　　　　　C. 全面性　　　　　　D. 相对稳定性

5. 对会计科目进行分级应坚持的原则是(　　　)。

　A. 要兼顾各会计信息使用者的需要　　　　　B. 要依据会计要素的客观性质

　C. 要适应宏观和微观经济管理的需要　　　　D. 要根据企业的实际情况

6. 会计账户的基本结构分左右两方，其基本依据是(　　　)。

　A. 便于登记收支业务　　　　　　　　　　　B. 借贷原理

　C. 收付原理　　　　　　　　　　　　　　　D. 资金在运动中量的增加和减少

(二) 多项选择题

1. 账户的基本结构一般包括(　　　)。

　A. 账户的名称　　　　　B. 日期和摘要　　　　　C. 增减金额

　D. 凭证号数　　　　　　E. 余额

2. 下列各项目中，属于损益类会计科目的有(　　　)。

A. 长期待摊费用   B. 制造费用   C. 所得税费用

D. 营业外收入   E. 应付职工薪酬

3. 账户的哪一方记增加，哪一方记减少，取决于（　　　）。

A. 记账方法   B. 账户的类别   C. 账户结构

D. 经济管理的需要   E. 账户所记录的经济业务内容

4. 企业设置会计科目的数量和粗细程度的确定根据有（　　　）。

A. 企业规模的大小   B. 企业业务的繁简   C. 国家会计制度的要求

D. 管理的需要   E. 对外报告的要求

5. 下列属于资产类会计科目的有（　　　）。

A. 累计折旧   B. 预付账款   C. 长期待摊费用

D. 待处理财产损溢   E. 存货

6. 下列正确说明账户中各项金额的关系的是（　　　）。

A. 本期期末余额 = 本期期初余额+本期增加发生额−本期减少发生额

B. 本期期末余额 = 本期期初余额

C. 本期期末余额 = 本期增加发生额−本期减少发生额

D. 本期期末余额+本期减少发生额 = 本期期初余额+本期增加发生额

E. 本期期末余额 = 本期期初余额+本期减少发生额−本期增加发生额

（三）判断题

1. 所有总分类账户都要设置明细分类账户。   （　　　）

2. 所有的账户都是依据会计科目开设的。   （　　　）

3. 所有账户的左边均记录增加额，右边均记录减少额。   （　　　）

4. 账户是对会计要素的进一步分类。   （　　　）

5. 账户发生额试算平衡是根据"资产 = 负债+所有者权益"确定的。   （　　　）

（四）综合题

目的：练习常用会计科目的分类。

资料：某企业在日常会计处理过程中，经常使用以下会计科目：

银行存款	实收资本	材料采购	原材料	制造费用
应付账款	应收账款	生产成本	库存商品	主营业务收入
主营业务成本	短期借款	固定资产	累计折旧	库存现金
财务费用	利润分配	盈余公积	销售费用	管理费用

要求：请你将上列会计科目分别归于某一类。

五、练习题参考答案

（一）单项选择题

1. C   2. C   3. D   4. D   5. D   6. D

（二）多项选择题

1. CE   2. CD   3. AE   4. BCDE   5. ABCDE   6. AD

（三）判断题

1. ×   2. √   3. ×   4. √   5. ×

（四）综合题

资产类会计科目：银行存款、材料采购、原材料、应收账款、库存商品、固定资产、累计折旧、库存现金

负债类会计科目：应付账款、短期借款

所有者权益会计科目：实收资本、利润分配、盈余公积

成本类会计科目：制造费用、生产成本

损益类会计科目：主营业务收入、主营业务成本、财务费用、销售费用、管理费用

第4章 复式记账

一、学习目的与要求

通过本章教学，要求学生在学习设置会计科目和账户的基础上，了解账户与会计科目的关系及账户结构，掌握记账方法的应用，特别是复式记账原理和借贷记账法的基本内容、平行登记的要点和方法。复式记账是会计核算中最基本、最主要的会计方法之一。它是以价值运动和会计等式为理论基础的。借贷记账法是复式记账中最科学、最完善的方法。本章主要讲述了记账方法的概念、种类、复式记账的概念、基本内容，介绍了借贷记账法的产生与发展，说明了借贷记账法记账符号、设置账户、记账规则和试算平衡等四项基本内容。

二、预习要览

（一）关键概念

1. 记账方法   2. 复式记账原理   3. 会计分录

4. 对应账户   5. 借贷记账法   6. 借贷记账法的记账规则

7. 总分类账户   8. 明细分类账户   9. 平行登记

（二）关键问题

1. 什么是复式记账？简述其记账的理论依据和基本原则。

2. 为什么要编制会计分录？

3. 简述借贷记账法下账户的结构。

4. 试算平衡的意义何在？有哪几种方法？

5. 为什么要同时设置总分类账户和明细分类账户？其平行登记的要点有哪些？

6. 为什么说复式记账法是一种科学的记账方法？

7. 试述借贷记账法的内容（包括记账符号、账户结构、记账规则、试算平衡等）。

三、本章的重点与难点

（一）记账方法

1. 记账方法的含义

记账方法是在账簿中登记经济业务的方法。

2. 记账方法的种类

复式记账是指对发生的每一项经济业务都以相等的金额在相互关联的两个或者两个以上账户中进行记录的记账方法。它是以会计等式为依据建立的一种记账方法。与单式记账相比，它有不可比拟的优点。我国的企业和行政、事业单位采用的记账方法都是复式记账方法。

（二）复式记账原理及规则

1. 资金运动的内在规律性是复式记账的理论依据

2. 复式记账必须遵循的原则

（1）以会计等式作为记账基础。

（2）对每项经济业务必须在两个或两个以上相互联系的账户中进行等额记录。

（3）必须按经济业务对会计等式的影响类型进行记录。

（4）定期汇总的全部账户记录必须平衡。

复式记账试算平衡有发生额平衡法和余额平衡法两种。

发生额平衡法的计算公式是：

$$\text{资产类账户增加额合计} + \text{权益类账户减少额合计} = \text{权益类账户增加额合计} + \text{资产类账户减少额合计}$$

余额平衡法的计算公式是：

$$\text{资产账户期末余额合计} = \text{权益账户期末余额合计}$$

3. 会计分录和账户对应关系

会计分录是指预先确定每笔经济业务所涉及的账户名称，以及记入账户的方向和金额的一种记录。会计分录按其所运用账户的多少分为简单会计分录和复合会计分录。

运用复式记账处理经济业务时，一笔业务所涉及的几个账户之间必然存在某种相互依存的对应关系，这种对应关系称为账户对应关系，存在着对应关系的账户称为对应账户。

（三）借贷记账法

1. 借贷记账法的含义

借贷记账法是以"借"和"贷"作为记账符号的一种复式记账法。这种方法大约起源于13世纪的意大利，到15世纪逐渐完备，现在为世界各国所普遍采用。

2. 借贷记账法的记账符号

借贷记账法以"借"和"贷"为记账符号。借方登记资产类和费用类账户的增加数以及负债类、所有者权益类、收入类和利润类账户的减少数，贷方登记资产类和费用类账户的减少数以及负债类、所有者权益类、收入类和利润类账户的增加数。

3. 借贷记账法下账户的结构

在借贷记账法下，账户分为借方和贷方，但还要根据各个账户所反映的经济内容，即账户的性质来决定增加或减少的记录方向。

（1）资产类、费用类账户

资产类、费用类账户的借方登记资产、费用的增加额，贷方登记资产、费用的减少额。

资产类账户的余额一般在借方，计算公式为：

$$\text{资产类账户期末借方余额} = \text{期初借方余额} + \text{本期借方发生额} - \text{本期贷方发生额}$$

费用类账户的增加额一般都要通过贷方转出，所以该类账户通常没有期末余额。

（2）负债类、所有者权益类、收入类、利润类账户

负债及所有者权益类账户的结构与资产类账户相反，其贷方登记负债及所有者权益的增加额，借方登记负债及所有者权益的减少额。这类账户的期末余额一般在贷方，计

算公式为：

负债及所有者权益类账户期末贷方余额=期初贷方余额+本期贷方发生额-本期借方发生额

收入类、利润类账户的结构与负债及所有者权益类账户大致相同，贷方登记增加额，借方登记减少额。由于收入类账户的增加额一般要通过借方转出，所以这类账户通常也没有期末余额。利润类账户若有余额，一般在贷方。

4. 借贷记账法的记账规则

借贷记账法的记账规则是"有借必有贷，借贷必相等"。

5. 借贷记账法的试算平衡

借贷记账法的试算平衡是指根据会计等式的平衡原理，按照记账规则的要求，通过汇总、计算和比较来检查账户记录的正确性、完整性。试算平衡工作，一般是在月末结出各个账户的本月发生额和月末余额后，通过编制总分类账户发生额试算平衡表和总分类账户余额试算平衡表来进行的。

试算平衡既可采用发生额平衡法，也可以采用余额平衡法。

发生额平衡法的计算公式是：

全部账户的本期借方发生额合计=全部账户的本期贷方发生额合计

余额平衡法的计算公式是：

全部账户的期末借方余额合计=全部账户期末贷方余额合计

如果试算平衡表中借贷两方金额不相等，则表明账户记录发生错误。但即使试算平衡表中借贷金额相等，也只能说明账户记录基本正确，因为有些账户记录错误并不影响借贷双方的平衡。比如，漏记或重记某项经济业务，借贷记账方向彼此颠倒，或方向正确但记错了账户等。

（四）总分类账户和明细分类账户

1. 总分类账户和明细分类账户的设置

账户按其提供资料的详细程度不同，可以分为总分类账户和明细分类账户两种。总分类账户是按照总分类科目设置，仅以货币计量单位进行登记，用来提供总括核算资料的账户。明细分类账户是按照明细分类科目设置，用来提供详细核算资料的账户。根据实际需要，还可以在总分类账户和明细分类账户之间设置二级账户。

总分类账户是所属明细分类账户的统驭账户，对所属明细分类账户起着控制作用；而明细分类账户则是某一总分类账户的从属账户，对其所隶属的总分类账户起着辅助作用。某一总分类账户及其所属明细分类账户的核算对象是相同的，它们所提供的核算资料能够互相补充，只有把二者结合起来，才能既总括又详细地反映同一核算内容。

2. 总分类账户和明细分类账户的平行登记

总分类账户与明细分类账户平行登记的要点为：①同时登记，即对于每一项经济业务，一方面要记入有关总分类账户，另一方面要记入各总分类账户所属的明细分类账户。②方向相同，即在某一总分类账户及其所属的明细分类账户中登记经济业务时，方向必须相同。③金额相等，即记入某一总分类账户的金额必须与记入其所属的一个或几个明细分类账户的金额合计数相等。

四、练习题

(一) 单项选择题

1. 复式记账对每项经济业务都以相等的余额在（　　）中进行登记。

A. 一个账户　　　　B. 两个账户　　　　C. 全部账户　　　　D. 两个或两个以上账户

2. 借贷记账法下，账户哪一方记增加，哪一方记减少，是根据（　　）。

A. 采用什么核算方法决定的

B. 采用什么记账形式决定的

C. 增加数记借方、减少数记贷方的规则所决定的

D. 账户所反映的经济内容决定的

3. 采用借贷记账法，账户的基本结构是指（　　）。

A. 账户的具体格式　　　　　　　　B. 账户应记的经济内容

C. 账户应分为借方或贷方　　　　　D. 账户的增加方或减少方

4. 资产类账户的期末余额一般在（　　）。

A. 借方　　　　　　B. 借方或贷方　　　　C. 贷方　　　　　D. 借方和贷方

5. 预收购货单位预付的购买产品款，应看作（　　）加以确认。

A. 资产　　　　　　B. 负债　　　　　C. 所有者权益　　　　D. 收入

6. 存在对应关系的账户称为（　　）。

A. 对应账户　　　　B. 平衡账户　　　　C. 总分账户　　　　D. 联系账户

7. 收入或利润的余额在借方表示（　　）。

A. 资产的增加　　　　　　　　　　B. 所有者权益的增加

C. 资产的减少　　　　　　　　　　D. 所有者权益的减少

8. 某一账户期初余额在贷方，期末余额在借方，表明（　　）。

A. 该账户的性质未变

B. 该账户已从期初的资产变为期末的负债

C. 该账户已从期初的负债变为期末的资产

D. 该账户既不属于资产类，也不属于负债类

9. 在借贷记账法下，所有者权益账户的期末余额等于（　　）。

A. 期初贷方余额+本期贷方发生额−本期借方发生额

B. 期初借方余额+本期贷方发生额−本期借方发生额

C. 期初借方余额+本期借方发生额−本期贷方发生额

D. 期初贷方余额+本期借方发生额−本期贷方发生额

10. 借贷记账法下发生额试算平衡法试算平衡的依据是（　　）。

A. 会计等式　　　　　　　　　　　B. 资金变化业务类型

C. 借贷记账规则　　　　　　　　　D. 平行登记

11. 会计等式实质表达的是（　　）。

A. 经济业务与会计事项　　　　　　B. 经济活动与经济业务

C. 经济业务与管理活动　　　　　　D. 财务状况与经营成果

12. 借贷记账法下余额试算平衡法试算平衡的依据是（　　）。

A. 借贷记账规则   B. 借贷账户结构   C. 平行关系   D. 会计等式

13. 复合会计分录是指(   )。

A. 一借一贷的分录   B. 一贷一借的分录

C. 一借多贷的分录   D. 按复式记账要求编制的分录

14. 对于双重性质账户的期末余额，下列说法中正确的是(   )。

A. 一定有借方余额   B. 一定有贷方余额

C. 一定没有余额   D. 可能为借方余额，也可能为贷方余额

15. 收到投资者投资，存入银行，根据借贷记账法编制会计分录时，贷方所涉及的账户是(   )。

A. "银行存款"账户   B. "实收资本"账户

C. "长期投资"账户   D. "长期借款"账户

16. 在借贷记账法下，为保持账户之间清晰的对应关系，不宜编制(   )的会计分录。

A. 一借一贷   B. 多借一贷   C. 一借多贷   D. 多借多贷

17. 在编制"总分类账户发生额及余额试算平衡表"中，若出现三对平衡数字，则(   )。

A. 全部总账账户记录一定正确

B. 全部总账账户记录也不能认为肯定无错

C. 全部明细分类账户记录一定正确

D. 全部明细分类账户记录也不能认为肯定无错

18. 借贷记账法的余额试算平衡公式是(   )。

A. 每个账户借方发生额＝每个账户贷方发生额

B. 全部账户本期借方发生额合计＝全部账户本期贷方发生额合计

C. 全部账户期末借方余额合计＝全部账户期末贷方余额合计

D. 每个账户期末借方余额＝每个账户期末贷方余额

19. 对账户记录进行试算平衡是根据(   )。

A. 会计要素划分的基本原理   B. 所发生经济业务的内容的基本原理

C. 账户机构的基本原理   D. 会计等式的基本原理

20. 总分类账户和所属明细分类账户平行登记的要点是(   )。

A. 同内容、同方向、同日期   B. 同方向、同日期、同金额

C. 同日期、同金额、同内容   D. 同方向、同依据、同金额

(二) 多项选择题

1. 复式记账的优点是(   )。

A. 账户对应关系清楚，能全面、清晰地反映经济业务的来龙去脉

B. 便于试算平衡，以检查账户记录是否正确

C. 能全面、系统地反映经济活动的过程和结果

D. 比单式记账法简单、完整

E. 所记账户之间形成相互对应的关系

2. 在借贷记账法下，属于资产类账户的有(   )。

A. 银行存款　　　　　　B. 实收资本　　　　　C. 交易性金融资产

D. 制造费用　　　　　　E. 累计折旧

3. 在借贷记账法下，期末结账后，一般有余额的账户有(　　)。

A. 资产类账户　　　　　B. 收入类账户　　　　C. 负债类账户

D. 费用类账户　　　　　E. 所有者权益类账户

4. 借贷记账法下账户借方登记(　　)。

A. 资产增加　　　　　　B. 费用减少　　　　　C. 负债减少

D. 所有者权益减少　　　E. 收入、利润增加

5. 会计分录必须具备的要素包括(　　)。

A. 记账方向　　　　　　B. 记账手段　　　　　C. 记账科目

D. 记账金额　　　　　　E. 记账时间

6. 下列各项记账差错中，运用余额试算平衡法可查出其错误的有(　　)。

A. 在过账时误将借方数额过入贷方

B. 一笔业务的记录全部被漏记

C. 一笔业务的记录借贷双方金额发生同样的错误

D. 某一账户借方或贷方本期发生额的计算有误

E. 过账时误将某账户发生额过入另一账户的同一方向

7. 在实际工作中，尽量不编多借多贷会计分录的理由有(　　)。

A. 账户对应关系不清楚　　　　　B. 可能出现过账错误

C. 不便于了解经济业务内容　　　D. 登记总账工作量大

E. 不便于进行试算平衡

8. 某企业生产产品领用原材料 8 000 元，车间一般消耗领用 2 000 元，应记入下列
(　　)账户的借方。

A. "原材料"　　　　　　B. "管理费用"　　　　C. "生产成本"

D. "制造费用"　　　　　E. "库存商品"

9. 在借贷记账法下，(　　)。

A. "借"和"贷"作为记账符号

B. "借"和"贷"等于"增"和"减"

C. 在账户结构上，"借"和"贷"表示两个对立的部位

D. "借"和"贷"表示债权和债务

E. 在金额的增减变化上，"借"和"贷"可表示"增加"或"减少"

10. 复合会计分录是(　　)。

A. 由两个简单会计分录组成的　　　　B. 涉及两个以上账户的会计分录

C. 由两个对应账户组成　　　　　　　D. 按复式记账原理编制的会计分录

E. 仅指多借多贷的会计分录

11. 对于费用类账户来讲(　　)。

A. 其增加额记入账户的借方　　　　　B. 其减少额记入账户的贷方

C. 期末一般没有余额　　　　　　　　D. 如有期末余额，必定为借方余额

E. 如有期末余额，必定为贷方余额

12. 借贷记账法下，账户贷方登记(　　　)。

A. 资产的增加　　　　　B. 负债的减少　　　　　　C. 费用的减少

D. 所有者权益的增加　　E. 收入、利润的增加

13. 借贷记账法的主要特点包括(　　　)。

A. 账户设置不要求固定分类

B. 以"借"和"贷"为记账符号

C. 以"有借必有贷，借贷必相等"为记账规则

D. 账户需要固定地划分为资产和负债及所有者权益两大类

E. 以"借贷必相等"的规则进行试算平衡

14. 编制会计分录时，必须考虑(　　　)。

A. 经济业务发生涉及的会计要素是增加还是减少

B. 在账簿中登记借方还是贷方

C. 登记在哪些账户的借方或者贷方

D. 账户的余额是在借方还是在贷方

E. 经济业务的发生是否有必要反映

15. 下列有关借贷记账法记账规则的说法中，正确的是(　　　)。

A. 对任何类型的经济业务，都一律采用"有借必有贷，借贷必相等"的规则

B. 不论是一借多贷、多借一贷，还是多借多贷，借贷双方的金额必须相等

C. 运用借贷记账法记账，在有关账户之间都会形成应借、应贷的相互关系

D. 按照这一记账规则登账的结果是，账户的借方发生额合计与贷方发生额合计必然相等

E. 既是记账的规则，也是核对账目的规则

(三) 判断题

1. "借"和"贷"不仅作为记账符号，其本身的含义也应考虑。"借"只能表示债权的增加，"贷"只能表示债务的增加。　　　　　　　　　　　　　　(　　)

2. 对于不同性质的账户，借贷的含义有所不同。　　　　　　　　　　　(　　)

3. 借贷记账法下账户的基本结构是：每一个账户的左边均为借方，右边均为贷方。

(　　)

4. 负债及所有者权益账户的结构应与资产类账户的结构一致。　　　　　(　　)

5. 借贷记账法要求，如果在一个账户中记借方，在另一个或几个账户中则一定记贷方。

(　　)

6. 账户发生额试算平衡是根据借贷记账法的记账规则来确定的。　　　　(　　)

7. 借贷方向相反可以通过试算平衡查找出来。　　　　　　　　　　　　(　　)

8. 账户余额试算平衡是根据"资产＝负债＋所有者权益"确定的。　　　(　　)

9. 通过试算平衡发现借贷是平衡的，可以肯定记账没有错误。　　　　　(　　)

10. 由于总分类账户既能提供总括的核算指标，又能提供详细的核算指标，因此是十分重要的账户。　　　　　　　　　　　　　　　　　　　　　　　(　　)

(四) 综合题

1. 目的：练习账户的结构及账户金额的计算方法。

资料：中意公司 2017 年 12 月 31 日有关账户的资料见表 4-1：

表 4-1　　　　　　　　　期初余额、本期发生额和期末余额计算表　　　　　　　　单位：元

账户名称	期初余额		本期发生额		期末余额	
	借 方	贷 方	借 方	贷 方	借 方	贷 方
长期股权投资	400 000		220 000	10 000	（A）	
银行存款	60 000		（B）	80 000	90 000	
应付账款		80 000	70 000	60 000		（C）
短期借款		45 000	（D）	10 000		30 000
应收账款	（E）		30 000	50 000	20 000	
实收资本		350 000	—	（F）		620 000
其他应收款	25 000		25 000	—		（G）

要求：根据账户期初余额、本期发生额和期末余额的计算方法，填列上表中的空缺部分。

2. 目的：熟悉各类账户的登记方法。

资料：老师在黑板上列出下列内容：

①资产类账户
②负债类账户
③所有者权益类账户
④费用类账户
⑤收入类账户
⑥利润类账户

A. 增加记贷方，减少记借方，余额一般在贷方

B. 增加记借方，减少记贷方，余额一般在借方

C. 增加记贷方，减少记借方，期末一般无余额

D. 增加记借方，减少记贷方，期末一般无余额

要求：请你将左右两边相关内容用线连接起来。

3. 目的：掌握复式记账原理。

资料：（1）某企业 2017 年 12 月 31 日资产总额为 252 000 元。

（2）2017 年 1 月 1 日权益总额为 238 000 元。

（3）2017 年全年经营收入总额为 135 000 元。

要求：根据上述资料，计算 2017 年度的经营支出是多少？并列出期末资产与权益的会计等式。

4. 目的：练习账户对应关系及会计分录的编制。

资料：星海公司 2017 年 8 月份有关账户记录如下：

库存现金		原材料	
期初余额 150		期初余额 98 000	
（1）500	（5）350	（2）82 000	（4）150 000
（9）100		（7）58 600	
期末余额 400		期末余额 88 600	

银行存款		应收账款	
期初余额 89 600	（1）500	期初余额 45 800	
（6）15 800	（5）70 000		（6）15 800
（8）30 000	（7）58 600		（9）20 100
（9）20 000	（10）20 000		
期末余额 6 300		期末余额 9 900	

固定资产		实收资本	
期初余额 370 000			期初余额 483 000
（3）124 000			（3）124 000
期末余额 494 000			期末余额 607 000

生产成本		应付账款	
期初余额 42 280			期初余额 35 800
（4）150 000		（5）70 350	（2）82 000
期末余额 192 280			期末余额 47 450

短期借款	
	期初余额 84 320
（10）20 000	（8）30 000
	期末余额 94 320

要求：根据上述账户记录，补充编制会计分录，并说明每笔经济业务的内容。

5. 目的：练习借贷记账法的应用及试算平衡表的编制。

资料：星海公司 2017 年 10 月初有关账户余额见表 4-2：

表 4-2 　　　　　　　　　　　　　　　　　账户余额表　　　　　　　　　　　　　　　　　单位：元

资　　产	金　　额	负债及所有者权益	金　　额
库存现金	1 500	短期借款	195 000
银行存款	45 000	应付账款	142 500
应收账款	47 700	应交税费	9 000
原材料	90 000	长期借款	186 000
库存商品	60 000	实收资本	304 200
生产成本	22 500	资本公积	140 000
长期股权投资	180 000	盈余公积	70 000
固定资产	600 000		
合　　计	1 046 700	合　　计	1 046 700

该公司本月发生下列经济业务：

（1）购进机器设备一台，价值 10 000 元，以银行存款支付。

（2）从银行提取现金 1 000 元。

（3）投资者投入企业原材料一批，作价 20 000 元。

（4）生产车间向仓库领用材料一批价值 40 000 元，投入生产。

（5）以银行存款 22 500 元，偿还应付供货单位货款。

（6）向银行取得长期借款 150 000 元，存入银行。

（7）以银行存款上缴所得税 9 000 元。

（8）收到股东的现金捐赠 5 000 元。

（9）收到购货单位前欠货款 18 000 元，其中，16 000 元存入银行，其余部分作为现金。

（10）以银行存款 48 000 元，归还银行短期借款 20 000 元和应付购货单位账款 28 000 元。

要求：（1）根据以上资料编制会计分录，并记入有关账户。

（2）编制发生额及余额试算平衡表。

6. 目的：练习总分类账户与明细分类账户的平行登记。

资料：（1）星海公司 2017 年 8 月 31 日有关总分类账户和明细分类账户余额如下。

①总分类账户：

A. "原材料"账户借方余额 400 000 元。

B. "应付账款"账户贷方余额 100 000 元。

②明细分类账户：

A. "原材料——甲材料"账户：数量为 1 600 千克，单价为 150 元/千克，借方余额 240 000 元。

B. "原材料——乙材料"账户：数量为 400 千克，单价为 100 元/千克，借方余额 40 000 元。

C. "原材料——丙材料"账户：数量为 1 000 千克，单价为 120 元/千克，借方余额 120 000 元。

D. "应付账款——A 公司"账户贷方余额 60 000 元。

E. "应付账款——B 公司"账户贷方余额 40 000 元。

（2）该公司 2017 年 9 月份发生部分经济业务如下（不考虑增值税）。

①以银行存款偿还 A 公司前欠货款 30 000 元。

②购进甲材料 200 千克，单价为 150 元/千克，价款 30 000 元，以银行存款支付，材料入库。

③生产车间向仓库领用材料一批，其中，甲材料 400 千克，单价为 150 元/千克；乙材料 200 千克，单价为 100 元/千克；丙材料 500 千克，单价为 120 元/千克，共计领用材料金额 140 000 元。

④以银行存款偿还 B 公司前欠货款 20 000 元。

⑤向 A 公司购入乙材料 200 千克，单价为 100 元/千克，材料入库，货款 20 000 元暂欠。

⑥向 B 公司购入丙材料 300 千克，单价为 120 元/千克，材料入库，货款 36 000 元暂欠。

要求：（1）根据上述资料内容，编制星海公司 2017 年 9 月部分经济业务的会计分录。

（2）开设"原材料""应付账款"总分类账和明细分类账，登记期初余额，并平行登记总分类账和明细分类账，结出各账户本期发生额和期末余额。

（3）编制"原材料""应付账款"总分类账和明细分类账本期发生额及余额明细表。

五、案例

案例一："钱"途要自己选择

华夏公司精简机构。对于职员李华来说，有三条路可供他选择：

（1）继续在原单位供职，年收入 12 000 元；

（2）下岗，收入打对折，但某快餐厅愿以每月 600 元的工资待遇请他帮佣；

（3）辞职，搞个体经营。

经过思考，他决定自己投资 20 000 元，开办一家水吧。

下面是该水吧开业一个月的经营情况：

（1）预付半年房租 3 000 元；

（2）购入各种饮料 6 000 元，本月耗用其中的 2/3；

（3）支付雇员工资 1 500 元；

（4）支付水电费 500 元；

（5）获取营业收入 8 000 元。

要求：请你根据上述资料，分析李华的选择是否正确。为什么？

案例二：会计不是凭想象

张山和李斯拥有一个面包房，他们做的姜汁面包非常有名。他们都没有接受过会计教育，但他们认为只要采用复式记账法就不会出现错误了，于是自己设计了一个用来记录交易的系统，自认为很有效。下面列示的是本月所发生的一些交易：

（1）收到商品的订单，当货物发出后将收到 1 000 元。

（2）发出一份商品订单，订购价值 600 元的商品。

（3）将货物运给顾客并收到 1 000 元。

（4）收到所订的货物并支付 600 元现金。

（5）用现金支付银行 400 元的利息。

（6）赊购 6 000 元的设备。

张山和李斯对以上业务进行了记录见表 4-3：

表 4-3 　　　　　　　　　　　　　　经济业务记录表 　　　　　　　　　　　　　　单位：元

资　产		负债+所有者权益		收入-费用	
收到商品订单	1 000			销售	1 000
发出定购商品的订单	600			存货支出	-600
收到现金	1 000				
将货物发运给顾客	-1 000				
收到所订的商品	600	应付账款	-600		
支付现金	400			利息支出	-400
赊购设备		应付账款	6 000	设备支出	-6 000

要求：向张山和李斯解释他们对记录交易的错误理解，并改正其错误。

六、练习题参考答案

（一）单项选择题

1. D　2. D　3. C　4. A　5. B　6. A　7. D　8. C　9. A　10. C　11. D　12. D　13. C　14. D　15. B　16. D　17. B　18. C　19. D　20. D

（二）多项选择题

1. ABCE　2. ACE　3. ACE　4. ACD　5. ACD　6. AD　7. AC　8. CD　9. ACE　10. BD　11. ABC　12. CDE　13. ABCE　14. ABC　15. ABCE

（三）判断题

1. ×　2. √　3. √　4. ×　5. ×　6. √　7. ×　8. √　9. ×　10. ×

（四）综合题

1. A 为 610 000，B 为 110 000，C 为 70 000，D 为 25 000，E 为 40 000，F 为 270 000，G 为 0。

2. ①——B；②③⑥——A；④——D；⑤——C。

3. （1）该企业期末资产比期初资产增加 14 000 元（252 000–238 000）。

（2）2017 年度的经营支出为 121 000 元（135 000–14 000）。

（3）期末资产与权益的会计等式为：资产（252 000 元）= 权益（252 000 元）。

4. 补充编制会计分录及分析如下：

（1）从银行提取现金 500 元。

借：库存现金　　　　　　　　　　　　　　　　　　　500

　贷：银行存款　　　　　　　　　　　　　　　　　　　　500

（2）购进材料已验收入库，款项 82 000 元暂欠。

借：原材料　　　　　　　　　　　　　　　　　　　82 000

　贷：应付账款　　　　　　　　　　　　　　　　　　82 000

（3）收到投资者投入企业价值为 124 000 元的设备。

借：固定资产　　　　　　　　　　　　　　　　　124 000

　贷：实收资本　　　　　　　　　　　　　　　　　124 000

（4）生产车间领用生产产品用材料 150 000 元。

借：生产成本　　　　　　　　　　　　　　　　　150 000

　贷：原材料　　　　　　　　　　　　　　　　　　150 000

（5）归还前欠供货单位账款 70 350 元，其中，70 000 元以银行存款支付，其余款项以现金付讫。

借：应付账款　　　　　　　　　　　　　　　　　70 350

　贷：库存现金　　　　　　　　　　　　　　　　　　　350

　　　银行存款　　　　　　　　　　　　　　　　　70 000

（6）收到购货单位所欠货款 15 800 元，存入银行。

借：银行存款　　　　　　　　　　　　　　　　　15 800

　贷：应收账款　　　　　　　　　　　　　　　　　15 800

（7）购进材料并验收入库，货款 58 600 元以银行存款支付。

借：原材料 58 600

　　贷：银行存款 58 600

（8）向银行取得短期借款 30 000 元，存入银行。

借：银行存款 30 000

　　贷：短期借款 30 000

（9）收到购买单位所欠货款 20 100 元，其中，20 000 元存入银行，100 元以现金收讫。

借：库存现金 100

　　银行存款 20 000

　　贷：应收账款 20 100

（10）归还银行借款 20 000 元。

借：短期借款 20 000

　　贷：银行存款 20 000

5. 首先，编制会计分录。

（1）借：固定资产 10 000

　　　贷：银行存款 10 000

（2）借：库存现金 1 000

　　　贷：银行存款 1 000

（3）借：原材料 20 000

　　　贷：实收资本 20 000

（4）借：生产成本 40 000

　　　贷：原材料 40 000

（5）借：应付账款 22 500

　　　贷：银行存款 22 500

（6）借：银行存款 150 000

　　　贷：长期借款 150 000

（7）借：应交税费——应交所得税 9 000

　　　贷：银行存款 9 000

（8）借：库存现金 5 000

　　　贷：资本公积 5 000

（9）借：银行存款 16 000

　　　库存现金 2 000

　　　贷：应收账款 18 000

（10）借：短期借款 20 000

　　　应付账款 28 000

　　　贷：银行存款 48 000

其次，记入有关账户。

库存现金	
期初余额 1 500	
(2) 1 000	
(8) 5 000	
(9) 2 000	
本期发生额 8 000	本期发生额 0
期末余额 9 500	

银行存款	
期初余额 45 000	(1) 10 000
(6) 150 000	(2) 1 000
(9) 16 000	(5) 22 500
	(7) 9 000
	(10) 48 000
本期发生额 166 000	本期发生额 90 500
期末余额 120 500	

原材料	
期初余额 90 000	(4) 40 000
(3) 20 000	
本期发生额 20 000	本期发生额 40 000
期末余额 70 000	

应收账款	
期初余额 47 700	(9) 18 000
本期发生额 0	本期发生额 18 000
期末余额 29 700	

库存商品	
期初余额 60 000	
本期发生额 0	本期发生额 0
期末余额 60 000	

生产成本	
期初余额 22 500	
(4) 40 000	
本期发生额 40 000	本期发生额 0
期末余额 62 500	

长期股权投资	
期初余额 180 000	
本期发生额 0	本期发生额 0
期末余额 180 000	

固定资产	
期初余额 600 000	
(1) 10 000	
本期发生额 10 000	本期发生额 0
期末余额 610 000	

短期借款	
(10) 20 000	期初余额 195 000
本期发生额 20 000	本期发生额 0
	期末余额 175 000

应付账款	
(5) 22 500	期初余额 142 500
(10) 28 000	
本期发生额 50 500	本期发生额 0
	期末余额 92 000

应交税费——应交所得税	
(7) 9 000	期初余额 9 000
本期发生额 9 000	本期发生额 0
	期末余额 0

长期借款	
	期初余额 186 000
	(6) 150 000
本期发生额 0	本期发生额 150 000
	期末余额 336 000

实收资本

	期初余额 304 200
	（3）20 000
本期发生额 0	本期发生额 20 000
	期末余额 324 200

资本公积

	期初余额 140 000
	（8）5 000
本期发生额 0	本期发生额 5 000
	期末余额 145 000

盈余公积

	期初余额 70 000
本期发生额 0	本期发生额 0
	期末余额 70 000

最后，根据账户记录进行试算平衡见表4-4：

表4-4　　　　　　　　　　发生额及余额试算平衡表　　　　　　　　　单位：元

账户名称	期初余额		本期发生额		期末余额	
	借方	贷方	借方	贷方	借方	贷方
库存现金	1 500		8 000	—	9 500	
银行存款	45 000		166 000	90 500	120 500	
应收账款	47 700		—	18 000	29 700	
原材料	90 000		20 000	40 000	70 000	
库存商品	60 000		—	—	60 000	
生产成本	22 500		40 000		62 500	
长期股权投资	180 000				180 000	
固定资产	600 000		10 000	—	610 000	
短期借款		195 000	20 000			175 000
应付账款		142 500	50 500	—		92 000
应交税费		9 000	9 000	—		0
长期借款		186 000		150 000		336 000
实收资本		304 200		20 000		324 200
资本公积		140 000	—	5 000		145 000
盈余公积		70 000	—	—		70 000
合　计	1 046 700	1 046 700	323 500	323 500	1 142 200	1 142 200

6.（1）编制星海公司2017年9月部分经济业务的会计分录如下：

①偿还A公司货款。

借：应付账款——A公司　　　　　　　　　　　　　　　　　　　　30 000

　　贷：银行存款　　　　　　　　　　　　　　　　　　　　　　　　　　30 000

②购买甲材料200千克，单价为150元/千克。

借：原材料——甲材料   30 000

  贷：银行存款   30 000

③生产领用材料。

借：生产成本   140 000

  贷：原材料——甲材料   60 000

     ——乙材料   20 000

     ——丙材料   60 000

④偿还 B 公司货款。

借：应付账款——B 公司   20 000

  贷：银行存款   20 000

⑤购入乙材料 200 千克，单价为 100 元/千克。

借：原材料——乙材料   20 000

  贷：应付账款——A 公司   20 000

⑥购入丙材料 300 千克，单价为 120 元/千克。

借：原材料——丙材料   36 000

  贷：应付账款——B 公司   36 000

（2）开设并登记总分类账和明细分类账。

①总分类账：

原材料

期初余额 400 000	（3）140 000
（2）30 000	
（5）20 000	
（6）36 000	
本期发生额 86 000	本期发生额 140 000
期末余额 346 000	

应付账款

（1）30 000	期初余额 100 000
（4）20 000	（5）20 000
	（6）36 000
本期发生额 50 000	本期发生额 56 000
	期末余额 106 000

②明细分类账：

原材料——甲材料

期初余额 240 000	（3）60 000
（2）30 000	
本期发生额 30 000	本期发生额 60 000
期末余额 210 000	

应付账款——A 公司

	期初余额 60 000
（1）30 000	（5）20 000
本期发生额 30 000	本期发生额 20 000
	期末余额 50 000

原材料——乙材料

期初余额 40 000	（3）20 000
（5）20 000	
本期发生额 20 000	本期发生额 20 000
期末余额 40 000	

应付账款——B 公司

	期初余额 40 000
（4）20 000	（6）36 000
本期发生额 20 000	本期发生额 36 000
	期末余额 56 000

原材料——丙材料

期初余额 120 000	（3）60 000
（6）36 000	
本期发生额 36 000	本期发生额 60 000
期末余额 96 000	

（3）编制"原材料"和"应付账款"账户本期发生额及余额明细表见表4-5、表4-6：

表4-5　　　　　　　　　　**"原材料"本期发生额及余额明细表**　　　　　　　金额单位：元

明细账户	计量单位	单价	期初余额		本期发生额				期末余额	
			数量	金额	收　入		支　出		数量	金额
					数量	金额	数量	金额		
甲材料	千克	150	1 600	240 000	200	30 000	400	60 000	1 400	210 000
乙材料	千克	100	400	40 000	200	20 000	200	20 000	400	40 000
丙材料	千克	120	1 000	120 000	300	36 000	500	60 000	800	96 000
合　计				400 000		86 000		140 000		346 000

表4-6　　　　　　　　　　**"应付账款"本期发生额及余额明细表**　　　　　　　　单位：元

明细账户	期初余额		本期发生额		期末余额	
	借方	贷方	借方	贷方	借方	贷方
A公司		60 000	30 000	20 000		50 000
B公司		40 000	20 000	36 000		56 000
合　计		100 000	50 000	56 000		106 000

七、案例提示

案例一

思路：不论是个人还是企业，在进行决策时，都要考虑收益最大化。对于职员李华来说，同样如此。那么在这三种选择中，究竟哪一种选择对他来说能获得最大的收益呢？这就是分析问题的关键之处。基本方法是将这三种选择各自能够获得的收益计算出来并加以比较，其中，第三种选择是关于企业经营情况，需要采用会计的方法进行分析。

参考答案：

（1）第一种选择可以获得收入12 000元。

（2）第二种选择可以获得收入13 200元（6 000+600×12）。

（3）第三种选择开业一个月可以获得收入1 500元（8 000-500-1 500-3 000÷6-6 000×2/3）。按一年计算则可以获得收入18 000元（1 500×12）。

从上面的计算来看，李华选择自己投资开办水吧是正确的。

说明：本题在分析时没有考虑投资20 000元在使用过程中的折旧问题。

案例二

思路：会计核算应该采用复式记账，这种理解是正确的。但复式记账并不是像张山和李斯想象的那样。作为企业来说，确认收入、费用、资产和负债应该采用权责发生制。而他们的记录却违背了这些原则与方法。

参考答案：

（1）对于收到商品订单，不应确认收入，也不能作为资产价值增加。

（2）发出订购商品的订单，不应作为资产的增加，也不能确认费用。

（3）将货物发给顾客并收到现金，应该确认收入，同时增加资产价值，即记录收入增加 1 000 元，现金增加 1 000 元。

（4）收到所订的商品并支付现金，应该是现金减少和商品增加，即一项资产增加，另一项资产减少，不涉及负债。

（5）用现金支付银行利息的做法是对的。

（6）赊购设备 6 000 元，应付账款增加没有错，但设备应作为资产，而不能作为费用处理。

第5章 会计凭证

一、学习目的与要求

填制和审核凭证是会计核算基本方法之一，本章主要阐述了会计凭证的作用、种类、填制和审核方法，以及传递和保管的一般要求。让学生重点掌握原始凭证、记账凭证的填制和审核方法。会计凭证是记账的依据，正确填制和审核会计凭证是《中华人民共和国会计法》明确规定的。通过本章学习使学生掌握填制和审核会计凭证的规范性做法是什么，哪些是必须做到的，哪些是禁止做的，为会计人员依法从事会计工作奠定良好的基础，同时增强其处理会计凭证的操作技能和能力。

二、预习要览

（一）关键概念

1. 会计凭证
2. 原始凭证
3. 记账凭证
4. 外来原始凭证
5. 自制原始凭证
6. 专用记账凭证
7. 通用记账凭证
8. 单式记账凭证
9. 复式记账凭证
10. 单一记账凭证
11. 汇总记账凭证
12. 科目汇总表

（二）关键问题

1. 为什么要取得或编制原始凭证？原始凭证的作用是什么？
2. 如何对原始凭证进行分类？对原始凭证进行分类的依据有哪些？它们之间的关系是怎样的？
3. 为什么要编制记账凭证？它与原始凭证的关系是怎么样的？
4. 如何对记账凭证进行分类？它们之间的关系是怎样的？
5. 说明原始凭证的一般内容和审核办法。
6. 说明记账凭证的一般内容和审核办法。
7. 说明记账凭证的编号方法以及不同编号方法各自的优缺点。
8. 为什么要编制汇总原始凭证？如何编制汇总原始凭证？
9. 为什么要先根据审核无误的原始凭证编制记账凭证，再根据审核无误的记账凭证登记会计账簿？能否直接根据审核无误的原始凭证登记会计账簿？
10. 什么是会计凭证的传递保管？如何进行会计凭证的传递保管？
11. 会计凭证销毁时应注意哪些问题？

三、本章的重点与难点

本章主要应掌握企业会计核算第一环节所涉及的内容和方法，包括会计凭证的作用和种类、原始凭证、记账凭证、会计凭证的传递与保管等内容。

（一）会计凭证的作用和种类

会计凭证是用来记录经济业务、明确经济责任和据以登记账簿的一种证明文件。在手工会计条件下，会计凭证一般以书面形式表现出来；在网络会计条件下，会计凭证将主要以电子证据方式出现。由于网络会计在世界上尚不普及，我们主要介绍手工会计条件下的会计凭证。

会计凭证在会计中有着重要作用：它是提供原始资料、传导经济信息的工具；它是登记账簿的依据；它是加强经济责任制的手段；它是实行会计监督的条件。

会计凭证按其填制程序和用途不同可以分为原始凭证和记账凭证两大类。原始凭证是在经济业务发生或完成时，由经济业务的当事者取得或填制的，载明经济业务具体情况和发生及完成情况，明确经济责任的一种具有法律效力的证明文件。

（二）原始凭证

在手工会计条件下，原始凭证按其来源不同，可分为自制原始凭证和外来原始凭证。自制原始凭证是在经济业务发生或完成时，由本单位的经济业务当事者填制的。外来原始凭证是在经济业务发生或完成时，由外单位的经济业务当事者填制的。自制原始凭证按其填制手续、内容、使用次数不同，可分为一次凭证、累计凭证、汇总原始凭证（原始凭证汇总表）和记账编制凭证四种。外来的原始凭证一般都是一次性的。

原始凭证的基本内容包括凭证名称、编制凭证的日期及编号、接受凭证单位的名称、经济业务的数量和金额、填制凭证单位的名称和有关人员的签章等。

原始凭证的填制要求是：记录真实、手续完备、内容齐全、书写规范和填制及时。审核原始凭证时要审查它的合法性、合规性和合理性，其填制是否符合要求。

（三）记账凭证

在手工会计条件下，记账凭证是根据原始凭证归类、整理而来，用会计语言表述的会计分录凭证，以书面借、贷会计科目及相关金额形式表现出来。在网络会计条件下，随着会计软件的进步，记账凭证作为一般语言向会计语言转换的媒介，将失去意义。因为会计软件可直接将原始凭证中所反映的原始数据转换成会计信息使用者可直接使用的会计信息。但是手工会计条件下原始凭证中所反映的用一般语言表述原始数据，用记账凭证和会计账簿及会计报表的方式收集转换为会计语言的原理却是掌握会计知识所必须学习的，所以即使在网络会计条件下，手工会计条件下的会计核算原理也是必须加以系统学习的。

在手工会计条件下，记账凭证按用途分类，可分为通用记账凭证和专用记账凭证。专用记账凭证按反映的内容不同可分为收款凭证、付款凭证和转账凭证三种。按填列科目的记账方向分类，记账凭证可分为单式记账凭证和复式记账凭证。单式记账凭证按涉及会计科目的借方还是贷方，可分为借项凭证和贷项凭证。按记账凭证包括的内容分类，还可分为单一记账凭证、汇总记账凭证、科目汇总表。汇总记账凭证按汇总的内容不同，可分为汇总收款凭证、汇总付款凭证和汇总转账凭证。

在手工会计条件下，记账凭证的基本内容包括凭证名称、填制凭证的日期及凭证编号、经济业务内容摘要、记账符号和账户名称及金额、所附原始凭证的张数、填制单位的名称及有关人员的签名盖章。

收、付款凭证是根据反映货币资金收付业务的原始凭证编制的；转账凭证是根据反映非货币资金收付业务的原始凭证编制的；有的转账凭证是根据账簿记录编制的。汇总收款凭证是按相关收款凭证的借方科目设置，按贷方科目归类汇总的；汇总付款凭证是按相关转账凭证的贷方科目设置，按借方科目归类汇总的；汇总转账凭证也是按相关转账凭证的贷方科目设置，按借方科目归类汇总的。

记账凭证在填制时摘要要简明，科目运用要恰当，金额计量要正确，编号要连续，原附的附件要齐全，有关项目的填列要完整。

（四）会计凭证的传递与保管

在手工会计条件下，记账凭证在平时应合理传递，以提高会计信息的加工速度和质量。期末要及时装订成册并妥善保管，借阅应按相关手续办理，保管期满要按有关规定销毁。

四、练习题

（一）单项选择题

1. 领料汇总表属于（　　）。

A. 一次凭证　　　　B. 累计凭证　　　　B. 单式凭证　　　　D. 汇总原始凭证

2. 下列属于外来原始凭证的是（　　）。

A. 入库单　　　　B. 发料汇总表　　　C. 银行收账通知单　　　D. 出库单

3. 下列不属于会计凭证的有（　　）。

A. 发货票　　　　B. 领料单　　　　C. 购销合同　　　　D. 住宿费收据

4. 自制原始凭证按其填制手续不同可分为（　　）。

A. 一次凭证和汇总凭证

B. 单式凭证和复式凭证

C. 收款凭证、付款凭证、转账凭证

D. 一次凭证、累计凭证、汇总原始凭证和记账编制凭证

5. 原始凭证的基本内容中，不包括（　　）。

A. 日期及编号　　B. 内容摘要　　C. 实物数量及金额　　D. 会计科目

6. 原始凭证和记账凭证的相同点是（　　）。

A. 反映经济业务的内容相同　　　　B. 编制时间相同

C. 所起作用相同　　　　D. 经济责任的当事人相同

7. 下列业务应编制转账凭证的是（　　）。

A. 支付购买材料价款　　　　B. 支付材料运杂费

C. 收回出售材料款　　　　D. 车间领用材料

8. 企业将现金存入银行应编制（　　）。

A. 银行存款付款凭证　　　　B. 现金付款凭证

C. 银行存款收款凭证　　　　D. 现金收款凭证

9. 下列科目可能是收款凭证借方科目的是（　　）。

A. 材料采购　　B. 应收账款　　C. 银行存款　　D. 主营业务收入

10. 外来原始凭证一般都是（　　）。

A. 一次凭证　　　B. 累计凭证　　　C. 汇总原始凭证　　　D. 记账凭证

11. 下列科目可能是收款凭证贷方科目的是(　　　)。

A. 制造费用　　　　　B. 管理费用　　　　　C. 应收账款　　　　　D. 坏账准备

12. 将会计凭证分为原始凭证和记账凭证的依据是(　　　)。

A. 填制时间　　　　　　　　　　　B. 取得来源

C. 填制的程序和用途　　　　　　　D. 反映的经济内容

13. 记账凭证中不可能有(　　　)。

A. 接受单位的名称　　　　　　　　B. 记账凭证的编号

C. 记账凭证的日期　　　　　　　　D. 记账凭证的名称

14. 原始凭证是(　　　)。

A. 登记日记账的根据　　　　　　　B. 编制记账凭证的根据

C. 编制科目汇总表的根据　　　　　D. 编制汇总记账凭证的根据

15. 制造费用分配表是(　　　)。

A. 外来原始凭证　　　　　　　　　B. 通用记账凭证

C. 累计凭证　　　　　　　　　　　D. 记账编制凭证

16. 将记账凭证分为收款凭证、付款凭证、转账凭证的依据是(　　　)。

A. 凭证填制的手续　　　　　　　　B. 凭证的来源

C. 凭证所反映经济业务内容　　　　D. 所包括的会计科目是否单一

17. 根据账簿记录和经济业务的需要而编制的自制原始凭证是(　　　)。

A. 转账凭证　　　　　　　　　　　B. 累计凭证

C. 限额领料单　　　　　　　　　　D. 记账编制凭证

18. 会计凭证登账后的整理、装订和归档存查称为(　　　)。

A. 会计凭证的传递　　　　　　　　B. 会计凭证的保管

C. 会计凭证的编制　　　　　　　　D. 会计凭证的销毁

19. 根据一定期间的记账凭证全部汇总填制的凭证有(　　　)。

A. 汇总记账凭证　　　　　　　　　B. 科目汇总表

C. 复式凭证　　　　　　　　　　　D. 累计凭证

20. 填制原始凭证时应做到大小写数字符合规范，填写正确。如大写金额"壹仟零壹元伍角整"，其小写应为(　　　)。

A. 1 001.50 元　　　　B. ￥1 001.50　　　　C. ￥1 001.50 元　　　　D. ￥1 001.5

(二) 多项选择题

1. 下列属于一次原始凭证的有(　　　)。

A. 限额领料单　　　　　　B. 领料单　　　　　　C. 领料登记表

D. 购货发票　　　　　　　E. 销货发票

2. 记账凭证编制的依据可以是(　　　)。

A. 收、付款凭证　　　　　B. 一次凭证　　　　　C. 累计凭证

D. 汇总原始凭证　　　　　E. 转账凭证

3. 企业购入材料一批，货款用存款支付，材料验收入库，则应编制的全部会计凭证是(　　　)。

A. 收料单　　　　　　　　B. 累计凭证　　　　　C. 收款凭证

D. 付款凭证　　　　　　　　　E. 转账凭证

4. 下列属于原始凭证的有(　　　)。

A. 发出材料汇总表　　　B. 汇总收款凭证　　　C. 购料合同

D. 限额领料单　　　　　E. 收料单

5. 原始凭证审核时应注意下列(　　　)方面内容。

A. 凭证反映的业务是否合法　　　B. 所运用的会计科目是否正确

C. 凭证上各项目是否填列齐全完整　　D. 各项目的填写是否正确

E. 数字计算有无错误

6. 下列科目中可能成为付款凭证借方科目的有(　　　)。

A. 库存现金　　　　　　B. 银行存款　　　　　C. 应付账款

D. 应交税费　　　　　　E. 销售费用

7. 转账凭证属于(　　　)。

A. 记账凭证　　　　　　B. 专用记账凭证　　　C. 会计凭证

D. 复式记账凭证　　　　E. 通用记账凭证

8. 涉及现金与银行存款相互划转的业务应编制的记账凭账有(　　　)。

A. 现金收款凭证　　　　B. 现金付款凭证

C. 银行存款收款凭证　　D. 银行存款付款凭证

E. 转账凭证

9. 下列凭证中，属于汇总原始凭证的有(　　　)。

A. 发料汇总表　　　　　B. 制造费用分配表

C. 发货票　　　　　　　D. 现金收入汇总表

E. 工资结算汇总表

10. 下列凭证中，属于复式记账凭证的有(　　　)。

A. 单科目凭证　　　　　B. 收款凭证　　　　　C. 付款凭证

D. 转账凭证　　　　　　E. 通用记账凭证

11. 下列属于外来凭证的有(　　　)。

A. 购入材料的发票　　　B. 出差住宿费收据

C. 银行结算凭证　　　　D. 收款凭证

E. 转账凭证

12. 收款凭证和付款凭证是(　　　)。

A. 登记库存现金、银行存款日记账的依据

B. 编制会计报表的直接依据　　　C. 调整和结转有关账项的依据

D. 成本计算的依据　　　E. 出纳人员办理收、付款项的依据

13. 记账凭证的编号方法有(　　　)。

A. 顺序编号法　　　　　B. 分类编号法　　　　C. 奇偶数编号法

D. 任意编号法　　　　　E. 分数编号法

14. 正确地组织会计凭证的传递的意义在于(　　　)。

A. 可以及时地反映和监督经济业务的发生和完成情况

B. 合理、有效地组织经济活动

C. 有利于原始凭证的编制

D. 可以加强经济管理责任制

E. 有利于研究会计发展历史

15. 自制原始凭证按其填制程序和内容不同，可以分为（   ）。

A. 外来凭证   B. 一次凭证   C. 累计凭证

C. 汇总原始凭证   E. 记账编制凭证

16. 填制原始凭证时应做到（   ）。

A. 遵纪守法   B. 记录真实   C. 填写认真

D. 内容完整   E. 会计科目正确

17. 记账凭证应该是（   ）。

A. 由经办业务人员填制的   B. 由会计人员填制的

C. 经济业务发生时填制的   D. 登记账簿的直接依据

E. 根据审核无误的原始凭证填制的

18. 会计凭证的保管应做到（   ）。

A. 定期归档以便查阅   B. 查阅会计凭证要有手续

C. 由企业自行销毁   D. 保证会计凭证的安全和完整

E. 装订成册并由专人负责保管

（三）判断题

1. 一次凭证是指只反映一项经济业务的凭证，如"领料单"。（   ）

2. 累计凭证是指在一定时期内连续记载若干项同类经济业务，其填制手续是随经济业务发生而分次完成的凭证，如"限额领料单"。（   ）

3. 汇总原始凭证是指在会计核算工作中，为简化记账凭证编制工作，将一定时期内若干份记录同类经济业务的记账凭证加以汇总，用以集中反映某项经济业务总括发生情况的会计凭证。（   ）

4. 在一笔经济业务中，如果既涉及现金和银行存款的收付，又涉及转账业务时，应同时填制收（或付）款凭证和转账凭证。（   ）

5. 原始凭证是登记日记账、明细分类账的根据。（   ）

6. 制造费用分配表是记账编制凭证。（   ）

7. 将记账凭证分为收款凭证、付款凭证、转账凭证的依据是凭证填制的手续和凭证的来源。（   ）

8. 根据账簿记录和经济业务的需要而编制的自制原始凭证是记账编制凭证。

（   ）

9. 会计凭证登账后整理、装订和归档，2 年后可销毁。（   ）

10. 根据一定期间的记账凭证全部汇总填制的凭证（如"科目汇总表"）是一种累计凭证。（   ）

（四）综合题

1. 目的：借款及报销业务中原始凭证、记账凭证相关的会计处理练习。

资料：开西公司材料采购员王凤 2017 年 7 月 25 日拟去上海市纺织集团公司采购纺织品，经业务授权人（供应处处长）郑来宁签章同意，预借差旅费现金 2 000 元。王凤填制一联借款单，出纳员金夏付给王风现金 2 000 元。经财务稽核人员姜平稽核，将审核后的借款单交会计李梅编制现金付款凭证。财务部门负责人为谢意。

7 月 28 日，王风完成采购业务回来，经审核，实际支出差旅费及补助 1 960 元，交回剩余现金。

要求：填制开西公司差旅费借款单、差旅费报销单，编制借款的现金付款凭证和报销的记账凭证（见证账表 5-1 至证账表 5-4）。

证账表 5-1   **借 款 单**   №0049768

借款部门：   年 月 日   业务授权人：

人民币（大写）				¥	
用途				财务部门	借款部门
付款方式		票据号码		负责人	负责人
收款单位		开户银行		审核	借款人
		账号		记账	经办人

证账表 5-2   **付 款 凭 证**   凭证编号：   出纳编号：

年 月 日   贷方科目

摘 要	结算方式	票号	借方科目		金 额										过账符号
			总账科目	明细科目	亿	千	百	十	万	千	百	十	元	角	分	
附单据 张			合 计													

会计主管   记账   稽核   制单   出纳   领款人

证账表 5-3 **差 旅 费 报 销 单**

年 月 日

公出者姓名							公出地点							
出　发				到　达				车船费	途中伙食补助		住勤伙食补助		其　他		合计
月	日	时分	地点	月	日	时分	地点		日数	金额	日数	金额	车马费	宿费	其他
合　　计															

所附凭单 张

报销 年 月 日 借款 元，结余（或超支） 元。报销金额（大写）　　　　　　　　　¥_____

会计主管　　　　　　审核　　　　　　制单　　　　　　部门主管　　　　　　公出人

证账表 5-4 **转 账 凭 证**

年 月 日　　　　　　　　　　　　　　　凭证编号_____

摘　　要	借方科目		贷方科目		金　　额										过账符号
	总账科目	明细科目	总账科目	明细科目	亿	千	百	十	万	千	百	十	元	角	分
附单据　　张			合　　计												

会计主管　　　　　　记账　　　　　　稽核　　　　　　制单

2. 目的：练习销售业务中原始凭证、记账凭证相关的会计处理练习。

资料：根据 2017 字第 034 号合同，悟道公司于 2017 年 7 月 30 日售给星月公司长久牌工装 196 件，每件 100 套，每套 51.80 元。星月公司已在相关提货单上签字确认并已提货，提货人为宇飞。本公司收到星月公司开出票面金额为 1 187 877.60 元的有效银行本票一张及其他相关单据若干张。出纳员金夏在审核后填列银行存款进账单，将银行本票存入本公司在中国工商银行××市分行×××支行第 0001995518 账号内。另外，金夏开给星月公司增值税销货发票，其中，价款为 1 015 280.00 元，增值税进项税额为 162 444.80 元。

要求：填制悟道公司提货单、银行存款进账单、增值税专用发票、银行存款收款凭证（见证账表 5-5 至证账表 5-8）。

证账表 5-5 **悟道公司提货单**

年　月　日　　　　　　　　　　　　№00955

品　名	单　位	数　量	单　价	金　额	备　注

批准人　　　　开票　　　　　保管员　　　　　提货人

①

存

根

证账表 5-6 **中国工商银行进账单**（回单或收款通知） **1**

年　月　日　　　　　　　　　　第　　号

付款人	全　称		收款人	全　称	
	账　号			账　号	
	开户银行			开户银行	

人民币 （大写）		千百十万千百十元角分

票据种类		
票据张数		

单位主管　合计　复核　记账

此联是收款人开户银行交给收款人的回单或收账通知

证账表 5-7 ××增值税专用发票

№ 00443801

开票日期　年 月 日

购买方	名　　　称：				密码区		
	纳税人识别号：						
	地 址 、电 话：						
	开户行及账号：						

货物或应税劳务、服务名称	规格型号	单位	数量	单价	金额	税率	税额
合　计							

价税合计（大写）	（小写）￥

销售方	名　　　称：		备注
	纳税人识别号：		
	地 址 、电 话：		
	开户行及账号：		

收款人：　　　　复核：　　　　　开票人：　　　销售方：（章）

第一联：记账联　销售方的记账凭证

证账表 5-8   **收 款 凭 证**   凭证编号：   出纳编号：

年   月   日   借方科目

摘 要	结算方式	票号	贷方科目		金 额										过账符号
			总账科目	明细科目	亿	千	百	十	万	千	百	十	元	角	分	
附单据 张			合 计													

会计主管   记账   稽核   制单   出纳   交款人

3. 目的：练习转账业务中原始凭证、记账凭证相关的会计处理练习。

资料：飞升公司第一车间有 A、B、C 三个生产小组，2017 年 9 月都生产甲产品。甲产品生产需用直径为 5cm 的合金钢和周长为 18cm 的等边三角钢。上述三个生产小组都采用限额领料方法由生产小组长陈军、孙乾和甄明从 1 号仓库领料，车间生产计划员王珏下达各生产小组的领料限额，仓库保管员为迟升，材料会计孙光负责领料稽核，会计主管为裴书，记账为李艳。各生产小组的领料限额如证账表 5-9 所示。

证账表 5-9   **限额领料单**

限 额 组 别	5cm 合金钢		18cm 等边三角钢		计划产量（台）
	数量（kg）	金额（元）	数量（kg）	金额（元）	
A 生产小组	3 000	90 000	7 000	28 000	100
B 生产小组	3 000	90 000	7 000	28 000	100
C 生产小组	3 000	90 000	7 000	28 000	100
合计	9 000	270 000	21 000	84 000	300

各小组实际领料情况和时间如下：

（1）A 生产小组：

① 9 月 1 日，领 5cm 合金钢 1 000kg，18cm 等边三角钢 2 000kg。

② 9 月 11 日，领 5cm 合金钢 900kg，18cm 等边三角钢 1 900kg。

③ 9 月 22 日，领 5cm 合金钢 800kg，18cm 等边三角钢 1 800kg。

（2）B 生产小组：

①9 月 1 日，领 5cm 合金钢 1 100kg，18cm 等边三角钢 2 100kg。

②9 月 11 日，领 5cm 合金钢 1 000kg，18cm 等边三角钢 2 300kg。

③9 月 22 日，领 5cm 合金钢 800kg，18cm 等边三角钢 2 500kg。

（3）C 生产小组：

①9 月 1 日，领 5cm 合金钢 1 200kg，18cm 等边三角钢 2 200kg。

②9 月 11 日，领 5cm 合金钢 1 000kg，18cm 等边三角钢 2 200kg。

③9 月 22 日，领 5cm 合金钢 800kg，18cm 等边三角钢 2 600kg。

要求：分别编制飞升公司三个生产小组的限额领料单、原始凭证汇总表、生产领料转账记账凭证（见证账表 5-10 至证账表 5-12）。

证账表 5-10　　　　　　　　　　　**飞升公司限额领料单**

领料单位：　　　　　　　　　　　　　　　　　　　　　　　　　仓库：1 号

用途：　　　　　　　　　　　　　　　　　　　　　　　　　　计划产量：

材料类别	材料编号	材料名称	规格	计量单位	单价（元/千克）	领料限额	全 月 实 领	
							数 量	金额(元)
日　　期	请领		实发		代用材料			限额
	数量	领料人签章	数量	发料人签章	数量	单位	金额	结余

仓库保管员　　　　　　　　　　　　　　　　　　　车间生产计划员

证账表 5-11　　　　　　　　　　　**飞升公司领料单汇总表**

年　　月

用途（借方科目）	上旬	中旬	下旬	月计
生产成本 其中：甲产品				
制造费用				
管理费用				
在建工程				
本月领料合计				

制表人　　　　　　　　　　稽核　　　　　　　　会计主管

转账凭证

年 月 日 　　　　　　　凭证编号：_____

摘要	借方科目		贷方科目		金 额											过账符号
	总账科目	明细科目	总账科目	明细科目	亿	千	百	十	万	千	百	十	元	角	分	
附单据　　张			合　　计													

会计主管　　　　　　记账　　　　　　稽核　　　　　　制单

五、案例

案例一：原始凭证的审核

分析思路：原始凭证的审核是会计工作中最基本的一环，也是使会计信息具有可用性的根本前提。原始凭证的审核，主要是审核原始凭证所反映内容的合法性、合规性和合理性。这里的合法性是指原始凭证所反映的会计事项要符合法律要求，不得逾越国家法律；这里的合规性是指原始凭证所反映的会计事项在遵守国家法律的前提下要符合根据企业自身情况制定的企业规章制度；这里的合理性是指在合法的前提下，对特定环境下形成的会计事项在原始凭证审核时要根据事情的起因进行灵活但不拘泥常规的处理，既不可违法乱纪，又不可墨守成规。在原始凭证的审核中，尤其应注意原始凭证所反映的会计事项在企业管理、企业发展趋势、计划执行情况等方面的经验和教训，以便总结经验、修正偏差，为相关方面提供有用的会计信息。

资料：开西公司在内部审计中发现如下两张原始凭证：

1. 供应处采购员王风 2017 年 9 月 6 日再次去瓦纺集团公司采购纺织品，事先预借差旅费现金 3 000 元，借款单见证账表 5-13。

证账表 5-13　　　　　　　　　　　**借款单**　　　　　　　　　　№0049778

借款部门：供应处　　　　　　2017 年 9 月 6 日　　　　　　业务授权人：郑来宁

人民币（大写）叁仟元				￥3 000.00		
用途	差旅费				财务部门	借款部门
付款方式		票据号码		负责人		负责人　郑来宁
收款单位	王风	开户银行		审核	姜平	借款人　王风
		账号		记账	李梅	经办人　王风

2. 2017 年 9 月 8 日王凤出差回来后报销差旅费，填列差旅费报销单（见证账表 5-14）。

证账表 5-14

差旅费报销单

2017 年 9 月 9 日

公出者姓名	王凤					公出地点	瓦房店							
出　发				到　达				车船费	途中伙食补助		住勤伙食补助		其　他			合计
月	日	时分	地点	月	日	时分	地点		日数	金额	日数	金额	车马费	宿费	其他	
9	6	8:32	××	9	6	11:02	瓦房店	18	—	—	—	—	—	—	—	18
9	8	15:30	瓦房店	9	8	18:00	××	18	—	—	3	240	60	300	1 998	2 634
合　计								36			3	240	60	300	1 998	2 634

报销 2017 年 9 月 8 日　借款 3 000 元,结余(或超支)366 元。报销金额(大写)贰仟陆佰叁拾肆元整　　　　￥2 634.00

所附单据　张

会计主管　谢意　　审核　姜平　　制单　李梅　　部门主管　郑来宁　　公出人　王凤

注 1：住勤伙食补助按有关政策规定为每天 80 元，交通费补助为每天 20 元。

注 2：经审核，在差旅费报销单中所填列的其他栏中，所支出的其他费用 1 998 元。组成为：长途电话费 100 元，出租车车费 400 元，餐费 1 488 元，均有相关的原始凭证。

注 3：出发地和瓦房店之间两张金额均为 18 元的原始凭证经审核没有问题。

要求：指出上述两张原始凭证存在的问题并提出处理意见。

案例二：记账凭证的审核

分析思路：记账凭证的审核是保证会计记录真实性的基本前提。记账凭证的审核，主要是审核记账凭证所反映内容的合法性、合规性和合理性。这里的合法性是指记账凭证所反映的会计事项要符合国家有关法律规章的要求；这里的合规性是指记账凭证所反映的会计事项在遵守国家法律规章的前提下要符合根据企业自身情况制定的企业规章制度；这里的合理性是指在合法的前提下，对特定环境下形成的会计事项在记账凭证审核时要根据事情的起因进行灵活但不拘泥常规的处理，既不可违法乱纪，又不可墨守成规。在记账凭证的审核中，还应注意记账凭证填列内容的正确性和完整性。

资料：开西公司在内部审计中发现如下两张会计凭证（见证账表 5-15 至账表 5-16）。

证账表 5-15

券种	张数
壹佰元	19
伍拾元	0
拾　元	0
伍　元	0
壹　元	0
伍　角	0
壹　角	0
合　计	19

<table>
<tr><td colspan="4" rowspan="3">××市商业银行现金缴款单
缴款日期 2017 年 8 月 8 日</td><td colspan="3">本次交款记录</td></tr>
<tr><td>多款</td><td>0</td><td>已退回</td></tr>
<tr><td>少款</td><td>0</td><td>已补缴</td></tr>
<tr><td rowspan="2">交款
单位</td><td>全称</td><td>开西公司</td><td>账号</td><td colspan="3">016219950515</td></tr>
<tr><td>开户银行</td><td>××市商业银行中山支行</td><td>款项来源</td><td colspan="3">零星销售</td></tr>
<tr><td colspan="2">人民币
（大写）</td><td colspan="2">壹仟玖佰元</td><td colspan="3">百 十 万 千 百 十 元 角 分
¥ 1 9 0 0 0 0</td></tr>
<tr><td rowspan="2">现金
收讫</td><td rowspan="2">××市商业银行
中山支行现金收讫章</td><td>出纳复核员</td><td>姜平</td><td>出纳收款员</td><td colspan="2">金夏</td></tr>
<tr><td>会计复核员</td><td>姜平</td><td>记　账　员</td><td colspan="2">李梅</td></tr>
</table>

证账表 5-16

收 款 凭 证

凭证编号：收字第 00197 号　出纳编号：099 号

2017 年 8 月 9 日

借方科目	银行存款

摘　要	结算方式	票号	贷方科目		金额											过账符号
			总账科目	明细科目	亿	千	百	十	万	千	百	十	元	角	分	
送存现金			库存现金							1	9	0	0	0	0	✓
附单据　　张			合　计													

会计主管　谢意　记账　李梅　稽核　姜平　制单　李梅　出纳　金夏　交款人　金夏

要求：审核上述两张会计凭证，找出存在的问题并根据经济业务内容重新制作上述两张会计凭证。

六、练习题参考答案

（一）单项选择题

1. D　2. C　3. C　4. D　5. D　6. A　7. D　8. B　9. C　10. A　11. C　12. C　13. A　14. B　15. D　16. C　17. D　18. B　19. A　20. B

（二）多项选择题

1. BDE 2. BCD 3. ADE 4. ADE 5. ACDE 6. ABCDE 7. ABCD 8. BD 9. ADE
10. BCDE 11. ABC 12. AE 13. ABE 14. ABD 15. BCDE 16. ABCD 17. BDE
18. ABDE

（三）判断题

1. × 2. √ 3. × 4. × 5. × 6. × 7. × 8. × 9. × 10. ×

（四）综合题

1. 填制开西公司有关会计凭证（见证账表 5-17 至证账表 5-20）。

证账表 5-17 　　　　　　　　　　　**借 款 单**　　　　　　　　　　　No0049768

借款部门：供应处　　　　　　　2017 年 7 月 25 日　　　　　　业务授权人：郑来宁

人民币（大写）贰仟元整				￥2 000.00		
用途	差旅费				财务部门	借款部门
付款方式	现金	票据号码		负责人	谢意	负责人 郑来宁
收款单位		开户银行		审核	姜平	借款人 王凤
		账号		记账	李梅	经办人 王凤

证账表 5-18 　　　　　　　　　　　**付 款 凭 证**　　　　凭证编号：略　出纳编号：略

2017 年 7 月 25 日　　　　　　　贷方科目　库存现金

摘　要	结算方式	票号	借方科目		金　　额											过账符号
			总账科目	明细科目	亿	千	百	十	万	千	百	十	元	角	分	
王凤借差旅费			其他应收款						2	0	0	0	0	0		√
附单据 壹 张			合　　　计				￥	2	0	0	0	0	0			

会计主管　谢意　　记账　李梅　　稽核　姜平　　制单　李梅　　出纳　金夏　　领款人　王凤

证账表 5-19 **差旅费报销单**

2017 年 7 月 28 日

公出者姓名	王凤						公出地点	上海						
出 发				到 达				车船费	途中伙食补助		住勤伙食补助		其 他		合计
月	日	时分	地点	月	日	时分	地点		日数	金额	日数	金额	车马费	宿费	其他	
								×××	×	××	×	××	××	××	××	1 960
合 计								×××	×	××	×	××	××	××	××	1 960

报销2017年7月28日　借款2 000元,结余(或超支)40元。报销金额(大写)壹仟玖佰陆拾元整　　　¥1 960.00

会计主管　谢意　　　审核　姜平　　　制单　李梅　　　部门主管　郑来宁　　　公出人　王凤

所附凭单××张

证账表 5-20 **转 账 凭 证**

2017 年 7 月 28 日　　　　　　　　　　　　　　凭证编号转自第××号

摘 要	借方科目		贷方科目		金 额										过账符号
	总账科目	明细科目	总账科目	明细科目	亿	千	百	十	万	千	百	十	元	角	分	
交回多余现金	库存现金											4	0	0	0	✓
报销差旅费	管理费用								1	9	6	0	0	0	✓
			其他应收款						2	0	0	0	0	0	✓
附单据××张	合 计							¥	2	0	0	0	0	0	

会计主管　谢意　　　记账　李梅　　　　　稽核　姜平　　　　制单　李梅

2. 填制悟道公司此销货业务的有关会计凭证(见证账表 5-21 至证账表 5-24)。

证账表 5-21 **悟道公司提货单**

2017 年 7 月 30 日　　　　　　　　　　　　　　　　№00955

品 名	单 位	数 量	单 价	金 额	备 注
长久牌工装	件	196	5 180.00	1 015 280.00	每件100套

批准人　××　　　开票　××　　　　　保管员　××　　　　　提货人　宇飞

①存根

证账表 5-22　　**中国工商银行进账单**（回单或收款通知）　**1**

2017 年 7 月 30 日　　　　　　　　　　第×××××××号

付款人	全　称	星月公司	收款人	全　称	悟道公司
	账　号	456870008009209378		账　号	0001995518
	开户银行	中国银行××市分行×支行		开户银行	中国工商银行××市分行×支行

人民币（大写）	壹佰壹拾捌万柒仟捌佰柒拾柒元陆角整	千	百	十	万	千	百	十	元	角	分
		¥1	1	7	7	7	2	4	8	0	

票据种类	银行本票
票据号码	壹张

单位主管××× 会计××× 复核××× 记账×××

此联是收款人开户银行交给收款人的回单或收账通知

证账表 5-23　　××增值税专用发票　　No 00443801

记 账 联

开票日期 *2017 年 7 月 30 日*

购买方	名　　称：星月公司	密码区	（略）
	纳税人识别号：456870008009209378		
	地　址、电话：大连市甘井子区华北路 0411-86882566		
	开户行及账号：中国银行××市分行××支行 038670-50294088		

货物或应税劳务、服务名称	规格型号	单位	数量	单价	金额	税率	税额
长久牌工装		件	196	5 180.00	1 015 280.00	16%	162 444.80
合　计					¥1 015 280.00		¥162 444.80

价税合计（大写）	壹佰壹拾捌万柒仟柒佰贰拾肆元捌角整	（小写）¥1 177 724.80

销售方	名　　称：悟道公司	备注	悟 道 公 司（略）
	纳税人识别号：873902900800078654		
	地　址、电话：大连市沙河口区中山路 0411-82365777		
	开户行及账号：中国工商银行××市分行××支行 0001995518		

收款人：　　　复核：　　　开票人：　　　销售方（章）发票专用章

第一联：记账联　销售方的记账凭证

收款凭证

2017 年 7 月 30 日

借方科目	银行存款

摘　要	结算方式	票号	贷方科目		金　额										过账符号
			总账科目	明细科目	亿	千	百	十	万	千	百	十	元	角	分	
长久牌工装销售	银行本票	略	主营业务收入	工装销售			1	0	1	5	2	8	0	0	0	✓
			应交税费	应交增值税（销项税额）				1	6	2	4	4	4	8	0	✓
附单据叁张			合　计			¥	1	1	7	7	7	2	4	8	0	

会计主管××× 　记账××× 　稽核××× 　制单××× 　出纳 金夏 　交款人×××

3. 编制飞升公司三个生产小组的有关会计凭证（见证账表5-25至证账表5-32）。

飞升公司限额领料单

领料单位：A 生产小组　　　　　　　　　　　　　　　　　　　　　　　仓库：1 号

用途：甲产品生产　　　　　　　　　　　　　　　　　　　　　　　　计划产量：100

材料类别	材料编号	材料名称	规格	计量单位	单价（元/千克）	领料限额	全月实领	
							数　量	金额(元)
钢材	×××	合金钢	5cm	kg	30	3 000	2 700	81 000
日　期	请　领		实　发		代用材料			限额结余
	数量	领料人签章	数量	发料人签章	数量	单位	金额	
9 月 1 日	1 000	陈军	1 000	迟升				2 000
9 月 11 日	900	陈军	900	迟升				1 100
9 月 22 日	800	陈军	800	迟升				300

仓库保管员　　迟升　　　　　　　　　　　　　车间生产计划员　　王珏

证账表 5-26   **飞升公司限额领料单**

领料单位：A 生产小组   仓库：1 号

用途：甲产品生产   计划产量：100

材料类别	材料编号	材料名称	规格	计量单位	单价（元/千克）	领料限额	全月实领	
							数量	金额（元）
钢材	×××	等边三角钢	18cm	kg	4	7 000	5 700	22 800

日 期	请领		实发		代用材料			限额结余
	数量	领料人签章	数量	发料人签章	数量	单位	金额	
9 月 1 日	2 000	陈军	2 000	迟升				5 000
9 月 11 日	1 900	陈军	1 900	迟升				3 100
9 月 22 日	1 800	陈军	1 800	迟升				1 300

仓库保管员   迟升   车间生产计划员   王珏

证账表 5-27   **飞升公司限额领料单**

领料单位：B 生产小组   仓库：1 号

用途：甲产品生产   计划产量：100

材料类别	材料编号	材料名称	规格	计量单位	单价（元/千克）	领料限额	全月实领	
							数量	金额（元）
钢材	×××	合金钢	5cm	kg	30	3 000	2 900	87 000

日 期	请领		实发		代用材料			限额结余
	数量	领料人签章	数量	发料人签章	数量	单位	金额	
9 月 1 日	1 100	孙乾	1 100	迟升				1 900
9 月 11 日	1 000	孙乾	1 000	迟升				900
9 月 22 日	800	孙乾	800	迟升				100

仓库保管员   迟升   车间生产计划员   王珏

证账表 5-28 　　　　　　　　　　　**飞升公司限额领料单**

领料单位：B 生产小组　　　　　　　　　　　　　　　　　　　　　　　　　　仓库：1 号

用途：甲产品生产　　　　　　　　　　　　　　　　　　　　　　　　　　　　计划产量：100

材料类别	材料编号	材料名称	规格	计量单位	单价（元/千克）	领料限额	全月实领	
							数量	金额(元)
钢材	×××	等边三角钢	18cm	kg	4	7 000	6 900	27 600

日　期	请　领		实　发		代用材料			限额结余
	数量	领料人签章	数量	发料人签章	数量	单位	金额	
9 月 1 日	2 100	孙乾	2 100	迟升				4 900
9 月 11 日	2 300	孙乾	2 300	迟升				2 600
9 月 22 日	2 500	孙乾	2 500	迟升				100

仓库保管员　迟升　　　　　　　　　　　　　　　　车间生产计划员　王珏

证账表 5-29　　　　　　　　　　　**飞升公司限额领料单**

领料单位：C 生产小组　　　　　　　　　　　　　　　　　　　　　　　　　　仓库：1 号

用途：甲产品生产　　　　　　　　　　　　　　　　　　　　　　　　　　　　计划产量：100

材料类别	材料编号	材料名称	规格	计量单位	单价（元/千克）	领料限额	全月实领	
							数　量	金额(元)
钢材	×××	合金钢	5cm	kg	30	3 000	3 000	90 000

日　期	请　领		实　发		代用材料			限额结余
	数量	领料人签章	数量	发料人签章	数量	单位	金额	
9 月 1 日	1 200	甄明	1 200	迟升				1 800
9 月 11 日	1 000	甄明	1 000	迟升				800
9 月 22 日	800	甄明	800	迟升				0

仓库保管员　迟升　　　　　　　　　　　　　　　　车间生产计划员　王珏

证账表 5-30

飞升公司限额领料单

领料单位：C 生产小组 仓库：1 号

用途：甲产品生产 计划产量：100

材料类别	材料编号	材料名称	规格	计量单位	单价（元/千克）	领料限额	全月实领 数量	全月实领 金额(元)
钢材	×××	等边三角钢	18cm	kg	4	7 000	7 000	28 000

日　期	请领 数量	请领 领料人签章	实发 数量	实发 发料人签章	代用材料 数量	代用材料 单位	代用材料 金额	限额 结余
9 月 1 日	2 200	甄明	2 200	迟升				4 800
9 月 11 日	2 200	甄明	2 200	迟升				2 600
9 月 22 日	2 600	甄明	2 600	迟升				0

仓库保管员　迟升 车间生产计划员　王珏

证账表 5-31

飞升公司领料单汇总表

2017 年 9 月 单位：元

用途（借方科目）	上　旬	中　旬	下　旬	月　计
生产成本 其中：甲产品	124 200	112 600	99 600	336 400
制造费用				
管理费用				
在建工程				
本月领料合计	124 200	112 600	99 600	336 400

制表人　李艳 稽核　孙光 会计主管　裴书

证账表 5-32

转 账 凭 证

2017 年 9 月 30 日 凭证编号：转字第 ×× 号

摘　要	借方科目 总账科目	借方科目 明细科目	贷方科目 总账科目	贷方科目 明细科目	亿	千	百	十	万	千	百	十	元	角	分	过账符号
生产领料	生产成本	甲产品					3	3	6	4	0	0	0	0		√
			原材料				3	3	6	4	0	0	0	0		√
附单据柒张	合　计					¥	3	3	6	4	0	0	0	0		

会计主管　裴书 记账　李艳 稽核　孙光 制单　李艳

七、案例提示

案例一

1. 借款单据存在的问题有:(1)"叁仟元"三个字离"人民币(大写)"这几个字太远,容易被人窜改数字。(2)"叁仟元"后面没有写"整"字(或"正"字),容易使人在后面填写尾数。(3)付款方式没有标明是"现金"。(4)在借款单中没有财务部门负责人的签字(或盖章)。经修正后的借款单见证账表5-33。

证账表5-33   **借 款 单**   №0049778

借款部门:供应处   2017年9月6日   业务授权人:郑来宁

人民币(大写)叁仟元整				¥3 000.00			
用途	差旅费					财务部门	借款部门
付款方式	现金	票据号码		负责人	谢意	负责人	郑来宁
收款单位	王凤	开户银行		审核	姜平	借款人	王凤
		账号		记账	李梅	经办人	王凤

2. 差旅费报销单中存在的问题有:(1)王凤仅出差3天,就花费出租车车费400元,餐费1 488元,显系不合理支出。虽均有相关的原始凭证作证,但不应予以报销。(2)在已给予王凤住勤伙食补助和交通费补助的情况下,不应再报销出租车车费和餐费。

案例二

1. 现金缴款单存在的问题是:人民币大写金额的书写不规范。数码开头留下的空白过多,容易被窜改数字。

2. 记账凭证存在的问题是:(1)此项业务是现金与银行存款之间的划转业务,应编制付款凭证而不应编制收款凭证。(2)记账凭证中没有标明所附单据的张数。(3)没有合计金额,阿拉伯数码前没有"¥"的封位符号。(4)凭证空白部分没有划去,给窜改会计数据留下了可能。

3. 重新制作的会计凭证见证账表5-34和证账表5-35。

证账表 5-34

券种	张数										

××市商业银行 现金缴款单

缴款日期 2017 年 8 月 8 日

券种	张数
壹佰元	19
伍拾元	0
拾 元	0
伍 元	0
壹 元	0
伍 角	0
壹 角	0
合 计	19

本次交款记录

多款	0	已退回	
少款	0	已补缴	

交款单位	全称	开西公司	账号	016219950515
	开户银行	××市商业银行中山支行	款项来源	零星销售

人民币(大写)	壹仟玖佰元	百	十	万	千	百	十	元	角	分
					¥1	9	0	0	0	0

现金收讫

××市商业银行
中山支行现金收讫章

出纳复核员	姜平	出纳收款员	金夏
会计复核员	姜平	记 账 员	李梅

证账表 5-35

付 款 凭 证

凭证编号:收字第 00197 号　出纳编号:099 号

2017 年 8 月 9 日

贷方科目　库存现金

摘 要	结算方式	票号	借方科目		金 额										过账符号
			总账科目	明细科目	亿	千	百	十	万	千	百	十	元	角	分	
存现金			银行存款						1	9	0	0	0	0	✓
附单据壹张			合 计					¥1	9	0	0	0	0	0	

会计主管　谢意　记账　李梅　稽核　姜平　制单　李梅　出纳　金夏　领款人　金夏

第6章 会计账簿

一、学习目的与要求

本章介绍的是会计核算的方法——登记账簿。它不仅是会计核算的基本方法，也是会计基础理论之一。通过对本章内容的学习，可以使学生在理解账簿设置的意义和原则、账簿的分类等问题的基础上，进一步掌握各种账簿的登记、对账与结账、错账更正等会计基本技能和方法。

二、预习要览

（一）关键概念

1. 账簿	2. 序时账	3. 普通日记账
4. 特种日记账	5. 分类账	6. 总分类账
7. 明细分类账	8. 联合账簿	9. 备查簿
10. 订本账	11. 卡片账	12. 活页账
13. 库存现金日记账	14. 银行存款日记账	15. 错账
16. 划线更正法	17. 红字更正法	18. 补充更正法
19. 试算平衡	20. 对账	21. 结账
22. 月结	23. 季结	24. 年结
25. 差数法	26. 除二法	27. 除九法

（二）关键问题

1. 什么是账簿？为什么要设置账簿？账簿的作用是什么？

2. 账簿应具备的基本内容有哪些？

3. 账簿按外表格式分类可以分为几类？按外表格式分类的各类账簿的优缺点是什么？各适用于什么样的情况？

4. 账簿按其用途不同可以分为几类？按用途分类的各类账簿之间的相互关系是怎样的？

5. 什么是序时账？序时账可分为几类？它们各适用于什么样的账页格式？不同的账页格式的优缺点是什么？

6. 什么是分类账？按账簿反映的详细程度不同，分类账可分为哪些账簿？它们的设置依据是什么？它们之间的相互关系是什么？

7. 什么是备查簿？在会计核算中它起什么样的作用？它在什么情况下使用？

8. 分类账一般可能有哪些账页格式？不同的账页格式各适用于什么样的情况？各自的优缺点是什么？

9. 什么是账簿的登记规则？

10. 可能存在的错账有哪些？如何改正？不同的错账更正方法各适用于什么情况下形成的错账更正？

11. 什么是对账？为什么要进行对账？对账的内容和方法有哪些？

12. 什么是结账？为什么要进行结账？如何对结账进行分类？如何进行结账？

三、本章的重点与难点

本章主要应掌握企业会计核算第二个环节所涉及的内容和方法，包括账簿的意义与种类、账簿的格式和登记方法、账簿的登记规则和错账的更正、账簿记录的试算平衡、结账和对账及账簿的更换与保管等。

（一）账簿的意义与种类

在手工会计环境下，账簿是用来分类、连续、系统地记录经济业务的，由具有特定格式而又相互联结在一起的账页所组成的簿册。在网络会计条件下，账簿的存在形式将发生重大变化。但现阶段大部分会计软件所涉及的会计账簿形式，同手工会计条件下的账簿形式没有区别。

全面、连续、系统、综合地反映企业的经济业务是会计的主要特点之一。记账凭证虽然也全面地反映了企业的经济业务，但由于记账凭证的容量小，一张记账凭证只能反映一项经济业务（当某项经济业务复杂，涉及的会计科目较多时，一张记账凭证连一项经济业务也反映不下，需要若干张记账凭证来反映一项经济业务）。因此，就一张记账凭证而言，反映的经济业务是零星的、不系统的。全部经济业务分散在不同的记账凭证中，单单通过记账凭证，不能迅速、有效地得到系统的会计信息。这样就必须将反映在记账凭证上的经济业务内容重新加以归类整理，账簿就是系统归类、整理和积累储存会计信息的重要手段。它对考核企业的资金、成本、利润等指标的计划执行情况，评价企业的经营成果和财务状况的好坏，加强经营管理，合理使用资金，监督各项财产物资的安全完整，都有着重要的作用。另外，在手工会计条件下，账簿还是编制会计报表的主要资料来源。

不同的企业，经济业务内容不尽相同，因此不同企业的会计账簿在种类、格式等方面也不尽相同。企业应根据自身经营活动的特点，设置能满足需要、组织严密、精简灵便、层次分明、相互勾稽和制约的账簿体系。

账簿一般应具备以下基本内容：封面、扉页和账页。

账簿可按不同的标志进行分类。账簿按其外表形式不同，可分为订本账、活页账和卡片账。一般具有统驭性质和比较重要的账簿（如总账、库存现金日记账及银行存款日记账）采用订本账，活页账和卡片账则一般适用于各种明细账。账簿按其用途不同，可分为序时账、分类账和备查簿。序时账是按经济业务发生时间的先后顺序，逐日逐笔进行连续登记的账簿，也叫日记账。它按所登记的经济业务范围的大小，可分为两种：一种是登记全部经济业务内容的普通日记账；另一种是登记特定经济业务内容的特种日记账。一般在大中型企业中，基本上不设置普通日记账，只设置特种日记账。分类账按其所反映经济业务的详细程度不同，可分为总分类账（简称"总账"）和明细分类账（简称"明细账"）。总账是按一级会计科目设置的、总括反映全部经济业务的账簿；明细账是根据二级或明细科目设置的，详细、分类地记录经济业务的账簿。备查簿用来登记在日记账、分类账中暂时不能登记或不便于登记的事项的账簿，或是对分类账、日记账当中登记的事项进行补充说明。备查账的格式、登记方法，不像其他账簿一样有着较为严格、统一的规定，企业可按自身的特点和需要灵活设置。

（二）账簿的格式和登记方法

普通日记账的格式一般有两栏式和分栏式两种。两栏式是指借方栏和贷方栏。两栏式普通日记账的账页格式简单，反映的经济业务全面，但借方栏和贷方栏的合计金额没有经济学上的意义，不能直接从账簿上迅速地取得所需的会计信息；另外，当经济业务数量较多时，这种账簿转入分类账时工作量过大，因此大中型企业一般不用这种账页格式。分栏式账页是按经济业务涉及的会计科目设置专栏，按会计科目汇总发生额，并过入分类账。这种日记账格式虽然过账的工作量不大，克服了两栏式日记账的缺点，但按会计科目设置专栏，导致账页过长，记账时也不便于业务分工，因此一般的大中型企业也不使用这种普通日记账账页格式。

目前，应用较广泛的特种日记账一般有库存现金日记账和银行存款日记账，账页格式有三栏式和多栏式两种。三栏是指借方栏（或收入栏）、贷方栏（或付出栏）及结余栏。多栏式账页格式是按借方和贷方对应的会计科目来设置专栏的，账页设计原理与分栏式日记账账页的设计原理雷同，因此大中型企业一般也不运用多栏式日记账账页。

总账只反映货币计量指标，不反映实物计量指标。因此，总账的格式一般为三栏式。三栏式总账的登记，可按记账凭证逐笔登记，也可按一定的方法，或编制科目汇总表，或编制汇总记账凭证，按日、按旬或按月汇总登记。总账的格式也可按会计科目（或按经济业务性质）设置专栏，设置多栏式账页，但如上述的多栏式账页的缺点，很少有企业使用这种账页格式的。

明细分类账的格式，按所反映的经济业务内容不同，分为三栏式、数量金额式和多栏式。三栏式明细账适用于那些只需提供货币计量指标，不需（或不能）提供实物计量指标的经济业务（如应收、应付账款明细账等）；数量金额式明细账则适用于那些既需提供货币计量指标，又需提供实物计量指标的经济业务（如固定资产、原材料明细账等）；多栏式明细账则适用于那些需按经济业务明细项目提供详细资料的经济业务（如制造费用明细账、管理费用明细账等）。

（三）账簿的登记规则和错账更正

为了保证账簿记录的质量，会计应遵循账簿启用规则、账簿交接规则和账簿登记规则。

账簿记录发生错误时要加以更正。有四种账簿记录错误：一是会计凭证没有错误，在登记账簿时发生错误；二是记账凭证上的会计科目运用错误；三是记账凭证上的金额大于正确的金额；四是记账凭证上金额小于正确的金额。对于第一种错误，可用划线更正法更正；对于第二种和第三种错误，可用红字更正法更正；对于第四种错误，可用补充更正法更正。

（四）账簿记录的试算平衡结账和对账

账簿登记完毕后，要检查账簿记录的正确性，方法之一就是对账簿记录进行试算平衡。试算平衡是根据会计平衡原理来进行的。会计平衡原理有两个：一是借贷记账法的记账规则，即"有借必有贷，借贷必相等"；二是会计平衡公式，即"资产＝负债＋所有者权益"。试算平衡是通过编制总账（或明细账）本期发生额及余额试算表的方式进行的。试算平衡的作用不仅仅是用来检查错账的，它还可以提供一些汇总资料，同时为编制相关会计报表作准备。但错账不一定能用试算平衡的方法查出，账簿记录试算平衡了，不一定账簿记录完全正确，但试算不平衡的账簿记录一定存在着错账。导致试算不平衡的错账主要有：漏记一项业务的借项或贷项；漏算一项或几项余额记录；借项反记入贷项或贷项反记入借项；数码之间数位颠倒等。漏记一项业务的借项或贷项而造成的错账，可用差数法查找；借项反记入贷项或贷项反记入借项而造成的错账，可用除二法查找；数码之间数位颠倒而造成的错账，可用除九法查找；但同时存在几种错误的综合性错账，则只能追溯每一笔会计记录，从会计分录、金额计算诸方面详细查证。

在每个会计期末（月末、季末和年末），为了保证账簿记录的真实性、及时总结企业的经营状况和财务状况，企业要进行对账和结账。所谓对账，是指采用核对、盘存和查询的方法，对财产物资（包括有形的和无形的）、货币资金和债权、债务进行检查，查明其账存数与实存数是否一致，并根据实存数修正账面记录的会计方法。对账有账证核对、账账核对、账实核对等内容。对账时，要注意将全部经济业务内容及时入账。

对账之后，在账簿记录正确的基础上，要进行结账。所谓结账，是把一定时期内发生的经济业务在全部登记入账的基础上，计算出每个账户的本期发生额和期末余额（如果有余额的话），并将余额结转下期的会计方法。按结账的时间不同，结账可分为月结、季结和年结三种。

（五）账簿的更换与保管

年度终了时要将主要会计账簿更换为新账簿。旧账簿应妥善保管，定期归档。保管期满的会计账簿，应按规定的手续销毁。

四、练习题

（一）单项选择题

1. 从银行提取现金，登记库存现金日记账的依据是（　　）。

A. 现金收款凭证　　B. 银行存款收款凭证　　C. 现金付款凭证　　D. 银行存款付款凭证

2. 记账后发现记账凭证科目正确，但所记金额大于应记金额，可采用的更正方法是（　　）。

A. 划线更正法　　　B. 红字更正法　　　　C. 补充登记法　　D. 平行登记法

3. 用来记录某一特定种类经济业务发生情况的序时账簿是（　　）。

A. 普通日记账　　B. 明细分类账　　C. 专栏日记账　　D. 特种日记账

4. "生产成本"明细账应该采用（　　）。

A. 三栏式　　　　B. 多栏式　　　　C. 数量金额式　　D. 任意格式

5. "应交税费——应交增值税"明细账应采用的格式是（　　）。

A. 借方多栏式　　B. 贷方多栏式　　C. 借方贷方多栏式　　D. 三栏式

6. "营业外收入"明细账的格式应是（　　）。

A. 三栏式　　　　B. 多栏式　　　　C. 数量金额式　　D. 任意格式

7. 总分类账与特种日记账的外表形式应该采用（　　）。

A. 活页式　　　　B. 卡片式　　　　C. 订本式　　　　D. 任意外表形式

8. 下列科目的明细账格式应采用"借方多栏式"的是( )。

A. 营业外收入　　B. 原材料　　　　C. 应交税费　　　D. 营业外支出

9. 企业开出转账支票 1 690 元购买办公用品，编制记账凭证时，误记金额为 1 960 元，并已记账，应采用的更正方法是( )。

A. 补充登记 270 元　　　　　　　B. 红字冲销 270 元

C. 在凭证中划线更正　　　　　　D. 把错误凭证撕掉重编

10. 期末根据账簿记录，计算并记录出各账户的本期发生额和期末余额，在会计上叫( )。

A. 对账　　　　　B. 结账　　　　　C. 调账　　　　　D. 查账

11. 能够通过试算平衡发现的错误是( )。

A. 开出支票 1 500 元，偿还所欠货款，分录为：

借：应付账款　　　　　　　　　　　　　　　　　1 500

　　贷：应收账款　　　　　　　　　　　　　　　　　1 500

B. 收回欠款 2 400 元，分录为：

借：库存现金　　　　　　　　　　　　　　　　　2 400

　　贷：主营业务收入　　　　　　　　　　　　　　　2 400

C. 用现金 960 元购买材料，分录为：

借：材料采购　　　　　　　　　　　　　　　　　　960

　　贷：库存现金　　　　　　　　　　　　　　　　　　960

D. 提取现金 2 000 元，分录为：

借：银行存款　　　　　　　　　　　　　　　　　2 000

　　贷：库存现金　　　　　　　　　　　　　　　　　2 000

12. 多栏式库存现金日记账属于( )。

A. 备查账簿　　　B. 分类账簿　　　C. 序时账簿　　　D. 联合账簿

13. 可以作为编制会计报表直接依据的账簿是( )。

A. 序时账簿　　　B. 备查账簿　　　C. 分类账簿　　　D. 特种日记账

14. 序时账簿按其记录内容的不同可以分为( )。

A. 库存现金日记账和普通日记账　　B. 普通日记账和日记总账

C. 普通日记账和特种日记账　　　　D. 三栏式日记账和多栏式日记账

15. 总账、明细账都可以采用的格式是( )。

A. 三栏式　　　　B. 二栏式　　　　C. 单栏式　　　　D. 数量金额式

16. 下列各项不能作为登记总账的根据的是( )。

A. 记账凭证　　　　　　　　　　　B. 记账凭证汇总表

C. 原始凭证　　　　　　　　　　　D. 汇总记账凭证

17. 总账与明细账之间进行平行登记的原因是总账与明细账的( )。

A. 格式相同　　　　　　　　　　　B. 登记时间相同

C. 反映经济业务内容相同　　　　　D. 提供指标详细程度相同

18. 登记明细账的依据( )。

A. 一定是记账凭证　　　　　　　　B. 一定是原始凭证

C. 一定是汇总记账凭证　　　　　　　　　D. 是记账凭证和原始凭证

19. 对于某些在序时账簿和分类账簿中未能记载的经济业务进行补充登记的账簿是(　　)。

A. 序时账簿　　　　B. 分类账簿　　　　C. 联合账簿　　　　D. 备查账簿

20. 将账簿划分为序时账、分类账、备查账和联合账簿的依据是(　　)。

A. 账簿的登记方式　　B. 账簿的用途　　C. 账簿登记的内容　　D. 账簿的外表形式

(二) 多项选择题

1. 设置和登记账簿的意义有(　　)。

A. 为企业的经济管理提供系统、完整的会计信息

B. 为定期编制会计报表提供数据资料

C. 为编制会计分录提供依据

D. 是考核企业经营成果、加强经济核算、分析经济活动情况的重要依据

E. 以上都不对

2. 账簿按用途不同可以分为(　　)。

A. 序时账簿　　　　　　　　B. 分类账簿　　　　　　　C. 联合账簿

D. 备查账簿　　　　　　　　E. 卡片式账簿

3. 明细账的格式有三栏式、多栏式和数量金额式，相应地各适用于(　　)。

A. 债权债务明细账　　　　B. 卡片式明细账　　　　C. 收入、费用成本类明细账

D. 活页式明细账　　　　　E. 材料物资类明细账

4. 总账和明细账之间的登记应该做到(　　)。

A. 登记的原始依据相同　　B. 登记的方向相同　　　　C. 登记的金额相等

D. 登记的人员相同　　　　E. 登记的时点相同

5. 对账的内容包括(　　)。

A. 账证核对　　　　　　　　B. 账表核对　　　　　　　C. 表表核对

D. 账账核对　　　　　　　　E. 账实核对

6. 银行存款日记账的登记依据可以是(　　)。

A. 银行存款收款凭证　　　B. 银行存款付款凭证　　　C. 转账凭证

D. 现金付款凭证　　　　　E. 现金收款凭证

7. 红色墨水可以用来(　　)。

A. 登账　　　　　　　　　　B. 冲销账簿记录　　　　　C. 改错

D. 结账划线　　　　　　　　E. 专门填写摘要栏

8. 账簿按外表形式可以分为(　　)。

A. 订本式账簿　　　　　　　B. 多栏式账簿　　　　　　C. 活页式账簿

D. 卡片式账簿　　　　　　　E. 三栏式账簿

9. 多栏式明细账适用于(　　)。

A. 物资采购明细分类核算　　　　B. 其他应收款明细分类核算

C. 营业外支出明细分类核算　　　　D. 生产成本明细分类核算

E. 产品销售收入明细分类核算

10. 序时账簿按其记录业务内容不同可以分为(　　)。

A. 特种日记账   B. 普通日记账   C. 通用日记账

D. 三栏式日记账   E. 多栏式日记账

11. 结账工作主要内容包括( )。

A. 核对有关账目

B. 将本期发生的经济业务全部登记入账

C. 按权责发生制原则调整和结转有关账项

D. 对有关业务核算中出现的差错予以更正

E. 计算与记录各账户本期发生额和期末余额

12. 登记会计账簿时，应该做到( )。

A. 一律使用蓝黑墨水笔书写   B. 不得使用铅笔或圆珠笔

C. 在某些特定条件下可使用铅笔   D. 在规定范围内可以用红色墨水笔

E. 月末结账数字可用红色墨水笔书写

13. 记账后发现记账凭证中应借、应贷会计科目正确，只是金额发生错误，可用的更正方法有( )。

A. 划线更正法   B. 横线登记法   C. 红字更正法

D. 补充登记法   E. 金额更正法

14. 下列内容可以采用三栏式明细账的有( )。

A. 其他应付款   B. 应付账款   C. 应收账款

D. 短期借款   E. 原材料

15. 多栏式明细分类账又可以分为( )。

A. 借方多栏式明细账   B. 贷方多栏式明细账

C. 借方贷方多栏式明细账   D. 对方科目多栏式明细账

E. 全部科目多栏式明细账

16. 一般应每年更换的账簿有( )。

A. 库存现金日记账   B. 银行存款日记账   C. 总分类账簿

D. 所有的明细分类账簿   E. 固定资产卡片账

17. 年度结束后，对于账簿的保管应该做到( )。

A. 装订成册   B. 加上封面   C. 统一编号

D. 当即销毁   E. 归档保管

18. 明细分类账的登记依据可以是( )。

A. 原始凭证   B. 汇总原始凭证   C. 记账凭证

D. 汇总记账凭证   E. 科目汇总表

(三) 判断题

1. 账簿是按照会计科目开设账户、账页，用来序时地、分类地记录和反映重点经济业务的簿籍。   ( )

2. 序时账簿也称日记账，是按照经济业务发生时间的先后顺序，逐日逐笔登记经济业务的账簿。   ( )

3. 分类账簿是指对全部经济业务按照收款业务、付款业务和转账业务进行分类登记的账簿。   ( )

4. 特种日记账是专门用来记录某一特定项目经济业务发生情况的日记账，包括库存现金日记账、固定资产明细账和银行存款日记账。　　　　　　　　（　　）

5. 总分类账是按照总分类账户和明细分类账户分类登记的账簿。　　（　　）

6. 订本式账簿是指在记完账后，把记过账的账页装订成册的账簿。　（　　）

7. 平行登记是指在经济业务发生后，根据会计凭证，一方面要登记有关的总分类账户，另一方面要登记该总分类账户所属的各有关明细分类账户。　　（　　）

8. 结账是指按规定把一定时期内所发生的经济业务登记入账，并进行账实核对，以保证账簿资料正确性的会计方法。　　　　　　　　　　　　　　（　　）

9. 对账是对账簿记录进行的核对工作，它包括本企业同外企业相关账簿相核对。
　　　　　　　　　　　　　　　　　　　　　　　　　　　　　　（　　）

10. 错账要采用红字冲销法更正。　　　　　　　　　　　　　　　（　　）

（四）综合题

1. 目的：三栏式库存现金日记账的登记练习。

资料：开西公司 2017 年 8 月发生如下现金收付业务。

（1）8 月 1 日，经主管财务的副总经理桂刚批准，出纳员金夏从期初结存的现金 6 784 元中付给郑来宁 2 000 元，作为其赴沈阳参加东北地区纺织品贸易洽谈会的出差预支借款。郑来宁已填制差旅费借款单，借款单交会计李梅编制现金付款凭证。财务稽核人员姜平已对相关单据进行稽核，财务部门负责人为谢意。法人代表为张华。

（2）8 月 2 日，销售处出售给大众商场采购员郤春佳君牌男女西服各 100 套，每套售价 300 元，增值税税率为 16%，价税款全以现金形式收妥。经销售处处长赵月批准，销售处李有开出提货单，经郤春签字提货，金夏开给星月公司增值税销货发票一张，并将相关单据交会计李梅编制现金收款凭证。财务稽核人员姜平已对相关单据进行稽核，仓库保管员为吴常。大众商场的地址为××市人民路 23 号，联系电话为 87410123，税务登记号为№321123985400008，开户银行为中国工商银行××市××分行××支行，银行账号为№0034567523。开西公司的地址为××市人民路 27 号，联系电话为 87410132，税务登记号为№000045893211458，开户银行为中国工商银行××分行，银行账号为№0034587。

（3）8 月 2 日下午下班前，金夏将超过库存限额的现金 69 200 元（全部为 100 元面值）在填写好现金送存单后送存到××市商业银行中山支行的 0162199950515 账号内。8 月 3 日，金夏将相关单据交会计李梅编制现金付款凭证。财务稽核人员姜平已对相关单据进行稽核。

（4）8 月 8 日，郑来宁出差回来，经桂刚批准，共报销差旅费等 2 793 元（其中，火车票款 120 元，住宿费 1 400 元，会务费 1 100 元，电话费等 173 元）。补付金夏现金 793 元，将相关单据交会计李梅编制现金付款凭证。财务稽核人员姜平已对相关单据进行稽核。

（5）8 月 15 日，金夏开出现金支票一张（支票号为№0019950518）从××市城市商业银行中山支行的 0162199950515 账号内提取现金 793 元，以补足库存现金。金夏将支票存根交会计李梅编制现金付款凭证。财务稽核人员姜平已对相关单据进行稽核。

要求：制作相关原始凭证、记账凭证，并分别登记库存现金日记账和银行存款日记账，假设库存现金的期初余额为6 784元，银行存款的期初余额为102 302元（见证账表6-1至证账表6-13）。

证账表6-1　　　　　　　　　　　　**借　款　单**　　　　　　　　　　　　＼ №0049770

借款部门：　　　　　　　　　　　　年　月　日　　　　　　　　　　业务授权人：

人民币（大写）				￥ _____	
用途				财务部门	借款部门
付款方式		票据号码		负责人	负责人
收　款单　位		开户银行		审核	借款人
		账　号		记账	经办人

证账表6-2　　　　　　　　　　　　**付款凭证**　　　　　　凭证编号：　　　出纳编号：

年　　月　　日　　　　　　　|贷方科目　　　　　|

摘　　要	结算方式	票号	借方科目		金　　　额										过账符号
			总账科目	明细科目	亿	千	百	十	万	千	百	十	元	角	分	
附单据　　张			合　　　计													

会计主管　　　记账　　　稽核　　　制单　　　出纳　　　领款人

证账表6-3　　　　　　　　　　　　**开西公司提货单**　　　　　　　　　　　№00995

年　月　日

品　　名	单　位	数　量	单　价	金　额	备　注
					①存根

批准人　　　　　开票　　　　　保管员　　　　　提货人

证账表 6-4

××增值税专用发票
记 账 联

№ 00443811

开票日期： 年 月 日

第一联：记账联 销售方的记账凭证

购买方	名　　称：		密码区			
	纳税人识别号：					
	地　址、电　话：					
	开户行及账号：					

货物或应税劳务、服务名称	规格型号	单位	数量	单价	金额	税率	税额
合　　计							

价税合计（大写）		（小写）￥

销售方	名　　称：		备注
	纳税人识别号：		
	地　址、电　话：		
	开户行及账号：		

收款人： 　　复核： 　　开票人： 　　销售方：（章）

证账表 6-5 　　**收 款 凭 证** 　　凭证编号： 　　出纳编号：

年　　月　　日 | 借方科目

摘　　要	结算方式	票号	贷方科目		金　　额										过账符号
			总账科目	明细科目	亿	千	百	十	万	千	百	十	元	角	分	
附单据　　张			合　　计												

会计主管 　　记账 　　稽核 　　制单 　　出纳 　　交款人

证账表 6-6

券种	张数	××市商业银行**现金缴款单**						本次交款记录							
壹佰元		缴款日期　　年　月　日						多款		已退回					
伍拾元								少款		已补缴					
拾　元		交款单位	全称				账号								
伍　元			开户银行				款项来源								
贰　元		人民币（大写）			百	十	万	千	百	十	元	角	分		
壹　元															
伍　角															
贰　角		现金收讫		出纳复核员				出纳收款员							
壹　角															
伍　分															
贰　分			现金收讫章	会计复核员				记　账　员							
壹　分															
合　计															

证账表 6-7　　　　　　　　　　**付 款 凭 证**　　　　　　凭证编号：　　　出纳编号：

年　　月　　日　　　　　　　　　贷方科目 _____

摘　要	结算方式	票号	借方科目		金　额											过账符号
			总账科目	明细科目	亿	千	百	十	万	千	百	十	元	角	分	
附单据　　张			合　　计													

会计主管　　　　记账　　　　稽核　　　　制单　　　　　出纳　　　　　领款人

证账表 6-8　　　　　　　　　　**差旅费报销单**

年　　月　　日

公出者姓名						公出地点							
出　　发				到　　达			车船费	途中伙食补助		住勤伙食补助		其　他	合计
月	日	时分	地点	月	日	时分	地点		日数	金额	日数	金额	车马费	宿费	其他	

月	日	时分	地点	月	日	时分	地点	车船费	日数	金额	日数	金额	车马费	宿费	其他	合计
合　　计															

报销　年　月　日　借款　　　元，结余（或超支）　　元　报销金额（大写）　　　　¥_____

会计主管　　　　审核　　　　制单　　　　部门主管　　　　公出人

证账表 6-9　　　　　　　　　　**转 账 凭 证**

年　　月　　日　　　　　　　　　　　　　　凭证编号 _____

摘　要	借方科目		贷方科目		金　额											过账符号
	总账科目	明细科目	总账科目	明细科目	亿	千	百	十	万	千	百	十	元	角	分	
附单据　　张			合　　计													

会计主管　　　　　　记账　　　　　稽核　　　　　　制单

证账表 6-10

<table>
<tr><td colspan="2">××市商业银行
现金支票存根
CS56895623

附加信息
_____
_____

出票日期：　年　月　日

收款人：

金　额：

用　途：

单位主管：　　会计：</td><td>本支票付款期十天</td><td colspan="13">××市商业银行　**现金支票**　CS56895623

出票日期（大写）　年　月　日　　付款行名称：
收款人　　　　　　　　　　　　出票人账号：</td></tr>
</table>

			人民币 （大写）	亿	千	百	十	万	千	百	十	元	角	分

用途_____

上列款项请从

我账户内支付

出票人签章　　　　　　　复核　　　　　　　记账

证账表 6-11　　　　　　　　**付 款 凭 证**　　　凭证编号：　　　　出纳编号：

年　月　日　　　　　贷方科目

摘　要	结算 方式	票号	借方科目		金　　额										过账符号
			总账科目	明细科目	亿	千	百	十	万	千	百	十	元	角	分	
附单据　　张			合　　　计													

会计主管　　　记账　　　稽核　　　制单　　　出纳　　　领款人

证账表 6-12　　　　　　　　**库 存 现 金 日 记 账**

年		凭证号	对方科目	摘　要	√	收入（借方）金额									付出（贷方）金额									借或贷	结余金额								
月	日					千	百	十	万	千	百	十	元	角	分	千	百	十	万	千	百	十	元	角	分		千	百	十	万	千	百	十	元	角	分

银行存款日记账

年		凭证号	对方科目	摘 要	√	收入（借方）金额										付出（贷方）金额										借或贷	结余金额									
月	日					千	百	十	万	千	百	十	元	角	分	千	百	十	万	千	百	十	元	角	分		千	百	十	万	千	百	十	元	角	分

2. 目的：数量金额式材料明细账的登记练习。

资料：飞升公司 2017 年 9 月 1 日，各原材料期初余额如下：①直径为 5cm 的合金钢，10 000 千克，300 000 元。②周长为 18cm 的等边三角钢，30 000 千克，120 000 元。

原材料发生如下进出库业务：

（1）入库业务：① 9 月 3 日，购入直径为 5cm 的合金钢 5 000 千克，价值 170 000 元，增值税税率为 16%，价税款用转账支票支付。② 9 月 12 日，购入周长为 18cm 的等边三角钢 10 000 千克，价值 40 000 元，增值税税率为 16%，价税款尚未支付。

（2）出库业务：见第 5 章综合题 3 的转账业务中原始凭证、记账凭证相关的会计处理练习。

要求：

（1）编制飞升公司 2017 年 9 月份原材料入库业务的记账凭证（见证账表 6-14 和证账表 6-15）。

付款凭证　　　　　凭证编号：　　　出纳编号：

年　　　月　　　日　　　　　　　贷方科目

摘　要	结算方式	票号	借方科目		金　额										过账符号
			总账科目	明细科目	亿	千	百	十	万	千	百	十	元	角	分	
附单据　　　张			合　　计													

会计主管　　　记账　　　稽核　　　制单　　　出纳　　　领款人

转 账 凭 证

年　月　日　　　　　　　　　　　凭证编号_____

摘　要	借方科目		贷方科目		金　　额											过账符号
	总账科目	明细科目	总账科目	明细科目	亿	千	百	十	万	千	百	十	元	角	分	
附单据　　张			合　计													

会计主管　　　　　　记账　　　　　　稽核　　　　　　制单

（2）根据原材料入库业务的记账凭证和第5章综合题3的转账业务中的记账凭证及其他相关资料，登记合金钢和三角钢明细账（见证账表6-16）。

证账表6-16　　　　　　　　　　**原 材 料 明 细 账**

材料名称：

编　号：　　　　　　　　规格：　　　　　　　　　　　计量单位：

年		凭证号	摘要	收　入											发　出											结　存										
月	日			数量	单价	千	百	十	万	千	百	十	元	角	分	数量	单价	千	百	十	万	千	百	十	元	角	分	数量	单价	千	百	十	万	千	百	十	元	角	分

3. 目的：多栏式制造费用明细账的登记练习。

资料：飞升公司第一生产车间2017年9月发生如下经济业务：

（1）经计算，本月应付车间管理人员的工资27 000元。

（2）经计算，本月全车间生产用固定资产应计提折旧220 000元。

（3）经汇总，本月全车间办公费用3 800元（全为现金支出，原始凭证张数为38张）。

（4）经汇总，本月全车间生产用固定资产的维护费用4 000元（全为银行存款支出，原始凭证张数为3张）。

要求：编制相应的记账凭证，并据以登记多栏式制造费用明细账（见证账表6-17至证账表6-19）。

证账表 6-17

转 账 凭 证

年　月　日　　　　　　　　　　　　　凭证编号＿＿＿＿＿＿

摘　要	借 方 科 目		贷 方 科 目		金　额											过账符号
	总账科目	明细科目	总账科目	明细科目	亿	千	百	十	万	千	百	十	元	角	分	
附单据　　　张			合　　计													

会计主管　　　　　记账　　　　　稽核　　　　　制单

证账表 6-18　　　　　　　　　**付 款 凭 证**　　　凭证编号：　　出纳编号：

年　月　日　　　　　　　　　 贷方科目 ____

摘　要	结算方式	票号	借 方 科 目		金　额											过账符号
			总账科目	明细科目	亿	千	百	十	万	千	百	十	元	角	分	
附单据　　　张			合　　计													

会计主管　　　记账　　　稽核　　　制单　　　　出纳　　　　领款人

证账表 6-19　　　　　　　　**制 造 费 用 明 细 账**

年		凭证号	摘要	工　资							折 旧 费							办 公 费							维 护 费							…	合　计						
月	日			十	万	千	百	十	元	角	分	十	万	千	百	十	元	角	分	十	万	千	百	十	元	角	分	十	万	千	百	十	元	角	分		十	万	千	百	十	元	角	分

4. 目的：错账查找练习。

资料：（1）飞升公司 2017 年 9 月末在试算平衡中发现应收账款总账和明细账余额不符，其总账和明细账相关资料见证账表 6-20 至证账表 6-22。

证账表 6-20

应 收 账 款 总 账

2017年 月	日	凭证号	摘要	借方	贷方	√借或贷	余额
9	1		期初余额			略 借	¥3 2 1 6 2 7 2 2
9	30		本月合计	¥7 6 2 1 0 2 6 7	¥8 7 7 6 5 6 3 2		¥2 0 6 0 7 3 5 7

证账表 6-21
债务人：星海公司

应 收 账 款 明 细 账

2017年 月	日	凭证号	摘要	借方	贷方	√借或贷	余额
9	1		期初余额			略 借	¥2 7 1 6 2 7 2 2
9	27	略	收回甲产品货款		¥1 0 0 0 0 0 0 0 0		
9	30		本月合计		¥1 0 0 0 0 0 0 0 0		¥1 7 1 6 2 7 2 2

证账表 6-22
债务人：佳润公司

应 收 账 款 明 细 账

2017年 月	日	凭证号	摘要	借方	贷方	√借或贷	余额
9	1		期初余额			略 借	¥5 0 0 0 0 0 0
9	9	略	销售乙产品货款	¥7 6 1 2 0 2 6 7			
9	27		收回乙产品货款		¥7 7 7 6 5 6 3 2		
9	30		本月合计	¥7 6 1 2 0 2 6 7	¥7 7 7 6 5 6 3 2		¥3 3 5 4 6 3 5

（2）总账、明细账本期发生额及余额对照表（已简化）相关资料见证账表 6-23。

证账表 6-23　　　　　　　　总账、明细账本期发生额及余额对照表　　　　　　　　单位：元

账簿种类	期初余额	本期借方发生额	本期贷方发生额	期末余额
总账	321 627.22	762 102.67	877 656.32	206 073.57
明细账	321 627.22	761 202.67	877 656.32	205 173.57

要求：根据学过的方法寻找错账。

五、案例

案例一

目的：现金是企业最重要的资产，也是企业流动性和支付能力最强的资产。记录现金的增减变动情况及其结果，保证现金的安全完整，提供现金收支及其结果方面的会计信息，是会计核算的重要任务之一。在手工会计条件下，库存现金日记账是记录现金增减变动及其结果的最重要载体。因此，运用库存现金日记账全面、连续、系统、真实地反映现金收支业务有很重要的现实意义。

库存现金日记账的登记依据是经过审核无误的现金收、付款记账凭证。现金收、付款凭证的编制依据是经审核无误的涉及现金收、付业务的相关原始凭证。现金收、付业务的账务处理程序是：在经济业务发生或完成时，由经济业务的当事人取得或填制相关原始凭证，经相关的稽核人员稽核无误后交相关会计人员编制现金收、付款记账凭证，经记账凭证审核人员审核无误后，交由出纳（或其他会计人员）登记库存现金日记账。在每日终了，出纳要结出库存现金日记账的账面余额，并同库存的现金实有数相核对，做到日清月结。

资料：羽飞公司新聘用会计专业大学本科毕业生穆空做财务工作，公司为了全面培养穆空，决定让他从出纳员做起，穆空是一个自命不凡之人，他决心用自己在学校中学到的知识，结合自己的心得，高效处理现金相关业务。从 2017 年 9 月 1 日开始，穆空在原出纳谢红离任后直接接手出纳工作。羽飞公司的内部控制制度规定，现金的收、付款原始凭证经相关人员审核后交会计编制记账凭证，经记账凭证审核人员审核无误后，交由出纳登记库存现金日记账。企业财务负责人为袁海，会计为谢红。

羽飞公司 2017 年 9 月 1 日到 6 日，发生现金收、付业务如下：

（1）9 月 1 日，库存现金告急，穆空开出金额为 7 000 元的现金支票一张，从开户行中国工商银行××市中山支行 A000678910 账号中提取现金 7 000 元，存入公司金库。

（2）9 月 2 日，公司办公室领取交际应酬备用金 5 000 元。

（3）9 月 3 日，公司销售商品一批，取得销售款 20 000 元，其中，18 000 元为转账支票，2 000 元为现金，现金已交穆空存入公司金库，转账支票也由穆空存入中国工商银行××市中山支行 A000678910 账号中。假定该销售业务是免税业务。

（4）9 月 5 日，公司销售处人员赴外地洽谈业务，借取现金 4 000 元，穆空用库存现金支付。

根据上述业务，在取得相关经审核的原始凭证后，由谢红做记账凭证经记账凭证审核人员审核无误后，交由穆空登记库存现金日记账（见证账表 6-24 至证账表 6-29）。

证账表 6-24

收款凭证

2017 年 9 月 1 日

凭证编号：略　　出纳编号：略

借方科目	库存现金

摘 要	结算方式	票号	贷方科目		金 额										过账符号
			总账科目	明细科目	亿	千	百	十	万	千	百	十	元	角	分	
提取现金		略	银行存款						7	0	0	0	0	0	√
附单据壹张			合　计						¥	7	0	0	0	0	0	

会计主管　袁海　　记账　谢红　　稽核　×××　　制单　谢红　　出纳　穆空　　交款人　×××

证账表 6-25

付款凭证

2017 年 9 月 2 日

凭证编号：略　　出纳编号：略

贷方科目	库存现金

摘 要	结算方式	票号	借方科目		金 额										过账符号
			总账科目	明细科目	亿	千	百	十	万	千	百	十	元	角	分	
办公室领取备用金			管理费用	交际应酬费						5	0	0	0	0	0	√
附单据　壹张			合　计							¥	5	0	0	0	0	0	

会计主管　袁海　　记账　谢红　　稽核　×××　　制单　谢红　　出纳　穆空　　领款人　×××

证账表 6-26

收款凭证

2017 年 9 月 3 日

凭证编号：略　　出纳编号：略

借方科目	库存现金

摘 要	结算方式	票号	贷方科目		金 额										过账符号
			总账科目	明细科目	亿	千	百	十	万	千	百	十	元	角	分	
收到货款		略	主营业务收入	××商品					2	0	0	0	0	0	0	√
附单据　壹张			合　计						¥	2	0	0	0	0	0	

会计主管　袁海　　记账　谢红　　稽核　×××　　制单　谢红　　出纳　穆空　　交款人　×××

转 账 凭 证

2017 年 9 月 3 日   凭证编号 _略_

摘 要	借 方 科 目		贷 方 科 目		金 额										过账符号
	总账科目	明细科目	总账科目	明细科目	亿	千	百	十	万	千	百	十	元	角	分	
收到货款	银行存款						1	8	0	0	0	0	0	√
			主营业务收入	××商品				1	8	0	0	0	0	0	
附单据 × 张			合 计				¥	1	8	0	0	0	0	0	

会计主管 袁海   记账 谢红   稽核 ×××   制单 谢红

付 款 凭 证   凭证编号：略   出纳编号：略

2017 年 9 月 5 日   贷方科目 库存现金

摘 要	结算方式	票号	借 方 科 目		金 额											过账符号
			总账科目	明细科目	亿	千	百	十	万	千	百	十	元	角	分	
销售处借款			备用金	销售处					4	0	0	0	0	0	√
附单据 壹张			合 计					¥	4	0	0	0	0	0	

会计主管 袁海   记账 谢红   稽核 ×××   制单 谢红   出纳 穆空   领款人 ×××

库 存 现 金 日 记 账

2017 年		凭证号	对方科目	摘 要	√	收入（借方）金额										付出（贷方）金额										借或贷	结余金额									
月	日					千	百	十	万	千	百	十	元	角	分	千	百	十	万	千	百	十	元	角	分		千	百	十	万	千	百	十	元	角	分
9	1			期初余额																															0		
9	1	略	银行存款	提取现金					¥	7	0	0	0	0	0																					
9	2	略	管理费用	办公室领取备用金															¥	5	0	0	0	0	0											
9	3	略	主营业务收入	收到货款					¥	2	0	0	0	0	0	0																					
9	5	略	备用金	销售处借款															¥	4	0	0	0	0	0											

要求：指出上述账务处理的不当之处，并加以纠正。

案例二

目的：在手工会计条件下，账簿是会计数据的储存转换器，也是实现内部控制、明确经济责任的重要工具。账簿的运用分为启用、日常登记、错账更改、对账、结账、交接诸环节。要使账簿能够及时、有效地提供有用的会计信息，明确相关经济责任，发挥内部控制制度的效用，就必须加强对账簿的启用、日常登记、错账更改、对账、结账、交接诸环节的管理。正确填写或登记从账簿封面、扉页到账页的全部内容，及时进行对账、更改错账和结账，在记账人员更换时，要按相关要求办理相关的财物和账簿交接手续，在盘存相关财物后，填制财物交接清册，并在相关账簿的扉页上详尽记录相关的交接内容，履行相关交接手续。

资料：2017 年 12 月 7 日，穆空在羽飞公司做了 3 个月的出纳工作之后，有关领导令其离开出纳岗位，接任材料会计工作，新接任出纳工作的是乐娥，前任材料会计为吴嫦。穆空和吴嫦对各自的旧工作作了他们认为必要的处理，并办理了交接手续，办理完交接手续后库存现金日记账和材料明细账的扉页及相关账页资料见证账表 6-30 至证账表 6-32。

证账表 6-30　　　　　　　　　　**账簿使用登记表**

单位名称	羽飞公司			
账簿名称	库存现金日记账			
册次及起讫页数	自壹页起至壹佰页止共壹佰页			
启用日期	2017 年 1 月 1 日			
停用日期	年　月　日			
经管人员姓名	接管日期	交出日期	经管人员盖章	会计主管人员盖章
穆空	2017 年 9 月 1 日	2017 年 12 月 7 日	穆空、乐娥	袁海
	年 月 日	年 月 日		
	年 月 日	年 月 日		
	年 月 日	年 月 日		
	年 月 日	年 月 日		
	年 月 日	年 月 日		
备注			单位公章　　　　　　　羽飞公司　财务专用章	

证账表 6-31 | 账簿使用登记表

单位名称	羽飞公司			
账簿名称	原材料明细账			
册次及起讫页数	自壹页起至　　页止共　　页			
启用日期	2017 年 1 月 1 日			
停用日期	年　月　日			
经管人员姓名	接管日期	交出日期	经管人员盖章	会计主管人员盖章
吴嫦	2017 年 3 月 5 日	2017 年 12 月 7 日	吴嫦	袁海
穆空	2017 年 12 月 7 日	2017 年 12 月 31 日	穆空	袁海
	年　月　日	年　月　日		
	年　月　日	年　月　日		
	年　月　日	年　月　日		
	年　月　日	年　月　日		
备注			单位公章 羽飞公司 财务专用章	

证账表 6-32　　库存现金日记账

年		凭证号	对方科目	摘要	√	收入（借方）金额										付出（贷方）金额										借或贷	结余金额									
月	日					千	百	十	万	千	百	十	元	角	分	千	百	十	万	千	百	十	元	角	分		千	百	十	万	千	百	十	元	角	分
9	1	略		期初余额																																0
9	1	略	银行存款	提取现金				￥	7	0	0	0	0	0	0																					
9	2	略	管理费用	办公室领取备用金														￥	5	0	0	0	0	0	0											
9	3	略	主营业务收入	收到货款			￥	2	0	0	0	0	0	0	0																					
9	5	略	备用金	销售处借款															￥	4	0	0	0	0	0											

六、练习题参考答案

（一）单项选择题

1. D　2. B　3. D　4. B　5. C　6. B　7. C　8. D　9. B　10. B　11. C　12. C　13. C
14. C　15. A　16. C　17. C　18. D　19. D　20. B

（二）多项选择题

1. ABD　2. ABCD　3. ACE　4. ABC　5. ADE　6. BD　7. BCD　8. ACD　9. CDE　10. AB

11. BCE 12. ABD 13. CD 14. ACD 15. ABC 16. ABCD 17. ABCE 18. ABC

（三）判断题

1. × 2. √ 3. × 4. × 5. × 6. × 7. √ 8. × 9. √ 10. ×

（四）综合题

1. 开西公司 2017 年 8 月发生的经济业务有关会计凭证的制作和账簿的登记见证账表 6-33 至证账表 6-45。

证账表 6-33

借　款　单

No 0049770

借款部门：供应处　　　　　　　2017 年 8 月 1 日　　　　　　业务授权人：桂刚

人民币（大写）贰仟元整				￥2 000.00		
用　途	开会				财务部门	借款部门
付款方式	现金	票据号码		负责人	谢意	负责人 郑来宁
收款单位		开户银行		审核	姜平	借款人 郑来宁
		账　号		记账	李梅	经办人 郑来宁

证账表 6-34

付款凭证

凭证编号：现付字第 0011 号　　出纳编号：0015

2017 年 8 月 1 日　　　　　　　贷方科目　**库存现金**

摘　要	结算方式	票号	借方科目		金　额										过账符号
			总账科目	明细科目	亿	千	百	十	万	千	百	十	元	角	分	
出差借款	现金		其他应收款	郑来宁					2	0	0	0	0	0	√
附单据 壹 张			合　　计					￥	2	0	0	0	0	0	

会计主管 谢意　　记账 李梅　　稽核 姜平　　制单 李梅　　出纳 金夏　　领款人 郑来宁

证账表 6-35

开西公司提货单

2017 年 8 月 2 日

No 00995

品　名	单　位	数　量	单　价	金　额	备　注
佳君牌男西服	大众商场	100	300	30 000	① 存根
佳君牌女西服	大众商场	100	300	30 000	
合　　计				60 000	

批准人 赵月　　　　开票 李有　　　　保管员 吴常　　　　提货人 郗春

证账表 6-36

××增值税专用发票

记 账 联

No 00443811

开票日期：2017 年 8 月 2 日

<table>
<tr><td rowspan="4">购买方</td><td>名　　　称：大众商场</td><td rowspan="4">密码区</td><td rowspan="4">（略）</td><td rowspan="10">第一联：记账联　销售方的记账凭证</td></tr>
<tr><td>纳税人识别号：321123985400008</td></tr>
<tr><td>地址、电话：××市人民路 23 号 87410123</td></tr>
<tr><td>开户行及账号：中国工商银行××市××分行××支行 0034567523</td></tr>
</table>

货物或应税劳务、服务名称	规格型号	单位	数量	单价	金　额	税率	税　额
服装	西服	套	200	300.00	60 000.00	16%	9 600.00
合　　　计					¥60 000.00		¥9 600.00
价税合计（大写）　玖仟陆佰元整						（小写）¥69 600.00	

<table>
<tr><td rowspan="4">销售方</td><td>名　　　称：开西公司</td><td rowspan="4">备注</td><td rowspan="4">开西公司
541123985400536
发票专用章</td></tr>
<tr><td>纳税人识别号：541123985400536</td></tr>
<tr><td>地址、电话：××市人民路 27 号 87410132</td></tr>
<tr><td>开户行及账号：××市商业银行中山支行 0034587</td></tr>
</table>

收款人：×××　　　复核：姜平　　　开票人：金夏　　　销售方：（章）

证账表 6-37

收款凭证

凭证编号：现收字第 0011 号　　出纳编号：0016

2017 年 8 月 2 日

借方科目　库存现金

摘　要	结算方式	票号	贷方科目		金　　额											过账符号
			总账科目	明细科目	亿	千	百	十	万	千	百	十	元	角	分	
售货	现金		主营业务收入	佳君牌西服				6	0	0	0	0	0	0	0	√
			应交税费	应交增值税 （销项税额）					9	6	0	0	0	0	0	√
附单据 贰 张			合　　　计					¥	6	9	6	0	0	0	0	

会计主管 谢意　　记账 李梅　　稽核 姜平　　制单 李梅　　出纳 金夏　　交款人 郁春

证账表 6-38

券种	张数
壹佰元	692
伍拾元	0
拾　元	0
伍　元	0
贰　元	0
壹　元	0
伍　角	0
贰　角	0
壹　角	0
伍　分	0
贰　分	0
壹　分	0
合　计	692

××市商业银行现金缴款单

缴款日期 2017 年 8 月 2 日

	本次交款记录	
多款	0	已退回
少款	0	已补缴

交款单位	全称	开西公司	账号	0162199950515
	开户银行	××市商业银行中山支行	款项来源	零星销售

人民币（大写）陆万玖仟贰佰元整	百	十	万	千	百	十	元	角	分
		¥	6	9	2	0	0	0	0

现金收讫	××市商业银行中山支行现金收讫章	出纳复核员	姜平	出纳收款员	金夏
		会计复核员	姜平	记账员	李梅

证账表 6-39

付款凭证

2017 年 8 月 2 日

凭证编号：现付字第 0011 号　出纳编号：0016

| 贷方科目 | 库存现金 |

摘　要	结算方式	票号	借方科目		金　额										过账符号
			总账科目	明细科目	亿	千	百	十	万	千	百	十	元	角	分	
存现金			银行存款					6	9	2	0	0	0	0	√
附单据 壹 张			合　　计					¥	6	9	2	0	0	0	0	

会计主管 谢意　　记账 李梅　　稽核 姜平　　制单 李梅　　出纳 金夏　　领款人 ×××

证账表 6-40

差旅费报销单

2017 年 8 月 8 日

公出者姓名	郑来宁								公出地点	沈阳						
出　发				到　达				车船费	途中伙食补助		住勤伙食补助		其　他			合计
月	日	时分	地点	月	日	时分	地点		日数	金额	日数	金额	车马费	宿费	其他	
								120					1 400	1 273		2 793
			合　　计													

| 报销 2017 年 8 月 1 日　借款 2 000 元，结余（或超支）793 元 | 报销金额（大写） | 贰仟柒佰玖拾叁元整　　￥2 793.00 |

会计主管 谢意　　审核 姜平　　制单 李梅　　部门主管×××　　公出人 郑来宁

证账表 6-41

转账凭证

2017 年 8 月 8 日

凭证编号 转字第 0017 号

摘要	借方科目		贷方科目		金　额											过账符号
	总账科目	明细科目	总账科目	明细科目	亿	千	百	十	万	千	百	十	元	角	分	
报销差旅费	管理费用	差旅费								2	7	9	3	0	0	√
			其他应收款	郑来宁						2	0	0	0	0	0	√
			库存现金								7	9	3	0	0	√
附单据 贰 张			合　　计						¥	2	7	9	3	0	0	

会计主管 谢意　　记账 李梅　　稽核 姜平　　制单 李梅

证账表 6-42

××市商业银行 现金支票存根 CS56895623	××市商业银行 **现金支票** CS56895623

××市商业银行 现金支票存根
CS56895623

附加信息
科目：库存现金
对方科目：银行存款
出票日期：2017 年 8 月 15 日

收款人：开西公司	
金　额：793.00	
用　途：补足库存现金	

单位主管：谢意　会计：李梅

××市商业银行 **现金支票** CS56895623

出票日期（大写）贰零壹柒 年 零捌 月 壹拾伍 日　　付款行名称：××市商业银行中山支行

收款人：开西公司　　　　　出票人账号：0162199950515

人民币 （大写）	柒佰玖拾叁元整	亿	千	百	十	万	千	百	十	元	角	分
								¥	7	9	3	0	0

本支票付款期十天

用途 补足库存现金
上列款项请从
我账户内支付
出票人签章

复核541123985400536记账
财务专用章

开西公司

张华 印

证账表 6-43

付 款 凭 证　　　　　　　凭证编号：略　　　出纳编号：略

2017 年 8 月 15 日　　　　　　贷方科目 | 银行存款

摘　要	结算方式	票号	借方科目		金　额										过账符号
			总账科目	明细科目	亿	千	百	十	万	千	百	十	元	角	分	
提现金			库存现金							7	9	3	0	0	√
附单据 壹 张			合　计						¥	7	9	3	0	0	

会计主管 谢意　记账 李梅　稽核 姜平　制单 李梅　出纳 金夏　领款人×××

证账表 6-44

库 存 现 金 日 记 账

2017 年		凭证号	对方科目	摘　要	√	收入（借方）金额									付出（贷方）金额									借或贷	结余金额								
月	日					千	百	十	万	千	百	十	元	角	分	千	百	十	万	千	百	十	元	角	分		千	百	十	万	千	百	十	元	角	分
8	1			期初余额																										¥	6	7	8	4	0	0
8	1	略	略	出差借款															¥	2	0	0	0	0	0				¥	4	7	8	4	0	0
8	2			售货			¥	6	9	6	0	0	0	0																¥	7	4	3	8	4	0	0
8	2			存现金														¥	6	9	2	0	0	0	0					¥	5	1	8	4	0	0
8	8			报销差旅费																	¥	7	9	3	0	0					¥	4	3	9	1	0	0
8	15			提现金						¥	7	9	3	0	0																¥	5	1	8	4	0	0

银 行 存 款 日 记 账

月	日	凭证号	对方科目	摘要	√	收入（借方）金额 千	百	十	万	千	百	十	元	角	分	付出（贷方）金额 千	百	十	万	千	百	十	元	角	分	借或贷	结余金额 千	百	十	万	千	百	十	元	角	分
8	1			期初余额																								¥1	0	2	3	0	2	0	0
8	1	略		存现金					¥6	9	2	0	0	0	0													¥1	7	1	5	0	2	0	0
8	8			提现金																	¥7	9	3	0	0			¥1	7	0	7	0	9	0	0

2.（1）编制飞升公司2017年9月原材料入库业务的记账凭证（见证账表6-46和证账表6-47）。

付 款 凭 证

凭证编号：银付字第00223号　出纳编号：03722

2017年9月3日　　　　　　　　　| 贷方科目 | 银行存款 |

摘要	结算方式	票号	借方科目 总账科目	明细科目	金额 亿	千	百	十	万	千	百	十	元	角	分	过账符号
购料入库	支票	略	原材料	合金钢				1	7	0	0	0	0	0	0	√
			应交税费	应交增值税（进项税额）					2	7	2	0	0	0	0	√
附单据叁张			合　　计					¥1	9	7	2	0	0	0	0	

会计主管 裴书　　记账 李艳　　稽核 孙光　　制单 陈东　　出纳 ×××　　领款人 ×××

转 账 凭 证

2017年9月12日　　　　　　　　　凭证编号转字第00137号

摘要	借方科目 总账科目	明细科目	贷方科目 总账科目	明细科目	金额 亿	千	百	十	万	千	百	十	元	角	分	过账符号
购料入库	原材料	等边三角钢						4	0	0	0	0	0	0		√
	应交税费	应交增值税（进项税额）							6	4	0	0	0	0		√
			应付账款	××公司				4	6	4	0	0	0	0		√
	附单据叁张		合　　计					¥4	6	4	0	0	0	0		

会计主管 裴书　　　　　记账 李艳　　　　　稽核 孙光　　　　　制单 陈东

（2）登记合金钢和等边三角钢 2017 年 9 月进出库的明细账见证账表 6-48 和证账表 6-49。

证账表 6-48　　　　　　　　　　**原 材 料 明 细 账**

材料名称：合金钢

编　　号：略　　　　　　　　　　规格：5cm　　　　　　　　　　计量单位：千克

2017年 月	日	凭证号	摘要	收入 数量	单价	金额	发出 数量	单价	金额	结存 数量	单价	金额
9	1		期初余额							10 000	30	¥300 000.00
9	1	略	生产领料				3 300	30	¥99 000.00			
9	3		购料	5 000	34	¥170 000.00						
9	11		生产领料				2 900	30	¥87 000.00			
9	22		生产领料				2 400	30	¥72 000.00			

证账表 6-49　　　　　　　　　　**原 材 料 明 细 账**

材料名称：等边三角钢

编　　号：略　　　　　　　　　　规格：18cm　　　　　　　　　　计量单位：千克

2017年 月	日	凭证号	摘要	收入 数量	单价	金额	发出 数量	单价	金额	结存 数量	单价	金额
9	1		期初余额							30 000	4	¥120 000.00
9	1	略	生产领料				6 300	4	¥25 200.00			
9	11		生产领料				6 400	4	¥25 600.00			
9	12		购料	10 000	4	¥40 000.00						
9	22		生产领料				6 900	4	¥27 600.00			

3.（1）编制飞升公司 2017 年 9 月第一生产车间相应业务的记账凭证（见证账表 6-50 至证账表 6-53）。

证账表 6-50

转 账 凭 证

2017 年 9 月 30 日

凭证编号转字第 00227 号

摘要	借方科目		贷方科目		金　额											过账符号
	总账科目	明细科目	总账科目	明细科目	亿	千	百	十	万	千	百	十	元	角	分	
计提工资	制造费用	工资						2	7	0	0	0	0	0	0	√
			应付职工薪酬	车间管理人员				2	7	0	0	0	0	0	0	√
附单据壹张			合　计				¥	2	7	0	0	0	0	0	0	

会计主管 裴书　　　记账 李艳　　　稽核 孙光　　　制单 陈东

证账表 6-51

转 账 凭 证

2017 年 9 月 30 日

凭证编号转字第 00228 号

摘要	借方科目		贷方科目		金　额											过账符号
	总账科目	明细科目	总账科目	明细科目	亿	千	百	十	万	千	百	十	元	角	分	
计提折旧	制造费用	折旧						2	2	0	0	0	0	0	0	√
				累计折旧				2	2	0	0	0	0	0	0	√
附单据叁张			合　计				¥	2	2	0	0	0	0	0	0	

会计主管 裴书　　　记账 李艳　　　稽核 孙光　　　制单 陈东

证账表 6-52

付 款 凭 证

2017 年 9 月 30 日

凭证编号：银付字第 0023 号　　出纳编号：722

贷方科目　库存现金

摘要	结算方式	票号	借方科目		金　额											过账符号
			总账科目	明细科目	亿	千	百	十	万	千	百	十	元	角	分	
车间办公费	现金	略	制造费用	办公费						3	8	0	0	0	0	√
附单据叁拾捌张			合　计						¥	3	8	0	0	0	0	

会计主管 裴书　　记账 李艳　　稽核 孙光　　制单 陈东　　出纳 ×××　　领款人 ×××

付 款 凭 证

凭证编号：银付字第 0024 号　出纳编号：723

2017 年 9 月 30 日

贷方科目	银行存款

摘　要	结算方式	票号	借方科目		金　额											过账符号
			总账科目	明细科目	亿	千	百	十	万	千	百	十	元	角	分	
固定资产维护费	支票	略	制造费用	修理费						4	0	0	0	0	0	√
附单据叁张			合　计							¥	4	0	0	0	0	0

会计主管　裴书　　记账　李艳　　稽核　孙光　　制单　陈东　　出纳 ×××　　领款人 ×××

（2）登记飞升公司 2017 年 9 月第一生产车间制造费用明细账（见证账表6-54）。

证账表 6-54

制造费用明细账

2017年		凭证号	摘要	工　资									折　旧　费										办　公　费									维　护　费									…	合　计									
月	日			十万	千	百	十	元	角	分			十万	千	百	十	元	角	分			十万	千	百	十	元	角	分		十万	千	百	十	元	角	分		百	十万	千	百	十	元	角	分
9	30	略	略	¥2	7	0	0	0	0	0																															¥2	7	0	0	0	0	0
9	30												¥2	2	0	0	0	0	0	0																		¥2	2	0	0	0	0	0	0
9	30																					¥3	8	0	0	0	0													¥3	8	0	0	0	0
9	30																												¥4	0	0	0	0	0					¥4	0	0	0	0	0

　　4. 经查对，总账的本期借方发生额之和为 762 102.67 元，各明细账的借方发生额之和为 761 202.67 元，两者相差 900 元，首先检查借方、贷方是否有一方漏记。经查，无漏记借、贷某一方造成错账。再将 900 除以 2，看是否有金额为 450 元的账项重记。经查，本月共有金额为 450 元的账项 12 笔，但无错账。由于 900 可以被 9 整除，在排除了上述两种错账的可能性后，应检查是否有账簿登记中有数码首尾颠倒的现象。本企业采用的是记账凭证核算组织程序，经查，在根据记账凭证登记应收账款总账时，将记账凭证上的金额 761 202.67 元，误登记为 762 102.67 元。

七、案例提示

案例一

　　错误 1：穆空应同谢红在相关人员的监督下办理库存现金日记账、银行存款日记账、货币资金、其他有价证券和单据保管的交接手续，谢红在离任当日，应结出库存现金日记账和银行存款日记账交出当日的结余额，清点库存现金和其他有价证券的余额，整理有关单据（如空白支票、发票等）并由穆空核对交接，做好交接和监交记录。这些穆空在接任时都没有进行，是不对的。

错误 2：从开户行中国工商银行××市中山支行 A000678910 账号中提取现金 7 000 元，存入公司金库。应做银行存款的付款凭证，而不是做现金的收款凭证（见证账表 6-24），由于谢红的处理并不影响会计信息的客观性，因此从重要性出发，可不作更改，但以后不能这样处理了。

错误 3：公司办公室领取交际应酬备用金 5 000 元，应作其他应收款处理，报销前不能列作管理费用。应先做一张同样的红字分录凭证，冲销原先的错账，再做正确的分录凭证（见证账表 6-55 至证账表 6-57）。

证账表 6-55 　　　　**付 款 凭 证**　　　　凭证编号：略　　出纳编号：略

2017 年 9 月 30 日

贷方科目	库存现金

摘　要	结算方式	票号	借方科目		金　　　额										过账符号
			总账科目	明细科目	亿	千	百	十	万	千	百	十	元	角	分	
更正××号凭证			管理费用	交际应酬费						5	0	0	0	0	0	√
附单据 壹张			合　　计						¥	5	0	0	0	0	0	

会计主管 袁海　　记账 谢红　　稽核 ×××　　制单 谢红　　出纳 穆空　　领款人 ×××

证账表 6-56 　　　　**付 款 凭 证**　　　　凭证编号：略　　出纳编号：略

2017 年 9 月 30 日

贷方科目	库存现金

摘　要	结算方式	票号	借方科目		金　　　额										过账符号
			总账科目	明细科目	亿	千	百	十	万	千	百	十	元	角	分	
更正××号凭证			其他应收款	备用金					5	0	0	0	0	0		√
附单据 壹张			合　　计						¥	5	0	0	0	0	0	

会计主管 袁海　　记账 谢红　　稽核 ××　　制单 谢红　　出纳 穆空　　领款人 ×××

证账表 6-57

库 存 现 金 日 记 账

2017年		凭证号	对方科目	摘要	√	收入（借方）金额	付出（贷方）金额	借或贷	结余金额
月	日					千百十万千百十元角分	千百十万千百十元角分		千百十万千百十元角分
9	1			期初余额					0
9	1	略	银行存款	略		¥700000			
9	2		管理费用				¥500000		
9	3		主营业务收入			¥2000000			
9	5		备用金				¥400000		
9	30		更正xx号凭证				¥500000		
9	30		更正xx号凭证				¥500000		

错误4：公司销售商品一批，取得销售款20 000元，其中，18 000元为转账支票，2 000元为现金，现金已交穆空存入公司金库，转账支票也由穆空存入中国工商银行××市中山支行A000678910账号中。此为收款业务，但谢红人为地将收款业务拆分为二，做了一收款凭证，又做了一转账凭证，这是不对的，应均做收款凭证。由于谢红的处理并不影响会计信息的客观性，因此从重要性出发，可不作更改，但以后不能这样处理了。

错误5：到9月5日，企业从银行提取的库存现金只剩下2 000元，公司销售处人员赴外地洽谈业务，借取现金4 000元，穆空用库存现金支付，其中的2 000元现金系销售货款，应先存入银行，然后从银行提取现金，这样有利于现金流通的安全，也有利于对现金流通的监督，穆空的做法违反了中国人民银行关于现金的有关规定，坐支了现金，但性质属于失误，且情节轻微，以后不再犯则可。

案例二

错误1：穆空是2017年9月1日接任出纳工作的，但在库存现金日记账的扉页中没有穆空接任出纳工作前的相关记录及穆空接任时的账簿交接记录。

错误2：在原材料明细账的扉页中，吴嫦接管日前的账簿使用人与接管日不明，穆空交出日期为12月31日不一定正确，12月31日尚没有到，12月31日会计主管人员袁海的交接记录也不应该有。

第7章 企业基本业务核算

一、学习目的与要求

本章主要介绍企业基本经济业务的核算方法。在了解企业基本业务概述的基础上，主要掌握企业资金筹措业务的核算，资产取得业务的核算，产品成本制造业务的核算，收入、费用和利润业务的核算等，同时，要理解好损益确认原则这样重要的会计基本理论。本章的学习为进一步学习中级财务会计打下基础。

二、预习要览

（一）关键概念

1. 收付实现制	2. 材料采购	3. 材料成本差异
4. 制造成本	5. 期间费用	6. 制造费用
7. 主营业务收入	8. 主营业务成本	9. 税金及附加
10. 营业外收入	11. 营业外支出	12. 净利润
13. 本年利润	14. 所得税费用	15. 利润分配
16. 应付利润	17. 盈余公积	18. 未分配利润

（二）关键问题

1. 说明权责发生制对会计期间损益的确认方法。

2. 说明物资采购成本的计量与确认方法。

3. 说明在计划成本计价制度下，"材料采购""原材料""材料成本差异"三个账户之间的关系及各自的运用方法，说明材料成本差异率、发出材料应承担的材料成本差异的计算和结转方法。

4. 说明产品生产成本核算中材料费用、应付职工薪酬、制造费用的归集与分配。

5. 说明主营业务收入、主营业务成本的计量与确认方法。

6. 说明期间费用的构成及与会计期间损益计算的关系。

7. 说明企业的利润分配程序。

8. 说明所得税的计算与账务处理方法。

三、本章的重点与难点

本章应主要掌握运用借贷记账法对工业企业主要经济业务的核算，分为工业企业的主要经济业务、会计处理基础、资金筹集和固定资产购置业务的核算、供应过程业务的核算、生产过程业务的核算、销售过程业务的核算、期间费用的核算、财务成果的核算、其他经济业务的核算9节。

加工企业是从事生产经营活动的主体，同其他类型的企业相比，它的经营活动经历了供应、生产和销售三个完整的过程，资金形态依次从货币资金开始，进入采购过程转化为储备资金和固定资金，进入生产过程转化为生产资金，生产过程结束后转化为成品资金，经过销售过程转化为货币资金，它的资金运动过程最完整，经济业务最具有代表性。因此，我们介绍企业主要经济业务的核算，是以加工企业经济业务的会计核算为例加以说明的。加工企业的经济业务主要有：资金的筹集业务、劳动资料和劳动手段的采购业务、劳动对象的生产加工业务、商品销售业务、财务成果的计算与分配业务和其他经济业务等。

企业会计核算的一项极其重要的业务，是确认和计量会计期间的损益金额。要确认和计量某会计期间的损益，首先要确认会计期间的收入和费用金额，因此，要掌握收入和费用的确认原则。涉及会计期间收入和费用确认的原则主要有权责发生制原则和收付实现制原则两种。

收付实现制原则是以某个会计期间实际收到的收入作为当期收入而不管这种收入是否应当在当期收到，以当期实际付出（或消耗）的费用作为当期费用，而不管这种费用是否应当由当期承担这样的原则作为会计期间的收入和费用确认的依据。应当在当期收到的收入，应当在当期收到，作为当期收入；不应当在当期收到的收入，在当期收到了，也作为当期收入；应当在当期收到的收入在当期没有收到，不作为当期收入。应当由当期承担的费用，在当期支出或消耗了，作为当期费用；不应当由当期承担的费用，在当期支出或消耗了，也作为当期费用；应当由当期承担的费用，在当期没有支出或消耗，不作为当期费用。用收付实现制下确定的收入减去相应的费用，就是收付实现制下确定的损益。

与收付实现制相反，权责发生制是以某个会计期间应当收到的收入作为当期收入而不管这种收入是否在当期收到，以当期应当承担的费用作为当期费用，而不管这种费用是否在当期支付（或消耗）了这样的原则作为会计期间的收入和费用确认的依据。在当期收到的收入，应当在当期收到，作为当期收入；不应当在当期收到的收入，在当期收到了，不作为当期收入；应当在当期收到的收入在当期没有收到，作为当期收入。应当由当期承担的费用，在当期支出或消耗了，作为当期费用；不应当由当期承担的费用，在当期支出或消耗了，不作为当期费用；应当由当期承担的费用，在当期没有支出或消耗，作为当期费用。用权责发生制下确定的收入减去相应的费用，就是权责发生制下确定的损益。

收付实现制强调的是实际收到的收入和实际发生的费用，而不管收入和费用之间的因果关系；权责发生制强调的是应当收到的收入和应当承担的费用，强调的是收入和费用的因果关系，重视收入与为取得收入而发生的费用之间的配比。显而易见，用收付实现制确认损益方法简单但不太合理，用权责发生制确认损益方法较复杂但比较合理。企业等以营利为目的的组织应当采用权责发生制来确认损益，其他单位（如政府组织）则可以采用收付实现制来确认当期损益。

在权责发生制下，应正确地在各受益期间摊配已支付或已消耗的费用，使之归属于相应的会计期间，既不虚增资产，也不虚减费用和利润；应正确地将会计期间应承担但尚待以后支付的费用计入当期损益，以便不发生低估负债、虚减本期费用、高估当期利润的现象；应将应作为会计期间收入的预收收入作为当期收入，以便不发生高估当期的负债、低估当期的收入和利润的现象；应将本期未收到但应在本期收到的收入作为当期收入，以便不发生低估当期的债权、收入和利润的现象。

在遵循权责发生制的基础上，企业在确认某个会计期间的收入、费用和利润时，还应遵循配比原则、收益性支出与资本性支出相划分原则等。

企业资金的筹集业务主要有接受投入资本业务、借款业务和发行债券业务等。这里我们以接受投入资本业务和短期借款业务为例，说明企业资金筹集业务的核算。

接受投入资本的会计分录形式一般为：

借：相关资产类账户（如固定资产、无形资产、银行存款、原材料等）

　　贷：实收资本

或：

借：相关负债或所有者权益类账户（如应付账款、盈余公积等）

　　贷：实收资本

短期借款增加时的会计分录形式一般为：

借：银行存款

　　贷：短期借款

归还短期借款时的会计分录形式一般为：

借：短期借款

　　贷：银行存款

固定资产的购置业务可分为购入的固定资产业务和建造的固定资产业务两种。

购入的固定资产的会计分录一般如下：

借：固定资产（或在建工程）

　　应交税费——应交增值税（进项税额）

　　贷：银行存款等相关科目

建造的固定资产会计分录一般如下：

借：在建工程

　　贷：原材料、应付工资、银行存款等科目

物资采购业务核算应掌握的主要内容有：原物资采购成本的确认与计量、库存材料增减变动的反映、相关的账户设置和账务处理等。

从理论上讲，凡为采购原材料所发生的一切必要、合理的支出，都应计入原材料的采购成本，但有一些物资采购费用如采购人员的差旅费、小额的市内运杂费、专设的采购机构经费等，一是金额较小，计入还是不计入材料的采购成本对原材料的成本总额影响不大；二是这些采购费用多为共同性费用，分配计入各种材料的核算工作量过大，因此上述共同性采购费用一般不计入材料的采购成本，而是计入管理费用，全部由当期损益承担。计入物资采购成本的支出一般包括：买价（发票账单上所开列的货款金额）、运杂费（包括运输费、装卸费、包装费、保险费等）、运输途中的合理损耗、购入材料应负担的税金和其他费用等。

在购入材料所支付的税费中，若企业是税费的承担者，则所支付的税费应计入材料的采购成本；若企业虽然支付了税费但不是税费的承担者，如在材料的购进环节支付了增值税的进项税额，但所购材料用于对外销售或加工成产品后对外销售，则进项税额只是垫付的债权，不能作为材料的采购成本；若企业购入的增值税应税材料用于自己消费不再对外销售或不再加工后对外销售，则购进材料支付的增值税进项税额应计入物资采购成本。

应计入物资采购成本的采购费用，按与所购材料的关系不同，按不同的方法计入材料的采购成本。凡在采购材料时能直接确认是为哪一种物资采购而发生的费用，直接计入该种材料的采购成本；凡是在物资采购时不能直接确认是为哪一种物资采购而发生的费用，而应由若干受益对象分摊的，则首先要确定需要分摊的费用总额和分摊标准，然后用需要分摊的费用总额除以分摊标准计算费用分配率，再用相应材料的分摊标准乘以费用分配率，计算出某种材料应承担的共同费用是多少。用已确认的某种材料的直接采购费用加上分配计入的共同性费用，就构成了该种材料的实际采购成本。

按对材料增减变动的计价方法不同，材料收发的核算方法有两种：一是按材料的实际成本核算；二是按材料的计划成本核算。在不同的核算方法下，二者需要设置的账户及账户的核算内容不同。

在实际成本计价制度下，物资采购的核算主要涉及"材料采购"、"原材料"、"应交税费"、"应付账款"、"应付票据"和"预付账款"等账户。

当物资采购已发生但尚未验收入库时，会计分录一般为：

借：材料采购

　　应交税费——应交增值税（进项税额）

　贷：银行存款等相关账户（如库存现金、应付账款、应付票据等）

当支付货款等时，会计分录一般为：

借：应付账款、应付票据等账户

　贷：银行存款、库存现金等账户

当材料验收入库时，会计分录一般为：

借：原材料

　　贷：材料采购

当材料出库时，会计分录一般为：

借：生产成本等相关账户（如制造费用、在建工程等）

　贷：原材料

在计划成本计价制度下，物资采购的核算主要涉及"物资采购"、"原材料"、"材料成本差异"、"应交税费"、"应付账款"、"应付票据"和"预付账款"等账户。

计划成本计价制度下物资采购核算的难点，是材料成本差异的处理。它由材料成本差异的结转、材料成本差异的分配和计划成本的调整等内容组成。材料成本差异的结转分为三种情况：首先是将物资采购账户中的实际成本与计划成本的差异转入材料成本差异账户。

当实际成本大于计划成本出现超支差时：

借：材料成本差异

　　贷：材料采购

当实际成本小于计划成本出现节约差时：

借：材料采购

贷：材料成本差异

其次是计算材料成本差异率和分配发出材料应承担的材料成本差异。

$$材料成本差异率=\frac{期初结存材料的成本差异额+本期入库材料的成本差异额}{期初结存材料的计划成本+本期入库材料的计划成本}\times100\%$$

发出材料应承担的成本差异＝发出材料的计划成本×材料成本差异率

调整已耗用材料的计划成本（超支差）时：

借：应调整的项目（如生产成本、制造费用等科目）

贷：材料成本差异

调整已耗用材料的计划成本（节约差）时：

$\boxed{借：应调整的项目（如生产成本、制造费用等科目）}$

$\boxed{贷：材料成本差异}$

注：$\boxed{}$记账时为红字。

企业生产过程业务核算应掌握的主要内容有：生产过程核算涉及的主要账户的结构和各处的核算内容，生产费用和产品制造成本的确认与计量，各种资产、负债的增减变动核算方法。

生产过程核算的一项重要内容是计算产品制造成本，要计算产品制造成本，首先要确认计入产品生产成本的费用范围。从理论上讲，凡为产品生产而发生的全部生产费用都应计入产品制造成本。但在生产过程中，一些费用与产品生产没有直接的因果关系，它们多是一些应由多种产品共同承担的费用，且发生的金额较小，计入还是不计入产品的制造成本对产品成本的影响不大，如将它们计入产品成本将增加会计核算工作量，故一般不将它们计为产品成本。一般情况下，计入产品制造成本的生产费用主要有直接材料、直接工资、其他直接费用和制造费用等。直接材料是指直接为产品生产而消耗的原材料；直接工资是指产品生产工人的工资；其他直接费用是指除直接材料和直接工资以外的直接费用，如生产工人的福利费等；制造费用是指与产品生产相关，应计入产品成本，但不能直接计入产品成本的生产费用，如生产部门管理人员的工资、福利费、一般生产用的固定资产的折旧费等。

不计入产品成本的费用主要有管理费用、销售费用和财务费用等。这些费用直接计入会计期间，与当期收入相配比，我们称之为期间费用。

产品成本核算涉及的主要账户有"生产成本""制造费用""库存商品"等。产品成本核算的基本程序可分为两个步骤：第一，按企业生产组织或工艺特点归集生产费用；第二，按一定的成本计算对象分配和汇总产品成本。凡是能确定为某种产品生产而耗用的生产费用，如直接材料费用、直接工资费用和其他直接费用等，直接计入生产成本账户；凡是不能在发生时直接确认为某一种产品生产而发生的生产费用，先计入制造费用账户，然后再按一定的分配方法计入生产成本账户。

制造费用的分配方法是：先汇集需要分配的生产费用，然后确定分配标准，再计算费用分配率和某种产品应负担的制造费用。

$$制造费用分配率=\frac{可供分配的制造费用总额}{制造费用分配标准之和}$$

某种产品应负担的制造费用＝相应的分配标准×制造费用分配率

生产过程的典型会计分录如下：

生产领用原材料时：

借：生产成本（产品生产直接耗用）、制造费用、管理费用等

　　贷：原材料

分配员工工资时：

借：生产成本（产品生产直接发生的工人工资）、制造费用、管理费用等

　　贷：应付职工薪酬

提取职工福利费时：

借：生产成本（产品生产直接发生的工人工资）、制造费用、管理费用等

　　贷：应付职工薪酬

发放工资时：

借：应付职工薪酬

　　贷：库存现金（或银行存款）

计提折旧时：

借：制造费用、管理费用等

　　贷：累计折旧

分配结转制造费用时：

借：生产成本

　　贷：制造费用

结转完工产品成本时：

借：库存商品

　　贷：生产成本

销售过程核算应掌握的主要内容有：销售过程核算涉及的主要账户各自的结构和核算内容、销售收入及应与销售收入相配比的各项费用的确认与计量、相关利润指标的计算等。

销售收入是企业在销售商品（或产品，下同）、提供劳务或出让资产的使用权等经营活动中形成的经济利益总流入。

应与主营业务收入直接相配比的费用有主营业务成本、销售费用、税金及附加。

主营业务成本是指已售产品的生产成本。它是已售产品的数量和相关单位生产成本的乘积。由于不同批次生产的产品的单位成本不一定相同，因此在确定发出产品成本时，有一个单位生产成本的确定问题。一般可以根据企业的实际情况在先进先出法、一次加权平均法和移动加权平均法等方法中确定一种适合的方法来确定发出产品的成本。

销售费用是指在销售过程中发生的运输费、装卸费、包装费、保险费、展览费、广告费及机构职工的工资、福利费和业务费等。

税金及附加是指在产品销售环节产生的应当由销售者承担的消费税、城市维护建设税（按7%计算缴纳）、资源税、教育费附加（按3%计算缴纳）及房产税、城镇土地使用税、车船税、印花税等相关税费。

本书所指的主营业务收入，是指产品销售净收入，即扣除了销货退回和销售折扣后的收入。销售折扣包括商业折扣、现金折扣和销售折让三种。商业折扣是指为了

鼓励顾客大量购货，给购货数量在规定限额以上的顾客一种价格上的优惠；现金折扣是指为了鼓励顾客及时付款，而给予在规定的时限里付款的顾客一种价格上的优惠；销售折让是指由于销货者自身的原因，在被迫的情况下给予购货者在售价上的让步。

产品销售利润=主营业务收入-主营业务成本-税金及附加-销售费用

产品销售的核算主要涉及的账户有："主营业务收入""主营业务成本""税金及附加""销售费用"等。

产品销售业务涉及的会计分录类型主要有：

实现销售收入时：

借：银行存款（或库存现金、应收账款、应收票据等）

　　贷：应交税费——应交增值税（销项税额）

　　　　主营业务收入

预收货款时：

借：银行存款（或库存现金等）

　　贷：预收账款

售出产品预收货款减少时：

借：预收账款

　　贷：应交税费——应交增值税（销项税额）

　　　　主营业务收入

收回应收货款时：

借：银行存款（或库存现金等）

　　贷：应收账款（或应收票据等）

发生销售费用时：

借：销售费用

　　贷：银行存款等

发生税金及附加时：

借：税金及附加

　　贷：应交税费

结转主营业务成本时：

借：主营业务成本

　　贷：库存商品

要计算企业的营业利润，必须将产品销售利润与期间费用相配比。上面我们已详细地说明了产品销售利润的确定方法，不再说明。所谓期间费用，是指与产品生产没有直接关系，或因金额过小，计入产品生产成本没有太大的意义，而直接计入当期损益的费用，如财务费用、管理费用、销售费用等。

财务费用是用来核算为筹集资金而发生的利息费用、结算时发生的各种手续费、存款的利息收入等内容的。

管理费用是用来核算非生产部门为管理、组织生产经营活动而发生的各项费用，如公司经费、非生产部门管理人员工资、福利费、非生产用固定资产折旧费、工会经费、职工教育经费、劳动保险费、待业保险费、董事会费、咨询费、审计费、诉讼费、排污费、绿化费、相关税金、土地使用费、无形资产摊销、业务招待费、坏账损失、存货盘亏、毁损和报废以及其他费用等。

销售费用是指企业在销售产品、提供劳务等过程中发生的各项费用，包括由企业负担的运输费、装卸费、包装费、保险费、委托代销手续费、广告费、展览费、经营性租赁费、销售服务费、专设的销售机构经费等。

期间费用核算涉及的账户主要有"管理费用""销售费用""财务费用"等。

企业的最终经营成果是企业的净利润，净利润计算公式如下：

净利润＝营业利润＋营业外收支净额－所得税费用

营业利润＝营业收入－营业成本－税金及附加－销售费用－管理费用－财务费用－资产减值损失±
   公允价值变动收益±投资收益

营业收入＝主营业务收入＋其他业务收入

营业成本＝主营业务成本＋其他业务成本

营业外收支净额＝营业外收入－营业外支出

所得税费用＝应纳税所得额×适用税率

应纳税所得额＝利润总额±按税法规定应予以调整项目

利润总额＝营业利润＋营业外收入－营业外支出

所得税的产生，一方面由于企业承担了税负，形成了当期费用的增加；另一方面在所得税尚未缴纳时形成了负债。所以企业要用"所得税费用"这个费用账户和"应交税费"这个负债账户来分别核算企业相关的费用和负债。"应交税费"账户前已涉及，这里主要介绍"所得税费用"账户。

"所得税费用"账户，属于损益类账户，是用来核算企业根据应纳税所得额计算的所得税费用的账户。其借方登记企业应计入本期损益的所得税额，贷方登记期末转入"本年利润"账户的所得税额，期末经结转后没有余额。所得税是企业依照税法规定对某一经营年度的所得计算的税额。所得税一般是按年计算，分期预交。

所得税的主要账务处理方法如下：

计算出应交的所得税时：

借：所得税费用

  贷：应交税费——应交所得税

缴纳所得税时：

借：应交税费——应交所得税

  贷：银行存款等

将所得税转入本年利润账户时：

借：本年利润

  贷：所得税费用

净利润的核算，主要包括净利润形成的核算和净利润分配的核算。净利润形成的核算是指将各项收入及相关的费用转入本年利润账户，按配比原则计算各种利润。应转入本年利润账户的各项收入（广义）主要有主营业务收入、其他业务收入、营业外收入和投资收益等；应转入本年利润账户的各项费用（广义）主要有主营业务成本、税金及附加、销售费用、管理费用、财务费用、其他业务成本、营业外支出和所得税费用等。除前面已涉及的账户之外，净利润核算所涉及的主要账户还有：

"营业外收入"账户，属于损益类账户，是用来核算与企业正常生产经营活动没有直接关系的各项收入的账户。其贷方登记实现的各项营业外收入（如固定资产盘盈收入、清理固定资产净收益、无法偿还的应付款项等），其借方登记期末转入"本年利润"账户的营业外收入额，期末经结转后没有余额。

"营业外支出"账户，属于损益类账户，是用来反映与企业正常生产经营活动没有直接关系的各项支出的账户。其借方登记发生的各项营业外支出（如固定资产盘亏、清理固定资产净损失、企业子弟学校经费、非常损失等），其贷方登记期末转入"本年利润"账户的营业外支出额，期末经结转后没有余额。

"本年利润"账户，属于所有者权益类账户，是用来反映和监督企业本年利润的实现或亏损的发生情况的账户。其贷方登记期末转入的各项收入，包括主营业务收入和营业外收入等，其借方登记期末转入的各项支出，包括主营业务成本、销售费用、税金及附加、管理费用、财务费用、营业外支出、所得税费用等。"本年利润"账户的处理方法有两种，即"表结法"和"账结法"。在"表结法"下，该账户年度内余额在贷方，表示年内截止本月的累计实现的净利润（如在借方则为累计亏损），年末应将该账户余额转入"利润分配"账户，经结转后年末没有余额。在"账结法"下，每月都将各损益类账户的相关发生额转入"本年利润"账户，然后将"本年利润"账户中本月实现的净利润（如在借方则为亏损）转入"利润分配"账户。在"账结法"下，"本年利润"账户月末没有余额。其主要账务处理如下：

借：本年利润
  贷：主营业务成本
    税金及附加
    其他业务成本
    营业外支出
    销售费用
    管理费用
    财务费用
    所得税费用
借：主营业务收入
  其他业务收入
  营业外收入
  投资收益
  贷：本年利润

企业实现的净利润，应按一定的程序进行分配。利润分配的学习内容主要有两项：一是掌握利润分配的程序；二是对利润分配作相应的账务处理。股份有限公司的利润分配程序一般如下：

（1）确定可供分配的利润：

可供分配的利润＝年初未分配利润＋本年实现的净利润

或：可供分配的利润＝本年实现的净利润－年初未弥补的亏损

（2）按下列程序和规定的提取金额分配利润：

法定盈余公积—优先股股利—任意盈余公积—普通股股利

为了核算上述内容，需设置以下账户：

"盈余公积"账户，属于所有者权益类账户，是用来反映和监督企业从税后利润中提取的盈余公积金的增减变动及其结余情况的账户。其贷方登记从净利润中提取的盈余公积金，借方登记盈余公积金的实际使用，期末余额在贷方，表示已提取但尚未使用的盈余公积金。

"应付利润"账户，属于负债类账户，是用来核算企业应向投资者分配利润及实际支付情况的账户。其贷方登记企业计算出的应支付给投资者的利润（包括优先股股利和普通股股利，下同），借方登记实际支付给投资者的利润，期末余额在贷方，表示应付而未付的利润，偶尔也会出现借方余额，表示多支付的利润，该账户应按投资人设置明细账户。

"利润分配"账户，属于所有者权益类账户，是用来反映企业利润的分配或亏损的弥补以及历年结存的未分配利润情况的账户。其借方登记本年已分配的利润额，包括：①法定盈余公积；②优先股股利；③任意盈余公积；④普通股股利。其贷方登记弥补的亏损以及年末从"本年利润"账户转来的全年净利润额，平时期末余额在借方，表示已分配利润额，年末结转净利润后，期末余额如在贷方，表示未分配利润额，如在借方则表示年末未弥补亏损。该账户需设置：①提取法定盈余公积；②提取优先股股利；③提取任意盈余公积；④提取普通股股利；⑤未分配利润等明细账户。

利润分配的主要账务处理如下：

从"本年利润"账户转入净利润时：

借：本年利润

　　贷：利润分配——未分配利润

进行利润分配时：

借：利润分配——提取法定盈余公积

　　　　　　——提取优先股股利

　　　　　　——提取任意盈余公积

　　　　　　——提取普通股股利

　　贷：盈余公积

　　　　应付股利等

结平"利润分配"账户的相关明细账户时：

借：利润分配——未分配利润

　　贷：利润分配——提取法定盈余公积

　　　　　　——提取优先股股利

　　　　　　——提取任意盈余公积

　　　　　　——提取普通股股利

其他经济业务的核算，我们主要讲权益业务的核算和其他业务收支的核算。

权益是指企业资产的提供人对企业资产所拥有的权利。企业资产的提供者由债权人和投资人组成，所以企业权益可分为债权人权益和所有者权益。所有者权益的概念前已叙及。债权人权益是指债权人对企业资产的依法索偿权。债权人权益按归还期的长短，可分为长期负债和流动负债。债权人权益和所有者权益既有联系又有区别。

所有者权益的构成和具体内容前已叙及。所有者权益的核算主要包括实收资本的核算和所有者权益增值、减值的核算，分述如下：

实收资本是指企业实际收到投资人投入的资本。实收资本按投资主体划分，可以分为：国家投入资本、法人投入资本、个人投入资本、外商投入资本；按投入物质形态划分，可以分为货币投资、实物投资、证券投资、无形资产投资。企业收到的所有者投资应按实际投资数额入账。以货币投资的，应按实际收到的款项作为投资者的投资入账；以实物形式投资的，按双方认可的估价数额作为投资额入账。投资者投入的资本应遵守资本保全制度，除法律法规另有规定外，不得抽回，而且企业在经营过程中取得的收入和收益，发生的费用和损失，都不得直接增减投入资本。

实收资本的核算使用"实收资本"账户，其性质属于所有者权益类，是反映和监督企业实收资本的增减变动及其结果的账户。贷方登记所有者投资的增加，借方登记所有者投资的减少，期末余额在贷方，表示期末所有者投资的实有额，该账户按投资者的不同设置明细账户，进行明细核算。

实收资本增加的典型会计分录形式为（相关税费略）：

借：固定资产、无形资产、银行存款、库存现金、原材料等

　　贷：实收资本

实收资本减少的典型会计分录形式为：

借：实收资本

　　贷：固定资产、无形资产、银行存款、库存现金、原材料等

所有者权益增值、减值核算的主要内容在利润分配的相关内容中已涉及。短期借款、长期借款的核算在基础会计中应着重掌握其账务处理原理。

当短期借款增加时，其典型的会计分录为：

借：银行存款

　　贷：短期借款

提取短期借款利息时：

借：财务费用

　　贷：应付利息

支付利息时：

借：应付利息

　　贷：银行存款

归还短期借款时：

借：短期借款

　　贷：银行存款

当长期借款增加时，其典型的会计分录为：

借：银行存款

　　贷：长期借款

提取短期借款利息时：

借：财务费用、在建工程等

贷：长期借款

支付利息和归还本金时：

借：长期借款

贷：银行存款

四、练习题

（一）单项选择题

1. "固定资产"账户反映企业固定资产的（   ）。

A. 磨损价值　　　　B. 累计折旧　　　　C. 原始价值　　　　D. 净值

2. 企业为维持正常的生产经营所需资金而向银行等机构借入借款期在1年以内的款项一般称为（   ）。

A. 长期借款　　　　B. 短期借款　　　　C. 非流动负债　　　　D. 流动负债

3. 与"制造费用"账户不可能发生对应关系的账户是（   ）。

A. 应付账款　　　　B. 应收账款　　　　C. 应付职工薪酬　　　　D. 库存商品

4. 已经完成全部生产过程并已验收入库，可供对外销售的产品即为（   ）。

A. 已销产品　　　　B. 生产成本　　　　C. 销售成本　　　　D. 库存商品

5. 购进材料入库，其价税款通过银行支付，按计划成本法核算首先应编制的分录是（   ）。

A. 借：材料采购

　　　应交税费——应交增值税（进项税额）

　　贷：银行存款

B. 借：原材料

　　　应交税费——应交增值税（进项税额）

　　贷：银行存款

C. 借：材料采购

　　贷：银行存款

D. 借：原材料

　　贷：银行存款

6. 下列属于其他业务收入的是（   ）。

A. 利息收入　　　　B. 出售材料收入　　　　C. 投资收益　　　　D. 清理固定资产净收益

7. 企业8月末负债总额100万元，9月份收回欠款15万元，用银行存款归还借款10万元，用银行存款预付购货款5万元，则9月末负债总额为（   ）。

A. 110万元　　　　B. 105万元　　　　C. 90万元　　　　D. 80万元

8. 下列业务中，能引起资产和负债同时增加的是（   ）。

A. 用银行存款购买材料　　　　　　　　B. 预收销货款存入银行

C. 提取盈余公积金　　　　　　　　　　D. 年终结转利润

9. 应由本期负担，但本期末未支付的费用是（   ）。

A. 预付费用　　　　B. 应付费用　　　　C. 管理费用　　　　D. 已付费用

10. 在权责发生制下，下列货款应列作本期收入的是（　　）。

A. 本月销货款存入银行

B. 上个月销货款本月存入银行

C. 本月预收下月货款存入银行

D. 本月收回上月多付给供应单位的预付款存入银行

11. 下列业务属于资产内部一增一减的是（　　）。

A. 收回外单位欠款　　　　　　　　B. 支付欠外单位款

C. 借入短期借款　　　　　　　　　D. 销售货款存入银行

12. 期间费用账户期末应（　　）。

A. 有借方余额　　　B. 有贷方余额　　　C. 没有余额　　　D. 同时有借、贷方余额

13. 应计费用是指（　　）。

A. 先付款后计入成本的费用　　　　B. 先计入成本后支付的费用

C. 先预提后计入成本的费用　　　　D. 先预收后支付的费用

14. 下列不属于营业外支出的项目是（　　）。

A. 固定资产盘亏损失　　B. 非常损失　　C. 企业子弟学校经费　　D. 坏账损失

15. 下列费用中，不构成产品成本的是（　　）。

A. 直接材料费　　B. 直接人工费　　C. 期间费用　　　D. 制造费用

16. "本年利润"账户年内的贷方余额表示（　　）。

A. 利润分配额　　　　　　　　　　B. 未分配利润额

C. 净利润额　　　　　　　　　　　D. 亏损额

17. 年末结转后，"利润分配"账户的贷方余额表示（　　）。

A. 实现的利润总额　　　　　　　　B. 净利润额

C. 利润分配总额　　　　　　　　　D. 未分配利润额

18. "固定资产"账户的借方余额减去"累计折旧"账户的贷方余额的差额表示（　　）。

A. 固定资产的损耗价值　　　　　　B. 固定资产的原始价值

C. 固定资产的折余价值即净值　　　D. 固定资产的重置完全价值

（二）多项选择题

1. 制造企业的主要经济业务包括（　　）。

A. 资金筹集业务　　　B. 生产准备业务　　　C. 产品生产业务

D. 产品销售业务　　　E. 财务成果业务

2. 下列可在职工福利费中开支的有（　　）。

A. 职工医药费　　　　B. 职工困难补助　　　C. 职工退休金

D. 医务福利人员工资　　E. 职工教育经费

3. 下列引起资产和所有者权益同时增加的业务有（　　）。

A. 收到国家投资存入银行　　　B. 提取盈余公积金

C. 收到外商投入设备一台　　　D. 将资本公积金转增资本

E. 收到外单位捐赠设备一台

4. 材料的采购成本包括( )。

A. 材料买价　　　　　　B. 增值税进项税额　　　C. 采购费用

D. 采购人员差旅费　　　E. 小额的市内材料运杂费

5. 主营业务收入实现的标志有( )。

A. 产品已经发出　　　　　B. 劳务已经提供　　　C. 货款已经收到

D. 取得了索取价款的凭据　E. 上述全不对

6. "税金及附加"账户借方登记的内容有( )。

A. 增值税　　　　　　　B. 消费税　　　　　　　C. 城建税

D. 房产税　　　　　　　E. 所得税

7. 下列项目应在"管理费用"中列支的有( )。

A. 工会经费　　　　　　B. 劳动保险费　　　　　C. 业务招待费

D. 车间管理人员的工资　E. 业务人员差旅费

8. 企业实现的净利润应进行的分配有( )。

A. 计算缴纳所得税　　　B. 支付子弟学校经费　　C. 提取法定盈余公积金

D. 提取任意盈余公积金　E. 向投资人分配利润

9. 企业的资本金按其投资主体不同可以分为( )。

A. 货币投资　　　　　　B. 国家投资　　　　　　C. 个人投资

D. 法人投资　　　　　　E. 外商投资

10. 产品生产成本计算的一般程序包括( )。

A. 确定成本计算对象　　B. 按成本项目归集生产费用

C. 分配生产费用　　　　D. 计算产品生产成本　　E. 计算所得税

11. 为了具体核算企业利润分配及未分配利润情况,"利润分配"账户应设置的明细账户有( )。

A. 应交所得税　　　　　B. 提取资本公积　　　　C. 应付利润

D. 未分配利润　　　　　E. 提取法定或任意盈余公积

12. 关于"本年利润"账户,下列说法正确的有( )。

A. 借方登记期末转入的各项支出额　　　B. 贷方登记期末转入的各项收入额

C. 贷方余额为实现的净利润额　　　　　D. 借方余额为发生的亏损额

E. 年末经结转后该账户没有余额

13. 为适应权责发生制原则的要求而专门设立的账户有( )。

A. 银行存款　　　　　　B. 固定资产　　　　　　C. 长期待摊费用

D. 长期股权投资　　　　E. 应付利息

14. 按权责发生制原则要求,下列应作为本期费用的是( )。

A. 预付明年保险费　　　B. 摊销以前付款的报刊费　C. 尚未付款的本月借款利息

D. 采购员报销差旅费　　E. 支付本季度借款利息

15. 下列账户中,期末一般应该没有余额的是( )。

A. 生产成本　　　　　　B. 制造费用　　　　　　C. 管理费用

D. 应付职工薪酬　　　　E. 财务费用

16. 关于实收资本,下列说法正确的有( )。

A. 是企业实际收到投资人投入的资本　　B. 是企业进行正常经营的条件

C. 是企业向外投出的资产　　　　　　D. 应按照实际投资数额入账

E. 在生产经营中取得的收益不得直接增加实收资本

17. 与主营业务收入相配比的成本、费用包括(　　　)。

A. 主营业务成本　　　　B. 销售费用　　　　　　C. 税金及附加

D. 管理费用　　　　　　E. 财务费用

18. 下列采购费用不计入材料采购成本，而是列作管理费用的有(　　　)。

A. 采购人员差旅费　　　　　　　　B. 专设采购机构经费

C. 市内采购材料的零星运杂费　　　　D. 运输途中的合理损耗

E. 外地运杂费

19. 在材料采购业务核算时，与"材料采购"账户的借方相对应的贷方账户一般有(　　　)账户。

A. "应付账款"　　　　　B. "应付票据"　　　　　C. "银行存款"

D. "预付账款"　　　　　E. "应交税费"

20. 关于"制造费用"账户，下列说法正确的有(　　　)。

A. 借方登记实际发生的各项制造费用

B. 贷方登记分配转入产品成本的制造费用

C. 期末余额在借方，表示在产品的制造费用

D. 期末结转"本年利润"账户后没有余额

E. 期末一般没有余额

(三) 判断题

1. 企业为生产产品而购进材料时需要向供货方支付增值税额，称为进项税额，计入所购商品成本。　　　　　　　　　　　　　　　　　　　　　　　　　(　　　)

2. 职工教育经费可在职工福利费中开支。　　　　　　　　　　　　　(　　　)

3. 提取盈余公积金和收到外商投入设备的业务都会引起资产和所有者权益同时增加。　　　　　　　　　　　　　　　　　　　　　　　　　　　　　　　(　　　)

4. 材料的采购成本包括材料买价、采购费用、采购人员差旅费和市内材料运杂费等。　　　　　　　　　　　　　　　　　　　　　　　　　　　　　　　(　　　)

5. 主营业务收入实现的标志是与所售商品所有权相关的主要风险和报酬已经转移。　　　　　　　　　　　　　　　　　　　　　　　　　　　　　　　　(　　　)

6. "税金及附加"是企业的费用类账户，它用来反映企业应交税费的增加数。

(　　　)

7. "管理费用"是用来核算生产和非生产管理部门发生的工资、福利费、折旧费等的账户。　　　　　　　　　　　　　　　　　　　　　　　　　　　　　(　　　)

8. 企业的应纳税所得额=净利润+按税法规定予以调整的项目。　　　(　　　)

9. 支付已预提的短期借款利息，一方面使企业的资产减少，另一方面使企业的负债减少。　　　　　　　　　　　　　　　　　　　　　　　　　　　　　　(　　　)

10. "应付利息"账户是按现金会计的要求设立的。　　　　　　　　(　　　)

（四）综合题

1. 目的：练习权责发生制和收付实现制原则的账务处理。

根据下列经济业务，分别按权责发生制原则和收付实现制原则进行账务处理，并计算企业本月（7月份）的净收益。

资料：

（1）预收货款 10 000 元存入银行。

（2）销售产品 170 000 元，货款尚未收到（假设不考虑增值税）。

（3）预付下半年办公楼租金 18 000 元。

（4）从本月开始，每月计提利息费用 12 000 元。

（5）收到 6 月份应收的销货款 40 000 元。

2. 目的：练习筹资业务的核算。

保大公司 7 月份发生下列业务：

（1）接受东方公司投资 70 000 元存入银行。

（2）收到西方公司投资，其中设备协议价 80 000 元交付使用，材料价值 100 000 元验收入库。

（3）自银行取得期限为 12 个月的借款 2 000 000 元存入银行。

（4）上述借款年利率 6%，提取本月的借款利息。

（5）收到某组织捐赠的透射电镜设备一台，价值 27 000 元，交付使用。

（6）经有关部门批准将资本公积金 20 000 元转增资本。

（7）用银行存款 500 000 元偿还到期的银行临时借款。

要求：据上述资料编制会计分录（指计划成本法核算）。

3. 目的：练习采购业务的核算。

保大公司 7 月份发生下列物资采购业务：

（1）购入甲材料 6 000 千克，单价 8 元，增值税税率为 16%，价税款未付。

（2）用银行存款 2 722 元支付上述甲材料外地运杂费。

（3）购入乙材料 7 200 千克，单价 10 元/千克，增值税税率为 16%，价税款均通过银行付清。

（4）购进丙材料 2 800 千克，含税单价 9.36 元/千克，丁材料 10 000 千克，含税单价 5.85 元/千克，增值税税率为 16%，款项均已通过银行付清。

（5）供应单位代垫乙、丙、丁材料外地运费共 3 300 元。

（6）用银行存款 10 000 元预付订购材料款。

（7）以前月份已预付款 100 000 元的 A 材料本月到货，并验收入库，价税款合计 117 000 元，增值税税率为 16%，用银行存款补付尾款。

（8）本月购入的甲、乙、丙、丁材料均已验收入库，结转其成本（共同性运杂费按采购重量分配）。

要求：编制本月业务的会计分录（按计划成本法核算）。

4. 目的：练习生产业务的核算。

保大公司 7 月份发生下列产品生产业务：

（1）将 58 000 元转入职工工资存折。

（2）用银行存款 2 000 元支付本月车间房租。

（3）仓库发出材料，用途如下：

1 号产品生产耗用	120 000 元
2 号产品生产耗用	180 000 元
车间生产用固定资产维修耗用	4 200 元
厂部办公设备维修耗用	1 500 元

（4）开出现金支票 7 500 元购买厂部办公用品。

（5）支付本月负担的保险费 4 000 元/台，以银行存款支付。

（6）支付本月负担的车间设备修理费 8 600 元。

（7）计提本月固定资产折旧，其中车间折旧额 11 000 元，厂部 6 500 元。

（8）月末分配工资费用，其中：

1 号产品生产工人工资	34 000 元
2 号产品生产工人工资	66 000 元
车间管理人员工资	16 000 元
厂部管理人员工资	8 000 元

（9）按各类员工工资额的 14% 提取福利费。

（10）将本月发生的制造费用转入"生产成本"账户（按生产工人工资分配）。

（11）本月生产的 1 号、2 号产品各 100 台全部完工，验收入库，结转成本（假设没有期初、期末在产品）。

要求：编制本月业务的会计分录。

5. 目的：练习销售业务的核算。

保大公司 7 月份发生下列销售业务：

（1）销售 1 号产品 80 台，单价 4 000 元/台，增值税税率为 16%，价税款暂未收到。

（2）预收 2 号产品货款 200 000 元，款项收到存入银行。

（3）用银行存款 1 500 元支付销售产品的广告费。

（4）发出 2 号产品 90 台，单价 2 500 元/台，增值税税率为 16%，尾款收到一张已承兑的商业汇票。

（5）结转本月已销 1 号、2 号产品的产品成本，相关成本资料见练习题 4。

（6）经计算，本月销售产品的城建税为 1 600 元。

要求：编制本月业务的会计分录。

6. 目的：练习利润形成和分配业务的核算。

保大公司 7 月份发生下列有关利润的业务：

（1）用现金 4 500 元支付职工退休金。

（2）将无法偿还的应付款 18 000 元予以转账。

（3）用银行存款 6 000 元支付企业子弟学校经费。

（4）报销职工差旅费 2 000 元付给现金。

（5）预计应由本月负担的银行借款利息 6 500 元。

（6）没收逾期未退的包装物押金 4 000 元。

（7）根据练习 2、3、4、5 及本题业务确定的利润总额，并按 25% 的税率计算所得税（假设无其他纳税调整事项）并予以结转。

（8）采用账结法结转本月实现的各项收入、费用，并将净利润转入利润分配账户。

（9）按净利润的10%提取盈余公积金。

（10）将净利润的40%分配给投资人。

要求：编制上述业务的会计分录。

7. 目的：企业经营过程综合业务的练习。

保大公司8月份发生的部分经济业务如下：

（1）从银行取得临时借款600 000元存入银行。

（2）接受投资人投入的房产一处，评估作价800 000元投入使用。

（3）接受某单位捐赠设备价值20 000元。

（4）用银行存款8 500元缴纳上个月税金。

（5）收回某单位所欠本企业货款70 000元存入银行。

（6）用银行存款10 000元预付包括本月在内的5个月的房租。

（7）企业销售A产品总价款292 500元（含税），增值税税率为16%，已收款。

（8）供应单位发来甲材料38 000元，增值税税率为16%，价款已预付。

（9）生产A产品领用甲材料3 600元，乙材料2 400元。

（10）车间一般性消耗材料1 200元。

（11）车间设备发生修理费800元，用现金支付。

（12）从银行提取现金30 000元直接发放工资。

（13）银行转来通知，支付企业职工药费2 200元。

（14）车间领用甲材料5 000元用于B产品的生产。

（15）用银行存款1 000元支付销售A产品广告费。

（16）企业销售B产品价款50 000元，暂未收到。

（17）按10%的税率计算B产品城建税及教育费附加。

（18）企业购买一台车床24 000元，运杂费1 000元，款项暂未支付，设备交付使用（不考虑相关税费）。

（19）开出现金支票购买车间办公用品780元。

（20）提取本月折旧，其中车间1 800元，厂部3 200元。

（21）计提应由本月负担的银行借款利息980元。

（22）用银行存款34 000元支付上年分配给投资人的利润。

（23）分配工资费用，其中A产品工人工资12 000元，B产品工人工资10 000元，车间管理人员工资8 000元。

（24）按各自工资额的14%提取福利费。

（25）经批准将资本公积金60 000元转增资本。

（26）本月发生制造费用30 000元，按生产工时（A产品6 000小时、B产品4 000小时）分配计入A、B产品成本。

（27）本月生产的A产品15台现已完工，总成本38 500元，验收入库，结转成本。

（28）用银行存款5 400元支付子弟学校经费。

（29）用现金4 200元支付退休金。

（30）结转已销 A 产品成本 18 500 元。

（31）将本月实现的主营业务收入 300 000 元、营业外收入 20 000 元，发生的主营业务成本 18 500 元、销售费用 1 000 元、税金及附加 2 500 元、管理费用 7 500 元。财务费用 980 元、营业外支出 5 400 元转入"本年利润"账户。

（32）本月实现利润总额 284 120 元，按 25% 的税率计算所得税并予以结转。

（33）按税后利润的 10% 提取盈余公积。

（34）将剩余利润的 40% 分配给投资人。

要求：①编制本月业务的会计分录。

②编制试算平衡表。

8. 目的：企业经营过程综合业务的核算。

保大公司 12 月份发生的部分经济业务如下：

（1）从银行取得期限为 6 个月、年利率为 9% 的借款 50 000 元存入银行。

（2）收回其他单位欠款 2 800 元存入银行。

（3）公出人员报销差旅费 1 180 元，余款退回现金（原借款 1 500 元）。

（4）购入甲材料 2 000 千克，单价 9 元/千克；乙材料 1 200 千克，单价 4 元/千克。发票注明的增值税税额为 3 648 元，价税款未付。

（5）用银行存款 3 200 元支付甲、乙材料外地运费，按重量分配，材料验收入库，结转成本。

（6）接受某公司捐赠的一台设备，价值 7 000 元，投入使用。

（7）仓库发出材料，A 产品生产耗用 70 000 元，B 产品生产耗用 30 000 元。

（8）摊销应由本月负担的保险费 600 元。

（9）用存款支付本月水电费，其中车间 1 600 元，厂部 800 元。

（10）用存款购买一台固定资产，买价 8 000 元，运杂费 640 元，增值税 1 280 元，设备投入安装。

（11）上述设备安装过程中发生安装费 2 000 元，用存款支付。设备完工，交付使用，结转成本。

（12）计提应由本月负担的本月初借款利息。

（13）月末分配工资费用，其中：

A 产品生产工人工资	26 000 元
B 产品生产工人工资	14 000 元
车间管理人员工资	10 000 元
厂部管理人员工资	8 000 元

（14）按各自工资额的 14% 提取福利费。

（15）摊销应由本月负担的车间设备修理费 800 元。

（16）计提本月固定资产折旧，其中：

车间设备折旧额	1 700 元
厂部设备折旧额	1 300 元

（17）用银行存款 15 000 元支付本厂子弟学校经费。

（18）用现金 6 000 元发放退休职工退休金。

（19）将无法偿还的应付款 32 675 元予以转账。

（20）将本月发生的制造费用按生产工人工资比例分配计入 A、B 产品成本。

（21）本月生产的 A 产品 18 台全部完工，验收入库，结转成本（假设没有期初期末在产品）。

（22）企业销售 A 产品 10 台，单价 5 600 元/台，增值税税额 8 960 元，款项未收到。

（23）经计算本月城建税及教育费附加税金 2 800 元。

（24）用银行存款支付销售产品的运杂费 500 元。

（25）结转本月已销产品成本 30 000 元。

（26）销售 A 材料 20 000 元，增值税税率为 16%，价税款存入银行。该项材料的采购成本为 18 000 元。

（27）本月发生的各项收入和支出转入"本年利润"账户。

（28）按 25% 的税率计算所得税并予以结转。

（29）用银行存款结算上个季度的借款利息 900 元（前已计提）。

要求：编制本月业务的会计分录。

9. 目的：理解并运用相关账户之间的对应关系。

企业期初库存材料 78 500 元，本期仓库共发出材料 32 000 元，期末结存材料成本 106 500 元，"应付账款"（材料款）期初贷方余额 118 000 元，期末贷方余额为 143 000 元，本期没有发生偿还应付款业务。

要求：计算本期购入材料中已付款的材料金额。

10. 目的：理解并运用相关账户之间的对应关系。

某企业生产甲、乙两种产品，甲产品期初在产品成本为 8 000 元，本月发生材料费 42 000 元，生产工人工资 7 200 元，月末在产品成本 5 200 元，完工产品数量 500 件；乙产品没有期初在产品，本月发生的材料费 34 800 元，生产工人工资 4 800 元，月末没有在产品，完工产品数量 300 件，本月共发生制造费用 6 000 元。

要求：计算甲、乙完工产品总成本和单位成本（制造费用按生产工人工资比例分配），并编制结转完工产品成本的会计分录。

11. 目的：理解并运用相关账户之间的对应关系。

某企业年初所有者权益总额为 2 640 000 元。本年接受投资 300 000 元，1—12 月份累计实现利润总额 800 000 元，1—11 月份累计应交所得税 190 000 元，所得税税率 25%。年末按 10% 提取盈余公积金，分配给投资人利润 132 400 元。

要求：在没有其他纳税调整事项的前提条件下，计算 12 月份的应交所得税、年末未分配利润和年末所有者权益总额。

12. 目的：理解并运用相关账户之间的对应关系。

某企业本年的应纳税所得额为 110 万元，利润总额为 100 万元。若企业所得税税率为 25%，盈余公积金提取率为 15%，向投资者分派利润 40 万元。

要求：试计算其本年末分配利润额。

五、案例

案例一：损益确认原则的执行检查

分析思路：益确认是会计核算的中心问题之一，它涉及企业管理当局受托责任的完成情况，又涉及会计信息的可靠性问题，同时还涉及检查和控制计划的执行情况、预测企业的经营趋势、进行相关决策、改进经营管理等方面。为了正确合理地确认损益，企业应遵循权责发生制原则、配比原则、稳健性原则、资本性支出与收益性支出相划分原则等。

1. 羽飞公司的穆空，在出纳、材料会计等岗位上经历磨练后，又接手了会计稽核工作。在近半年的工作实践中，穆空由自视颇高到虚心学习，业务能力和职业素养有了很大的提高。他在对羽飞公司 2017 年 12 月的凭单审核中，发现这样一些会计记录：

A. 羽飞公司在新产品发布会上发布了一款新研制的产品，预计在三个月后投产，会上收到了两项客户订单及客户预交的订货款 200 000 元，记账凭证和账簿记录如下：

借：银行存款　　　　　　　　　　　　　　　　　　　200 000

　　应收账款　　　　　　　　　　　　　　　　　　　 32 000

　贷：主营业务收入　　　　　　　　　　　　　　　　　　　200 000

　　　应交税费——应交增值税（销项税额）　　　　　　　　 32 000

B. 财务处新购进两台电脑，总价 22 000 元，记账凭证和账簿记录如下：

借：管理费用　　　　　　　　　　　　　　　　　　　 22 000

　贷：银行存款　　　　　　　　　　　　　　　　　　　　　 22 000

C. 因机器设备检修，本月某车间的房屋整体未计提折旧。该房产的原始价值为 2 720 000 元，月折旧率为 1%。

D. 公司新生产线建造，发生工人工资费用 38 000 元，记账凭证和账簿记录如下：

借：生产成本　　　　　　　　　　　　　　　　　　　 38 000

　贷：应付职工薪酬　　　　　　　　　　　　　　　　　　　 38 000

E. 公司新购进生产设备一套，购进价格为 710 000 元，增值税税额为 113 600 元，安装费（材料）为 9 300 元，有关记账凭证和账簿记录如下：

借：在建工程　　　　　　　　　　　　　　　　　　　840 000

　贷：银行存款　　　　　　　　　　　　　　　　　　　　　830 700

　　　原材料　　　　　　　　　　　　　　　　　　　　　　 9 300

借：固定资产　　　　　　　　　　　　　　　　　　　840 000

　贷：在建工程　　　　　　　　　　　　　　　　　　　　　840 000

2. 穆空认为，上述记录的执行人员在损益确认观念上存在问题，在会计主管袁海的支持下，穆空和相关人员进行了座谈。在座谈会上，相关人员对上述账务处理的理由陈述如下：

对于业务 A，相关人员认为，这样处理的原因有二：一是这 200 000 元终究是由于销售产品而引起的，作为销售收入来处理并无太大的不当之处；二是这样处理有利于国家税收。

对于业务 B，相关人员认为，电脑使用率很高，还是高淘汰率产品，他自己在三年前购买了一台台式电脑，由于住处电压问题，买回的第二天即被击毁。无奈之下，他又重新购买了一台，但当时价格不菲的配置，今天已成"原始武器"，电脑的贬值非常之大，因此作为当期费用是可以的。

对于业务 C，相关人员认为，由于机器设备检修，车间的房屋并没有生产活动产生，不计提折旧是符合实际情况的。

对于业务 D，相关人员认为，由于是本企业的生产工人进行的生产线建造，将他们的工资按惯例计入生产成本无可厚非。

对于业务 E，相关人员认为，固定资产购入时确实支付了增值税，这同购入原材料时支付的增值税应当抵扣是一样的。

穆空在听了相关人员对上述账务处理的陈述后，根据自己在学校中学到的理论知识和工作实践经验，对上述问题作出了全面的论述，相关人员在听了穆空的论述后，心悦诚服，感到收获很大，认为穆空不愧为大学毕业生，他们愉快地接受了穆空的意见，并作了相应的错账纠正。你知道穆空是怎样阐述自己的观点的吗？假如你是穆空，请你指出同事们账务处理的错误之处及改正方法。

案例二：物资采购成本的计量

分析思路：物资采购成本的确认与计量，是存货核算的一项重要内容。在计量与确认物资采购成本时我们应把握好两项原则：一是凡为采购材料而发生的一切必要的合理支出按历史成本原则都应计入原材料的采购成本；二是按重要性原则，对一些费用金额较少，应由很多种原材料来共同承担，计入还是不计入原材料的采购成本对物资采购成本的升降影响不大的如小额的运杂费、采购人员的工资及差旅费、专设的采购机构经费等，为了不增加没有必要增加的核算工作量，这些费用就作为期间费用，计入管理费用。另外，在购入原材料时支付的增值税能否计入原材料成本，要符合税法的规定，凡是在存货出售后可以抵扣的进项税额，不能计入存货的采购成本；凡是在存货销售后不能抵扣的进项税额，应计入存货的采购成本。

2017 年 2 月，羽飞公司的穆空在做了一段时间的会计稽核工作之后，回想起自己以前工作中存在的种种错误，决定对自己担任材料会计时期的会计记录进行稽核，看看是否存在着错误。在对 2016 年 11 月的会计记录进行稽核的过程中，穆空发现下面一些会计记录：

A. 2016 年 11 月购进并入库了一批价值 100 000 元的甲材料，按国家消费税税法的规定，交纳了 10 000 元的消费税。按税法规定，这种原材料加工成产品后国家不再征收消费税，该批原材料在 2016 年已全部加工成产品，并已全部对外销售。当时穆空认为，增值税作为购进环节的流转税可以抵扣，消费税按可比性原则也应当可以抵扣。故他做了如下的会计记录：

借：原材料   100 000

    应交税费——应交增值税（进项税额）   10 000

    贷：银行存款   110 000

B. 2016 年 11 月，在购进乙、丙材料时，共支付了 10 000 元的外地运杂费，为简化核算起见，穆空把它作为管理费用处理，会计处理如下：

借：管理费用   10 000

　　　　贷：银行存款　　　　　　　　　　　　　　　　　　　　　　　　10 000

　　C. 按公司规定，丁材料按计划成本计价，到 2016 年 11 月末，其账面余额为 500 000元，材料成本差异账面余额为 6 700 元。穆空当时认为，按历史成本原则，原材料应按实际成本反映，到 2016 年 11 月末，穆空做如下账务处理：

　　　　借：材料成本差异　　　　　　　　　　　　　　　　　　　　　6 700

　　　　　贷：原材料　　　　　　　　　　　　　　　　　　　　　　　　6 700

　　D. 2016 年 11 月，在购进另外一批甲材料时，由于途中的自然损耗，验收时发现应入库 1 000 千克的甲原材料只入库了 950 千克，该批材料在单位购进时成本为 200元/千克。穆空认为没有验收入库的原材料应作为当期损失，做账务处理如下：

　　　　借：原材料　　　　　　　　　　　　　　　　　　　　　190 000

　　　　　贷：材料采购　　　　　　　　　　　　　　　　　　　　　190 000

　　　　借：管理费用　　　　　　　　　　　　　　　　　　　　　10 000

　　　　　贷：材料采购　　　　　　　　　　　　　　　　　　　　　10 000

　　穆空发现上面的会计记录后，认为这些会计记录是错误的，并作了必要的调整。

　　要求：你认为穆空的会计记录错在哪里，应作怎样的调整？

案例三：产品生产过程的成本、费用计量

　　穆空在对 2016 年 12 月的会计记录进行稽核时，发现相关会计人员对产品生产过程的相关经济业务进行处理时存在一定的问题，这些有问题的会计记录如下：

　　A. 02 产品的专用设备 12 月的应计折旧为 30 000 元，相关人员的会计处理如下：

　　　　借：制造费用　　　　　　　　　　　　　　　　　　　　　30 000

　　　　　贷：累计折旧　　　　　　　　　　　　　　　　　　　　　30 000

　　B. 发出甲原材料 10 000 元，用于非增值税产品生产，该产品已生产完工，并全部出售。甲原材料的增值税税率为 17%，相关人员的会计处理如下：

　　　　借：生产成本　　　　　　　　　　　　　　　　　　　　　10 000

　　　　　贷：原材料　　　　　　　　　　　　　　　　　　　　　10 000

　　C. 从建行借入期限为 3 个月的借款，按借款合同的规定，利息在每月月末支付一次，借款本金为 600 000 元，月利率为 0.5%，相关人员的会计处理如下：

　　　　借：财务费用　　　　　　　　　　　　　　　　　　　　　3 000

　　　　　贷：应付利息　　　　　　　　　　　　　　　　　　　　　3 000

　　　　借：应付利息　　　　　　　　　　　　　　　　　　　　　3 000

　　　　　贷：银行存款　　　　　　　　　　　　　　　　　　　　　3 000

　　穆空在 2016 年 12 月对上述会计分录作了修正，你认为穆空是怎样分析并调整上述会计分录的？

六、练习题参考答案

（一）单项选择题

1. C　2. B　3. D　4. D　5. A　6. B　7. C　8. B　9. B　10. A　11. A　12. C　13. B　14. D　15. C　16. C　17. D　18. C

（二）多项选择题

1. ABCDE　2. ABD　3. ACE　4. AC　5. ABCD　6. BC　7. ABCE　8. CDE　9. BCDE
10. ABCD　11. CDE　12. ABCDE　13. CE　14. BCD　15. BCE　16. ABDE　17. ABC
18. ABC　19. ABCD　20. ABE

（三）判断题

1. ×　2. ×　3. ×　4. ×　5. ×　6. ×　7. ×　8. ×　9. √　10. ×

（四）综合题

1. 权责发生制下的账务处理：

（1）借：银行存款　　　　　　　　　　　　　　　10 000
　　　贷：预收账款　　　　　　　　　　　　　　　　　　　10 000

（2）借：应收账款　　　　　　　　　　　　　　　170 000
　　　贷：主营业务收入　　　　　　　　　　　　　　　　　170 000

（3）借：预付账款　　　　　　　　　　　　　　　18 000
　　　贷：银行存款　　　　　　　　　　　　　　　　　　　18 000

同时，

　　　借：管理费用　　　　　　　　　　　　　　　3 000
　　　贷：预付账款　　　　　　　　　　　　　　　　　　　3 000

（4）借：财务费用　　　　　　　　　　　　　　　12 000
　　　贷：应付利息　　　　　　　　　　　　　　　　　　　12 000

（5）借：银行存款　　　　　　　　　　　　　　　40 000
　　　贷：应收账款　　　　　　　　　　　　　　　　　　　40 000

收付实现制下的账务处理：

（1）借：银行存款　　　　　　　　　　　　　　　10 000
　　　贷：主营业务收入　　　　　　　　　　　　　　　　　10 000

（2）在备查簿中备忘登记。

（3）借：管理费用　　　　　　　　　　　　　　　18 000
　　　贷：银行存款　　　　　　　　　　　　　　　　　　　18 000

（4）不作任何账务处理。

（5）借：银行存款　　　　　　　　　　　　　　　40 000
　　　贷：主营业务收入　　　　　　　　　　　　　　　　　40 000

权责发生制下的损益计算：

170 000−3 000−12 000=155 000（元）

收付实现制下的损益计算：

10 000+40 000−18 000=32 000（元）

2.（1）借：银行存款　　　　　　　　　　　　　　70 000
　　　　贷：实收资本——东方公司　　　　　　　　　　　　70 000

（2）借：固定资产　　　　　　　　　　　　　　　80 000
　　　　原材料　　　　　　　　　　　　　　　　100 000
　　　贷：实收资本——西方公司　　　　　　　　　　　　180 000

（3）借：银行存款　　　　　　　　　　　　　　　2 000 000
　　　贷：短期借款　　　　　　　　　　　　　　　　　　2 000 000
（4）借：财务费用　　　　　　　　　　　　　　　　10 000
　　　贷：应付利息　　　　　　　　　　　　　　　　　　　10 000
（5）借：固定资产　　　　　　　　　　　　　　　　27 000
　　　贷：营业外收入　　　　　　　　　　　　　　　　　　27 000
（6）借：资本公积　　　　　　　　　　　　　　　　20 000
　　　贷：实收资本　　　　　　　　　　　　　　　　　　　20 000
（7）借：短期借款　　　　　　　　　　　　　　　500 000
　　　贷：银行存款　　　　　　　　　　　　　　　　　　500 000
3．（1）借：材料采购——甲材料　　　　　　　　　48 000
　　　　应交税费——应交增值税（进项税额）　　　7 680
　　　　　贷：应付账款　　　　　　　　　　　　　　　　55 680
（2）借：材料采购——甲材料　　　　　　　　　　2 722
　　　贷：银行存款　　　　　　　　　　　　　　　　　　2 722
（3）借：材料采购——乙材料　　　　　　　　　　72 000
　　　　应交税费——应交增值税（进项税额）　　　11 520
　　　　贷：银行存款　　　　　　　　　　　　　　　　　83 520
（4）借：材料采购——丙材料　　　　　　　　　　22 400
　　　　　　　——丁材料　　　　　　　　　　　　50 000
　　　　应交税费——应交增值税（进项税额）　　　11 584
　　　　贷：银行存款　　　　　　　　　　　　　　　　　83 984
（5）借：材料采购——乙材料　　　　　　　　　　1 188
　　　　　　　——丙材料　　　　　　　　　　　　　462
　　　　　　　——丁材料　　　　　　　　　　　　1 650
　　　　贷：应付账款　　　　　　　　　　　　　　　　　3 300
（6）借：预付账款　　　　　　　　　　　　　　　10 000
　　　贷：银行存款　　　　　　　　　　　　　　　　　　10 000
（7）借：原材料——A 材料　　　　　　　　　　　100 000
　　　　应交税费——应交增值税（进项税额）　　　16 000
　　　　贷：银行存款　　　　　　　　　　　　　　　　　16 000
　　　　　预付账款　　　　　　　　　　　　　　　　　100 000
（8）借：原材料——甲材料　　　　　　　　　　　50 722
　　　　　　　——乙材料　　　　　　　　　　　　73 188
　　　　　　　——丙材料　　　　　　　　　　　　22 862
　　　　　　　——丁材料　　　　　　　　　　　　51 650
　　　　贷：材料采购　　　　　　　　　　　　　　　　198 422
4．（1）借：应付职工薪酬　　　　　　　　　　　　58 000
　　　贷：银行存款　　　　　　　　　　　　　　　　　　58 000

（2）借：制造费用 2 000

   贷：银行存款 2 000

（3）借：生产成本——1 号产品 120 000

     ——2 号产品 180 000

   制造费用 4 200

   管理费用 1 500

   贷：原材料 305 700

（4）借：管理费用 7 500

   贷：银行存款 7 500

（5）借：管理费用 4 000

   贷：银行存款 4 000

（6）借：制造费用 8 600

   贷：银行存款 8 600

（7）借：制造费用 11 000

   管理费用 6 500

   贷：累计折旧 17 500

（8）借：生产成本——1 号产品 34 000

     ——2 号产品 66 000

   制造费用 16 000

   管理费用 8 000

   贷：应付职工薪酬 124 000

（9）借：生产成本——1 号产品 4 760

     ——2 号产品 9 240

   制造费用 2 240

   管理费用 1 120

   贷：应付职工薪酬 17 360

（10）借：生产成本——1 号产品 14 973.60

     ——2 号产品 29 066.40

   贷：制造费用 44 040

（11）借：库存商品——1 号产品 173 733.60

     ——2 号产品 284 306.40

   贷：生产成本 458 040

5.（1）借：应收账款 371 200

   贷：主营业务收入 320 000

    应交税费——应交增值税（销项税额） 51 200

（2）借：银行存款 200 000

   贷：预收账款 200 000

（3）借：销售费用 1 500

   贷：银行存款 1 500

（4）借：应收票据   61 000

    预收账款   200 000

     贷：主营业务收入   225 000

      应交税费——应交增值税（销项税额） 36 000

（5）借：主营业务成本   394 862.64

     贷：库存商品——1 号产品   138 986.88

          ——2 号产品   255 875.76

（6）借：税金及附加   1 600

     贷：应交税费——应交城建税   1 600

6.（1）借：管理费用   4 500

      贷：库存现金   4 500

（2）借：应付账款   18 000

     贷：营业外收入   18 000

（3）借：营业外支出   6 000

     贷：银行存款   6 000

（4）借：管理费用   2 000

     贷：库存现金   2 000

（5）借：财务费用   6 500

     贷：应付利息   6 500

（6）借：其他应付款   4 000

     贷：其他业务收入   3 418.80

      应交税费——应交增值税（销项税额） 581.20

（7）营业收入=320 000+225 000+3 418.80=548 418.80（元）

主营业务成本=394 862.64 元

税金及附加=1 600 元

管理费用=1 500+7 500+4 000+6 500+8 000+1 120+4 500+2 000=35 120（元）

财务费用=16 500 元

销售费用=1 500 元

营业外收入=27 000+18 000=45 000（元）

营业外支出=6 000 元

利润总额=548 418.80−394 862.64−1 600−35 120−16 500−1 500+45 000−6 000=593 418.80−

  455 582.64

  =137 836.16（元）

所得税=137 836.16×25%=34 459.04（元）

  借：所得税费用   34 459.04

    贷：应交税费——应交所得税   34 459.04

（8）借：主营业务收入   545 000

    其他业务收入   3 418.80

    营业外收入   45 000

     贷：本年利润   593 418.80

借：本年利润 490 041.68
　　贷：主营业务成本 394 862.64
　　　　税金及附加 1 600
　　　　管理费用 35 120
　　　　财务费用 16 500
　　　　销售费用 1 500
　　　　营业外支出 6 000
　　　　所得税费用 34 459.04
借：本年利润 103 377.12
　　贷：利润分配——未分配利润 103 377.12
（9）借：利润分配——提取盈余公积 10 337.71
　　　　贷：盈余公积 10 337.71
（10）借：利润分配——应付现金股利 41 350.85
　　　　　贷：应付股利 41 350.85
7.（1）借：银行存款 600 000
　　　　　贷：短期借款 600 000
（2）借：固定资产 800 000
　　　贷：实收资本 800 000
（3）借：固定资产 20 000
　　　贷：营业外收入 20 000
（4）借：应交税费 8 500
　　　贷：银行存款 8 500
（5）借：银行存款 70 000
　　　贷：应收账款 70 000
（6）借：预付账款 10 000
　　　贷：银行存款 10 000
　　借：管理费用 2 000
　　　贷：预付账款 2 000
（7）借：银行存款 290 000
　　　贷：主营业务收入 250 000
　　　　　应交税费——应交增值税（销项税额） 40 000
（8）借：材料采购——甲材料 38 000
　　　　应交税费——应交增值税（进项税额） 6 080
　　　贷：预付账款 44 080
（9）借：生产成本——A产品 6 000
　　　贷：原材料 6 000
（10）借：制造费用 1 200
　　　贷：原材料 1 200
（11）借：制造费用 800

贷：库存现金		800
（12）借：库存现金	30 000	
贷：银行存款		30 000
借：应付职工薪酬	30 000	
贷：库存现金		30 000
（13）借：应付职工薪酬	2 200	
贷：银行存款		2 200
（14）借：生产成本——B 产品	5 000	
贷：原材料		5 000
（15）借：销售费用	1 000	
贷：银行存款		1 000
（16）借：应收账款	50 000	
贷：主营业务收入		50 000
（17）借：税金及附加	5 000	
贷：应交税费——应交城建税及教育费附加		5 000
（18）借：固定资产	25 000	
贷：应付账款		25 000
（19）借：制造费用	780	
贷：银行存款		780
（20）借：制造费用	1 800	
管理费用	3 200	
贷：累计折旧		5 000
（21）借：财务费用	980	
贷：应付利息		980
（22）借：应付利润	34 000	
贷：银行存款		34 000
（23）借：生产成本——A 产品	12 000	
——B 产品	10 000	
制造费用	8 000	
贷：应付职工薪酬		30 000
（24）借：生产成本——A 产品	1 680	
——B 产品	1 400	
制造费用	1 120	
贷：应付职工薪酬		4 200
（25）借：资本公积	60 000	
贷：实收资本		60 000
（26）借：生产成本——A 产品	18 000	
——B 产品	12 000	
贷：制造费用		30 000

（27）借：库存商品——A产品 38 500
   贷：生产成本 38 500
（28）借：营业外支出 5 400
   贷：银行存款 5 400
（29）借：管理费用 4 200
   贷：库存现金 4 200
（30）借：主营业务成本 18 500
   贷：库存商品 18 500
（31）借：本年利润 38 380
   贷：主营业务成本 18 500
    销售费用 1 000
    管理费用 7 500
    税金及附加 5 000
    财务费用 980
    营业外支出 5 400
 借：主营业务收入 300 000
  营业外收入 20 000
  贷：本年利润 320 000
（32）借：所得税费用 71 030
   贷：应交税费——应交所得税 71 030
 同时，借：本年利润 71 030
    贷：所得税费用 71 030
（33）借：利润分配——提取盈余公积 21 309
   贷：盈余公积 21 309
（34）借：利润分配——应付现金利润 85 236
   贷：应付利润 85 236

试算平衡表见表7-1。

表7-1   **试算平衡表（发生额平衡法）**   单位：元

会计科目	借方发生额	贷方发生额
银行存款	960 000	91 880
库存现金	30 000	35 000
应收账款	50 000	70 000
材料采购	38 000	
原材料		12 200
生产成本	66 080	38 500
库存商品	38 500	18 500

会计科目	借方发生额	贷方发生额
预付账款	10 000	46 080
固定资产	845 000	
累计折旧		5 000
管理费用	6 200	7 500
制造费用	13 700	30 000
销售费用	4 200	1 000
税金及附加	5 000	5 000
财务费用	980	980
主营业务成本	18 500	18 500
营业外支出	5 400	5 400
所得税费用	71 030	71 030
短期借款		600 000
应交税费	14 580	116 030
应付职工薪酬	32 200	34 200
应付账款		25 000
应付利润	34 000	85 236
应付利息		980
主营业务收入	300 000	300 000
营业外收入	20 000	20 000
本年利润	109 410	320 000
利润分配	106 545	
盈余公积		21 309
资本公积	60 000	
实收资本		860 000
合计	2 839 325	2 839 325

8. （1）借：银行存款 50 000
   贷：短期借款 50 000
（2）借：银行存款 2 800
   贷：应收账款 2 800
（3）借：管理费用 1 180
   库存现金 320

　　　　　　贷：其他应收款　　　　　　　　　　　　　　　　　　　1 500
　　（4）借：材料采购——甲材料　　　　　　　　　　　　18 000
　　　　　　　　　　——乙材料　　　　　　　　　　　　　4 800
　　　　　　　应交税费——应交增值税（进项税额）　　　　3 648
　　　　　　贷：银行存款　　　　　　　　　　　　　　　　　　26 448
　　（5）借：材料采购——运杂费　　　　　　　　　　　　　3 200
　　　　　　贷：银行存款　　　　　　　　　　　　　　　　　　 3 200
原材料费用分配率＝3 200÷3 200＝1
甲材料应承担的运杂费＝2 000×1＝2 000（元）
乙材料应承担的运杂费＝1 200×1＝1 200（元）
甲材料采购成本＝18 000＋2 000＝20 000（元）
乙材料采购成本＝4 800＋1 200＝6 000（元）
　　借：原材料——甲材料　　　　　　　　　　　　　　　20 000
　　　　　　　——乙材料　　　　　　　　　　　　　　　　6 000
　　　贷：材料采购　　　　　　　　　　　　　　　　　　　　26 000
　　（6）借：固定资产　　　　　　　　　　　　　　　　　　7 000
　　　　　　贷：营业外收入　　　　　　　　　　　　　　　　　 7 000
　　（7）借：生产成本——A 产品　　　　　　　　　　　　70 000
　　　　　　　　　　——B 产品　　　　　　　　　　　　30 000
　　　　　　贷：原材料　　　　　　　　　　　　　　　　　　100 000
　　（8）借：管理费用　　　　　　　　　　　　　　　　　　　600
　　　　　　贷：预付账款　　　　　　　　　　　　　　　　　　　600
　　（9）借：制造费用　　　　　　　　　　　　　　　　　　1 600
　　　　　　　管理费用　　　　　　　　　　　　　　　　　　　800
　　　　　　贷：银行存款　　　　　　　　　　　　　　　　　　 2 400
　　（10）借：在建工程　　　　　　　　　　　　　　　　　　8 640
　　　　　　　应交税费——应交增值税（进项税额）　　　　1 280
　　　　　　贷：银行存款　　　　　　　　　　　　　　　　　　 9 920
　　（11）借：在建工程　　　　　　　　　　　　　　　　　　2 000
　　　　　　　贷：银行存款　　　　　　　　　　　　　　　　　 2 000
　　　　　　借：固定资产　　　　　　　　　　　　　　　　　10 640
　　　　　　　贷：在建工程　　　　　　　　　　　　　　　　10 640
　　（12）借：财务费用　　　　　　　　　　　　　　　　　　 375
　　　　　　贷：应付利息　　　　　　　　　　　　　　　　　　　375
　　（13）借：生产成本——A 产品　　　　　　　　　　　　26 000
　　　　　　　　　　——B 产品　　　　　　　　　　　　14 000
　　　　　　　制造费用　　　　　　　　　　　　　　　　　10 000
　　　　　　　管理费用　　　　　　　　　　　　　　　　　　8 000
　　　　　　贷：应付职工薪酬　　　　　　　　　　　　　　　58 000

（14）借：生产成本——A 产品   3 640

               ——B 产品   1 960

      制造费用   1 400

      管理费用   1 120

    贷：应付职工薪酬   8 120

（15）借：制造费用   800

    贷：预付账款   800

（16）借：制造费用   1 700

      管理费用   1 300

    贷：累计折旧   3 000

（17）借：营业外支出   15 000

    贷：银行存款   15 000

（18）借：管理费用   6 000

    贷：库存现金   6 000

（19）借：应付账款   32 675

    贷：营业外收入   32 675

（20）借：生产成本——A 产品   10 075

               ——B 产品   5 425

    贷：制造费用   15 500

（21）借：库存商品——A 产品   109 715

    贷：生产成本   109 715

（22）借：应收账款   64 960

    贷：主营业务收入   56 000

      应交税费——应交增值税（销项税额）   8 960

（23）借：税金及附加   2 800

    贷：应交税费   2 800

（24）借：销售费用   500

    贷：银行存款   500

（25）借：主营业务成本   30 000

    贷：库存商品   30 000

（26）借：银行存款   23 200

    贷：其他业务收入   20 000

      应交税费——应交增值税（销项税额）   3 200

借：其他业务成本   18 000

  贷：原材料   18 000

（27）借：本年利润   77 675

    贷：管理费用   11 000

      财务费用   375

      销售费用   500

	贷：营业外支出		15 000
	税金及附加		2 800
	主营业务成本		30 000
	其他业务成本		18 000
	借：主营业务收入	56 000	
	营业外收入	39 675	
	其他业务收入	20 000	
	贷：本年利润		115 675

（28）借：所得税费用 9 500

　　　　贷：应交税费——应交所得税 9 500

同时，

借：本年利润 9 500

　　贷：所得税费用 9 500

（29）借：应付利息 900

　　　　贷：银行存款 900

9. 本期增加的原材料金额 = 106 500+32 000−78 500 = 60 000（元）

本期增加的应付账款金额 = 143 000−118 000 = 25 000（元）

本期购入的材料已付款的金额 = 60 000−25 000 = 35 000（元）

10. 制造费用分配率 = 6 000÷（7 200+4 800）= 0.50

甲产品应承担的制造费用 = 7 200×0.50 = 3 600（元）

乙产品应承担的制造费用 = 4 800×0.50 = 2 400（元）

甲完工产品总成本 = 8 000+42 000+7 200+3 600−5 200 = 55 600（元）

甲完工产品单位成本 = 55 600÷500 = 111.20（元/件）

乙完工产品总成本 = 34 800+4 800+2 400 = 42 000（元）

乙完工产品单位成本 = 42 000÷300 = 140（元/件）

借：库存商品——甲产品 55 600

　　　　　　——乙产品 42 000

　　贷：生产成本 97 600

11. 12 月份的应交所得税 = 800 000×25%−190 000 = 10 000（元）

年末未分配利润 = （800 000−190 000−10 000）×90%−132 400 = 407 600（元）

年末所有者权益总额 = 2 640 000+800 000×75%−132 400 = 3 107 600（元）

12. 其本年未分配利润额 = （100−110×25%）×85%−40 = 21.625（万元）

七、案例提示

案例一

分析思路：损益确认是会计核算的中心问题之一，涉及企业管理当局受托责任的完成情况，又涉及会计信息的可靠性问题，同时还涉及检查和控制计划的执行情况、预测企业的经营趋势、进行相关决策、改进经营管理等方面。为了正确合理地确认损益，企业应遵循权责发生制原则、配比原则、稳健性原则、资本性支出与收益性支出划分原则等。

对于业务 A，穆空认为："这200 000 元终究是由于销售产品而引起的，作为销售收入来处理并无太大的不当之处；这样处理有利于国家税收。"这种说法不对。会计是对已发生的经济业务进行核算，与 200 000 元预收账款相关的销售业务并未发生，作主营业务收入处理是不稳健的做法，加大了企业的经营风险。从长远来看，这种做法不但不利于国家税收，反而有害于国家税收。关于业务 A，纠正的方法如下：

借：银行存款　　　　　　　　　　　　　　　　　　　200 000

　　应收账款　　　　　　　　　　　　　　　　　　　 32 000

　　贷：主营业务收入　　　　　　　　　　　　　　　　　　200 000

　　　　应交税费——应交增值税（销项税额）　　　　　　 32 000

借：银行存款　　　　　　　　　　　　　　　　　　　200 000

　　贷：预收账款　　　　　　　　　　　　　　　　　　　　200 000

对于业务 B，穆空认为：电脑使用率是很高，是高淘汰率产品，但是相关政策在确定电脑的折旧年限时，已经对此作了考虑，电脑的折旧年限是较短的。至于相关人员的电脑毁损事件，纯属偶然，不能作为更改电脑资产性质的理由。关于业务 B，应作如下更改：

借：管理费用　　　　　　　　　　　　　　　　　　　 22 000

　　贷：银行存款　　　　　　　　　　　　　　　　　　　　 22 000

借：固定资产　　　　　　　　　　　　　　　　　　　 22 000

　　贷：银行存款　　　　　　　　　　　　　　　　　　　　 22 000

并相应补提折旧。

对于业务 C，穆空认为：机器设备检修，车间的房屋是没有参加生产活动，但房屋建筑物一般随着时间的推移而磨损，房屋建筑物的折旧主要是在自然条件下产生的，一般的生产活动不是房屋建筑物折旧产生的主要原因，因此，以机器设备检修为由对房屋整体不计提折旧是不妥的。关于业务 C，应补提折旧如下：

借：制造费用　　　　　　　　　　　　　　　　　　　 27 200

　　贷：累计折旧　　　　　　　　　　　　　　　　　　　　 27 200

对于业务 D，穆空认为：为建造生产线而提取的工资费用，应作为在建工程的成本，不能由于是生产工人建造，就将相关的工资费用计入生产成本，应由谁承担费用要按受益原则来确认。关于业务 D，应作如下更正：

借：生产成本　　　　　　　　　　　　　　　　　　　 38 000

　　贷：应付职工薪酬　　　　　　　　　　　　　　　　　　 38 000

借：在建工程　　　　　　　　　　　　　　　　　　　 38 000

　　贷：应付职工薪酬　　　　　　　　　　　　　　　　　　 38 000

对于业务 E，穆空认为：购入生产用设备支付的增值税允许抵扣，这同购入原材料时支付的增值税应当抵扣是一样的。对于业务 E，应纠正如下：

借：在建工程　　　　　　　　　　　　　　　　　　　840 000

　　贷：银行存款　　　　　　　　　　　　　　　　　　　　830 700

贷：原材料	9 300
借：固定资产	840 000
贷：在建工程	840 000
借：在建工程	719 300
应交税费——应交增值税（进项税额）	113 600
贷：银行存款	823 600
原材料	9 300
借：固定资产	719 300
贷：在建工程	719 300

案例二

对于业务 A，由于按税法规定，这种原材料加工成产品后国家不再征收消费税，因此在销售时不会再产生应税负债，放在应交税费借方的消费税得不到抵扣，不代表企业有可以少交税的权利。穆空对业务 A 的处理是不当的，应作如下更正：

借：原材料	100 000
应交税费——应交消费税	10 000
贷：银行存款	110 000
借：原材料	110 000
贷：银行存款	110 000

对于业务 B，10 000 元的外地运杂费是一笔较大的采购费用，应按一定的标准在乙丙两种材料之间分配，穆空的处理是不当的，应用红字更改法先冲销原分录，再确定这10 000 元运杂费的分配标准，计算费用分配率，然后在乙丙两种材料之间进行分配。

对于业务 C，在材料按计划成本计价的前提下，原材料在会计信息中是以历史成本反映的，但是在会计报表中按实际成本反映。在账簿中是以间接的方式反映历史成本的，即在账簿上反映历史成本的同时，反映材料成本差异，从而达到在账簿上反映材料历史成本的目的。穆空的做法，在账簿上注销了材料的计划成本资料，从而使按计划成本对材料计价的作用消失，这是不对的，对穆空的做法应纠正如下：

借：材料成本差异	6 700
贷：原材料	6 700

对于业务 D，材料购入途中的自然损耗并不降低材料的总采购成本，它会提高材料的单位采购成本。穆空把材料购入途中发生的自然损耗作为材料的总采购成本的抵减，是不对的，应更正如下：

借：管理费用	10 000
贷：材料采购	10 000
借：原材料	10 000
贷：材料采购	10 000

案例三

分析思路：物资采购成本的确认与计量，是存货核算的一项重要内容。在计量与确认物资采购成本时我们应把握好两项原则：一是凡为采购材料而发生的一切必要的合理支出按历史成本原则都应计入原材料的采购成本；二是按重要性原则，对一些费用金额较少，应由很多种原材料来共同承担，计入还是不计入原材料的采购成本对物资采购成本的升降影响不大的如小额的运杂费、采购人员的工资及差旅费、专设的采购机构经费等，为了不增加没有必要增加的核算工作量，这些费用就作为期间费用，计入管理费用。另外，在购入原材料时支付的增值税能否计入原材料成本，要符合税法的规定。凡是在存货出售后可以抵扣的进项税额，不能计入存货的采购成本；凡是在存货销售后不能抵扣的进项税额，应计入存货的采购成本。

对于业务 A，按权责发生制原则，02 产品专用设备的折旧应由 02 产品成本负担，不应记入"制造费用"账户，而应记入 02 产品的"生产成本"账户内，应更正如下：

借：制造费用   30 000
  贷：累计折旧   30 000
借：生产成本 ——02 产品   30 000
  贷：累计折旧   30 000

对于业务 B，由于甲原材料 10 000 元用于了非增值税产品生产，因而在该产品出售时不会产生增值税的销项税额，其耗用的原材料在购进时产生的增值税进项税额无法抵扣，应将其耗用的原材料在购进时产生的增值税进项税额转入产品生产成本，更正如下：

借：生产成本   1 700
  贷：应交税费——应交增值税（进项税额转出）   1 700

对于业务 C，利息每月月末支付一次，可以不计提应付利息，上述业务的处理不影响会计信息的可靠性，可不作更正，但以后类似业务的处理方法应如下所示：

借：财务费用
  贷：银行存款

第8章 成本计算

一、学习目的与要求

成本计算的目的是正确地计量资产的价值和合理确认收益，它是企业会计核算的一种专门方法，正确地计量资产的价值和合理确认收益，是会计核算的重要内容。通过前面的学习，我们知道，某种资产的账面实际成本，是为取得这种资产时所发生的全部的、必要的支出。一般情况下，应采用实际成本来计量某种资产的价值，即在资产的计价中遵循历史成本原则（特殊情况下的资产计价方法将在以后的课程中学习）；某一会计期间的收入必须和为取得相应收入所发生的支出相配比，才能正确地确认和计量某一会计期间的损益，即在收益计算中遵循权责发生制原则和配比原则。通过本章学习，要求理解成本计算的意义、基本内容和一般程序，重点掌握成本计算的基本原理。不同行业的企业，其经济活动内容差异很大，资产计价和收益计算的具体方法也有很大差别，成本计算方法也不相同。本章以制造型企业的经济活动为例，阐述材料采购成本、产品制造成本和产品销售成本（即主营业务成本）的基本计算原理。

二、预习要览

（一）关键概念

1. 成本　　　　　　　2. 费用　　　　　　　3. 成本计算
4. 成本计算对象　　　5. 成本计算期　　　　6. 费用要素
7. 成本项目

（二）关键问题

1. 费用与成本之间的关系如何？

2. 成本有哪些作用？

3. 成本计算的意义如何？

4. 成本计算的基本原理的具体内容有哪些？

5. 成本计算的基本要求是什么？

6. 成本计算的一般程序有哪些？

7. 材料采购成本由哪些具体内容构成？如何计算？

8. 产品制造成本由哪些具体内容构成？如何计算？

三、本章的重点与难点

所谓成本计算，就是归集一定计算对象上的全部费用，借以确定各对象的总成本和单位成本的一种专门方法。费用和成本是两个既有联系又有区别的概念。费用是已耗生产资料的转移价值和支付给劳动者的劳动报酬，用货币来计量，表现为一定量的资金耗费。会计上的费用是与特定的会计期间相联系的，是按照权责发生制原则的要求来确定的。成本属于价值的范畴，是新增（或已耗）资产价值的组成部分。成本是与特定的计算对象相联系的，是根据收益性原理和重要性原理计算出来的。成本的作用是：（1）成本是计量经营耗费和确定补偿尺度的重要工具；（2）成本是决定商品价格的基础和产品竞争能力的条件；（3）成本是企业进行决策、核算经济效益的重要因素；（4）成本是衡量企业管理水平和各方面工作的重要指标。企业单位通过成本计算，可以取得企业的实际成本资料，并据以确定实际成本同计划成本的差异；反映和监督企业各项费用的支出情况，揭露企业经营管理中存在的问题；为企业进行下一期各项成本指标的预测和规划提供必要的参考数据。进行成本计算应遵循直接受益直接分配原理、共同受益间接分配原理、重要性原理。

成本计算的基本要求是：（1）要严格执行国家相关法律规章中规定的成本开支范围和费用开支标准。其中直接材料、直接工资、其他直接支出和制造费用构成产品的制造成本；管理费用、财务费用和销售费用等构成期间费用。（2）划清支出、费用和成本的界限。企业在经营过程中发生的支出分为收益性和资本性支出，其中收益性支出都应计入该会计年度的成本、费用，应分清本期成本费用与下期成本费用的界限、不同资产的成本界限、在产品成本与产成品成本的界限。（3）严格按照权责发生制原则的要求，在各个会计期间合理划分跨期间的费用。（4）做好成本核算的各项基础工作，具体包括：定额管理工作；财产物资的计量、收发、领退制度；各种记录、收集、整理制度；制定厂内结算价格等。（5）选择适当的成本计算方法。必须结合本企业具体情况，选择适合其经营特点的成本计算方法进行成本计算。

成本计算的一般程序包括：（1）收集、整理成本计算资料；（2）确定成本计算中心和成本计算对象，成本计算对象就是承担和归集费用的对象；（3）确定成本计算期，即间隔多长时间计算一次成本；（4）确定成本项目，即生产费用按其用途分类，包括直接材料、直接工资、其他直接支出和制造费用；（5）正确地归集和分配费用；（6）设置和登记明细分类账户、编制成本计算表。

对于工业企业而言，其成本计算的具体内容包括原材料采购成本的计算、产品制造成本的计算和产品销售成本的计算。

计算材料采购成本，首先应把材料的品种或类别作为成本计算对象，并在"材料采购"账户下按材料的品种或类别分别设置明细分类账户，用以归集和分配应计入原材料采购成本的各种费用，编制材料采购成本计算表，借以计算确定各种材料的总成本和单位成本。原材料采购成本＝买价＋采购费用。其中买价是指供应单位开具的购货发票上标明的价格，采购费用包括运杂费、运输途中的合理损耗、入库前的整理挑选费用、应负担的税费等。为了计算材料的采购成本，企业应设置"材料采购"账户进行核算。

计算产品制造成本，首先应确定成本计算期，通常是按月进行的，其次确定成本计算对象，然后将生产过程中发生的应计入产品生产成本的生产费用分配计入各相应产品，从而计算其制造总成本和单位成本。产品制造成本＝直接材料＋直接工资＋其他直接支出＋制造费用。为了归集生产费用，计算产品成本，企业应设置"生产成本"和"制造费用"等账户。本期生产费用的归集实际上包括以下过程：（1）根据本期产品生产过程中实际耗用的直接材料、直接人工等直接费用的金额，在"生产成本"账户中予以归集；（2）根据本期各生产单位为组织和管理生产过程实际发生的各种间接费用的金额，在"制造费用"账户中予以归集；（3）将以前发生的应属本期的生产费用，以及将于以后支付应由本期负担的生产费用，在"制造费用"账户中予以归集。

计算产品销售成本，应根据已售产品的数量乘以产成品平均单位成本计算求得。平均单位成本的确定，可以采用"加权平均法""移动加权平均法""先进先出法"等计价方法。企业通过"主营业务成本"账户核算已销产品的成本。

四、练习题

（一）单项选择题

1. 下列内容不属于材料采购成本的构成项目的是（　　　）。

A. 材料的买价　　　　　　　　　　B. 外地运杂费

C. 运输途中的合理损耗　　　　　　D. 采购机构经费

2. 就所有会计期间费用和成本的累计发生额而言，（　　　）。

A. 费用等于成本　　　　　　　　　B. 费用小于成本

C. 费用大于成本　　　　　　　　　D. 费用与成本没有关系

3. 产品制造成本的成本项目中不包括（　　　）。

A. 直接材料　　　　　　　　　　　B. 直接人工

C. 制造费用　　　　　　　　　　　D. 生产费用

4. 下列各项中，属于工业企业费用要素的是（　　　）。

A. 制造费用　　　　　　　　　　　B. 直接人工费用

C. 折旧费用　　　　　　　　　　　D. 直接材料费用

5. 进行计提费用的核算，是为了正确地划分（　　　）。

A. 生产经营费用与非生产经营费用的界限　　B. 生产费用与期间费用的界限

C. 各个月份费用的界限　　　　　　D. 不同产品费用的界限

（二）多项选择题

1. 下列内容中，构成材料采购成本的有（　　　）。

A. 材料的买价　　　　B. 采购费用　　　　C. 增值税进项税额

D. 采购机构经费　　　E. 采购人员的差旅费

2. 可以用来作为分配材料采购费用标准的有（　　　）。

A. 材料的买价　　　　B. 材料的重量　　　C. 材料的种类

D. 材料的体积　　　　E. 以上各项均可以

3. 影响本月完工产品成本的因素有（　　　）。

A. 月初在产品成本　　B. 本月发生的生产费用　C. 本月已销产品成本

D. 月末在产品成本　　E. 月末在产品数量

4. 产品制造成本的成本项目包括（　　　）。

A. 直接费用　　　　　B. 直接材料费用　　　C. 直接人工费用

D. 其他直接支出　　　E. 制造费用

5. 成本计算的主要程序包括（　　　）。

A. 确定成本计算期　　B. 确定成本计算对象　C. 确定成本项目

D. 归集和分配有关费用　　　E. 设置并登记有关账簿

（三）判断题

1. 产品成本也就是产品的制造成本。 （　　）

2. 工业企业发生的工资费用不一定都是生产费用。 （　　）

3. 企业购入的原材料的采购成本中包括增值税进项税额。 （　　）

4. 费用和成本是既有联系又有区别的两个概念，费用与特定的计算对象相联系，而成本与特定的会计期间相联系。 （　　）

5. 成本是计量经营耗费和确定补偿尺度的重要工具。 （　　）

（四）综合题

1. 原材料采购成本的计算

友谊工厂2017年6月份发生下列材料采购业务：

（1）购入下列材料：

　　　　　甲材料　　　100千克　　　单价13元/千克

　　　　　乙材料　　　500千克　　　单价6元/千克

　　　　　丙材料　　1 000千克　　　单价4元/千克

款项通过银行支付。

（2）用现金1 600元支付上述材料的外地运杂费，材料验收入库，结转成本。

（3）购入丙材料2 000千克，单价4.5元/千克，款项尚未支付，材料入库。另用银行存款1 000元支付丙材料外地运费。

（4）赊购下列材料：

　　　　　甲材料　　　500千克　　　单价11.5元/千克

　　　　　乙材料　　　900千克　　　单价6.5元/千克

（5）用银行存款700元支付上述甲、乙材料外地运费，材料验收入库，结转成本。

（6）用银行存款购入甲材料400千克，单价11元/千克，运杂费400元，材料验收入库，结转成本。

要求：（1）设置"材料采购"总分类账户及明细分类账户、"原材料"总分类账户（"原材料"账户期初余额4 000元）。

（2）根据以上资料编制会计分录，并登记有关账户。

（3）编制甲、乙、丙材料采购成本计算表。

（4）购料运杂费按材料重量比例分摊，增值税税率为17%。

2. 原材料采购成本的计算

胜利工厂7月份有关材料采购业务如下：

（1）购入甲材料200千克，单价150元/千克，外地运费1 800元，增值税税额4 800元，款项通过银行支付，材料验收入库。

（2）购入乙材料500千克，单价98元/千克，外地运杂费2 450元，增值税税率16%，验收入库时发现损耗10千克，经查系运输途中合理损耗，款项未付。

（3）购入甲材料800千克，丙材料1 000千克，发票注明甲材料价款84 000元，丙材料价款38 000元，增值税税率16%。两种材料共发生外地运杂费9 000元，全部款项通过银行支付（运杂费按重量分配）。

（4）丙材料验收入库时发生整理挑选费用 3 000 元，用现金支付。

要求：（1）编制本月业务的会计分录。

（2）根据上述资料编制甲、乙、丙材料采购成本计算表。

3. 原材料采购成本的计算

光明灯泡厂是一家生产普通灯泡的企业，其灯泡是由铁头、泡壳、三管和三丝（灯丝、导丝、铂丝）装配而成。2017 年 12 月份发生下列经济业务：

（1）公出人员出差预借差旅费 5 000 元，付给现金。

（2）向黎民工厂购入 A60 泡壳 50 万只，单价 500 元/万只；三管 5 000 千克，单价 8 元/千克，材料均已验收入库（A60 泡壳每百只 5.5 千克）。款项通过银行支付。

（3）向黎民工厂购入的材料共同应该负担的外地运杂费共 300 元，支票支付。

（4）银行通知，从浦东金属材料厂购入的三丝材料款已全部支付，购入的材料包括：钨丝 400 万米，单价 200 元/万米；紫铜丝 350 千克，单价 12 元/千克；铂丝 50 万米，单价 250 元/万米（钨丝每千米 160 克，铂丝每千米 100 克）。

（5）用银行存款 50 000 元预付给锦江工厂订购铁头。

（6）公出人员出差归来报销差旅费 4 500 元，余额退回现金。

（7）用银行存款支付从黎民工厂购入材料的买价及运杂费，其中 A60 泡壳 80 万只，单价 500 元/万只，三管 2 000 千克，单价 8 元/千克，外地运杂费 200 元。材料验收入库。

（8）本月从浦东工厂购入的三丝材料验收入库。

（9）锦江工厂退回多余的预付款 1 000 元，并附有发票及运费单据，发票注明购入铁头 160 万个，单价 305 元/万个，运杂费 200 元（本题不计增值税）。

（10）上述铁头验收入库时发现损坏一包 2 000 个，经查应由铁路部门负责，已向铁路部门要求赔偿。

（11）用银行存款 120 元支付本月购入的三丝外地运杂费。

（12）用现金 100 元支付本月购入的三丝、铁头的市内运杂费。

（13）月末结转本月购入材料的采购成本。

要求：（1）编制本月业务的会计分录。

（2）编制本月购入材料的采购成本计算表。

（3）各种材料的外地运杂费按照材料的重量进行分配。

4. 产品制造成本和销售成本的计算

承综合题第 3 题资料，光明灯泡厂 12 月份发生的产品生产业务如下：

（1）开出现金支票提取现金 20 000 元，直接发放本月职工工资。

（2）用银行存款 8 000 元支付本月电费，其中：

产品生产	40W	2 000 元
	60W	2 500 元
	100W	3 000 元
行政管理部门		500 元

（3）用银行存款 1 000 元支付本月车间水电费。

（4）月末分配工资费用，其中：

生产工人工资	40W	4 000 元
	60W	5 000 元
	100W	6 000 元
车间管理人员工资		2 000 元
行政管理人员工资		3 000 元

（5）按各自工资总额的 14% 提取福利费。

（6）提取本月固定资产折旧，其中车间折旧额 10 000 元，行政管理部门 5 000 元。

（7）本月摊销低值易耗品 800 元。

（8）预提固定资产大修理费，其中车间 6 000 元，行政管理部门 400 元。

（9）本月发出材料汇总如下，金额以本月加权平均单价计算，见表 8-1：

表 8-1　　　　　　　　　　　　发出材料汇总表
2017 年 12 月

材料名称	40W	60W	100W	合计
	数量	数量	数量	数量
A60 泡壳	25 万只	15 万只	25 万只	65 万只
三管	1 000 千克	800 千克	1 400 千克	3 200 千克
铁头	20 万个	16 万个	24 万个	60 万个
钨丝	21 万米	19 万米	47 万米	87 万米
紫铜丝	70 千克	100 千克	300 千克	470 千克
铂丝	3 万米	2 万米	4 万米	9 万米

本月有关的总分类账和明细分类账月初余额如下：

"其他应收款"账户 320 元，"材料采购""应付账款""生产成本"账户均无余额，"原材料"明细账户月初余额如下：

材料名称	数量	单价
A60 泡壳	18 万只	520 元
三管	600 千克	6 元
铁头	50 万个	400 元
钨丝	70 万米	148.90 元
紫铜丝	300 千克	10.26 元
铂丝	14 万米	199.60 元

（10）将本月发生的制造费用按生产工人工资比例分配计入产品成本。

（11）本月生产的产品完工入库，结转成本（假设没有期初期末在产品）。完工产品的数量分别为：40W 灯泡 25 万只，60W 灯泡 15 万只，100W 灯泡 25 万只。

（12）本月销售40W灯泡30万只，60W灯泡30万只，100W灯泡28万只。结转已销产品成本，按全月一次加权平均法计算。期初库存产成品资料如下：

产品名称	数量（万只）	单价（元）
40W 灯泡	13	2 075.94
60W 灯泡	18	2 500
100W 灯泡	14	3 000

要求：编制本月业务的会计分录。

5. 产品制造成本的计算

胜利工厂2017年8月份有关资料如下：

（1）本月发生的生产费用总额 1 000 000 元，其中直接材料和直接人工费用占80%。

（2）直接材料和直接人工费用的比例为4：1。

（3）期初库存材料相当于期末库存材料的50%，本期购入材料共800 000 元。

（4）本月制造费用中间接材料、间接人工和其他费用的比例为5：3：2。

（5）在产品成本期初与期末的比例为2：1。

（6）本月完工产品的制造成本是本月生产费用的1.2倍。

要求：计算期末结存材料成本、本期完工产品成本以及期末在产品成本。

6. 产品制造成本和销售成本的计算

长虹企业生产甲、乙、丙三种产品，2017年6月份有关资料如下：

（1）上月末有甲、乙两种产品尚未完工，全部在产品成本为 60 000 元，其中直接材料为 40 000 元，直接人工为 10 000 元，其余为制造费用。甲、乙两种在产品的费用比例为2：3。

（2）本月生产费用为 901 120 元，月末三种产品均无在产品。本月完工产品数量及直接材料费用为：

	完工数量（件）	直接材料（元）
甲产品	61 600	251 120
乙产品	40 000	120 000
丙产品	20 000	70 000

（3）本月完工产品的直接人工费用共计 310 000 元，按产品生产工时比例分配，其中甲、乙、丙三种产品单位工时分别为2.5、0.9、6。

（4）本月的制造费用以本期发生的直接人工费用为标准进行分配。

（5）本月售出乙产品 38 000 件，丙产品 25 000 件，丙产品有期初库存 10 000 件，单位成本 12 元，而甲、乙产品月初均无库存。

要求：（1）计算甲、乙、丙三种完工产品的总成本和单位成本。

（2）计算乙、丙两种产品销售成本，假定发出产品计价方法采用全月一次加权平均法。

7. 产品制造成本和销售成本的计算

大通工厂生产 A、B 两种产品，2017年4月份有关资料见表8-2：

表 8-2 　　　　　　　　　　　　　期初在产品成本资料 　　　　　　　　　　单位：元

产品名称	直接材料	直接人工	其他直接支出	制造费用	合　计
A	4 500	3 000	800	1 200	9 500
B	10 000	7 000	2 600	6 000	25 600
合　计	14 500	10 000	3 400	7 200	35 100

本月发生的生产费用如下：

（1）仓库发出材料，用途如下：

	甲材料	乙材料
A 产品耗用	6 000 元	4 000 元
B 产品耗用	12 500 元	7 500 元
车间一般耗用	2 000 元	400 元

（2）本月应付职工工资如下：

A 产品生产工人工资　　　　　18 000 元

B 产品生产工人工资　　　　　32 000 元

车间管理人员工资　　　　　　8 000 元

（3）按各自工资总额的 14% 计提职工福利费。

（4）用银行存款支付车间办公费 1 000 元，水电费 880 元。

（5）摊销应由本月负担的车间设备租金 1 000 元。

（6）预提车间设备修理费 600 元。

（7）计提车间用设备折旧 1 000 元。

（8）将本月发生的制造费用按生产工人的工资比例分配计入 A、B 产品制造成本。

（9）本月生产的 A 产品 20 台、B 产品 50 台完工，验收入库，结转成本，假设没有期末在产品。

要求：（1）编制有关业务的会计分录。

（2）开设并登记 A、B 产品生产成本明细账。

（3）编制 A、B 产品生产成本计算表。

五、案例

税务专管员刘杰到明州工厂检查 7 月份纳税情况，会计张群提供了下述有关资料：

1. 存货项目的账户期初、期末余额为：

　　　　　　　　　　　　　　　　　　　　　　　　　　　单位：元

	7 月 1 日	7 月 31 日
原材料	137 600	124 000
在产品	6 450	7 680
产成品	82 180	94 450

2. 本月发生的各项收入与支出如下：

生产工人的工资	73 600 元
车间管理人员的工资	27 500 元
行政管理人员的工资	14 320 元
车间一般消耗材料	14 800 元
折旧费用——机器设备	16 500 元
——生产部门房屋	11 000 元
——行政办公用房	8 500 元
本期购入材料	356 200 元
本期销售收入	596 920 元
保险费用	520 元
利息费用	2 400 元
销售费用	6 450 元
邮电费用	100 元
销售税费	29 130 元
差旅费	600 元
所得税（税率25%）	8 920 元

经过简单查对，税务专管员刘杰认为该企业的所得税计算有错误，请帮助会计张群找出错误所在，正确的所得税税额应该是多少？

六、练习题参考答案

（一）单项选择题

1. D　2. A　3. D　4. C　5. C

（二）多项选择题

1. AB　2. ABD　3. ABD　4. BCDE　5. ABCDE

（三）判断题

1. √　2. √　3. ×　4. ×　5. ×

（四）综合题

1. 原材料采购成本的计算

编制会计分录：

（1）借：材料采购——甲材料	1 300
——乙材料	3 000
——丙材料	4 000

借：应交税费——应交增值税（进项税额） 1 328

  贷：银行存款 9 628

（2）分配运杂费：分配率＝1 600÷（100+500+1 000）＝1

甲材料负担＝1×100＝100（元）

乙材料负担＝1×500＝500（元）

丙材料负担＝1×1 000＝1 000（元）

借：材料采购——甲材料 100

  ——乙材料 500

  ——丙材料 1 000

  贷：银行存款 1 600

借：原材料——甲材料 1 400

  ——乙材料 3 500

  ——丙材料 5 000

  贷：材料采购——甲材料 1 400

  ——乙材料 3 500

  ——丙材料 5 000

（3）借：材料采购——丙材料 10 000

  应交税费——应交增值税（进项税额） 1 440

  贷：应付账款 10 440

  银行存款 1 000

借：原材料——丙材料 10 000

  贷：材料采购——丙材料 10 000

（4）借：材料采购——甲材料 5 750

  ——乙材料 5 850

  应交税费——应交增值税（进项税额） 1 856

  贷：应付账款 13 456

（5）分配运杂费：分配率＝700÷（500+900）＝0.5

甲材料负担＝0.5×500＝250（元）

乙材料负担＝0.5×900＝450（元）

借：材料采购——甲材料 250

  ——乙材料 450

  贷：银行存款 700

借：原材料——甲材料 6 000

  ——乙材料 6 300

  贷：材料采购——甲材料 6 000

  ——乙材料 6 300

（6）借：材料采购——甲材料 4 800

  应交税费——应交增值税（进项税额） 704

  贷：银行存款 5 504

借：原材料——甲材料　　　　　　　　　　　　　　　　　　　　　　4 800

　　贷：材料采购——甲材料　　　　　　　　　　　　　　　　　　　　　　　4 800

总分类账户和明细分类账户的登记见表8-3、表8-4、表8-5：

材料采购				
(1)	8 300	(2)	9 900
(2)	1 600	(3)	10 000
(3)	10 000	(5)	12 300
(4)	11 600	(6)	4 800
(5)	700		
(6)	4 800		

原材料		
期初余额：	4 000	
(2)	9 900	
(3)	10 000	
(5)	12 300	
(6)	4 800	
期末余额：	41 000	

表8-3　　　　　　　　　　　　　　　材料采购明细账

材料名称：甲材料　　　　　　　　　　　　　　　　　　　　　　　　　单位：元

年		凭证	摘　要	借　方			贷方
月	日			买　价	采购费用	合　计	
略	略	1	材料买价	1 300		1 300	
		2	运杂费		100	100	
		2	验收入库				1 400
		4	材料买价	5 750		5 750	
		5	运杂费		250	250	
		5	验收入库				6 000
		6	材料买价	4 400		4 400	
		6	运杂费		400	400	
		6	验收入库				4 800
			本期发生额及期末余额	11 450	750	12 200	12 200

表8-4　　　　　　　　　　　　　　　材料采购明细账

材料名称：乙材料　　　　　　　　　　　　　　　　　　　　　　　　　单位：元

年		凭证	摘　要	借　方			贷方
月	日			买　价	采购费用	合　计	
略	略	1	材料买价	3 000		3 000	
		2	运杂费		500	500	
		2	验收入库				3 500
		4	材料买价	5 850		5 850	
		5	运杂费		450	450	
		5	验收入库				6 300
			本期发生额及期末余额	8 850	950	9 800	9 800

表 8-5 　　　　　　　　　　　　　　　材料采购明细账

材料名称：丙材料　　　　　　　　　　　　　　　　　　　　　　　　　　　单位：元

| 年 | | 凭证 | 摘　要 | 借　方 | | | 贷方 |
月	日			买　价	采购费用	合　计	
略	略	1	材料买价	4 000		4 000	
		2	运杂费		1 000	1 000	
		2	验收入库				5 000
		3	材料买价	9 000		9 000	
		3	运杂费		1 000	1 000	
		3	验收入库				10 000
			本期发生额及期末余额	13 000	2 000	15 000	15 000

甲、乙、丙三种材料采购成本计算表见表 8-6：

表 8-6　　　　　　　　　　　　　　　材料采购成本计算表　　　　　　　　　金额单位：元

| 项　目 | 甲材料（1 000 千克） | | 乙材料（1 400 千克） | | 丙材料（3 000 千克） | |
	总成本	单位成本	总成本	单位成本	总成本	单位成本
买价	11 450	11.45	8 850	6.32	13 000	4.33
采购费用	750	0.75	950	0.68	2 000	0.67
采购成本	12 200	12.20	9 800	7.00	15 000	5.00

2. 编制的会计分录如下：

（1）借：材料采购——甲材料　　　　　　　　　　　　　　　31 800

　　　　　应交税费——应交增值税（进项税额）　　　　　　　4 800

　　　　贷：银行存款　　　　　　　　　　　　　　　　　　　　　　36 600

　　　借：原材料——甲材料　　　　　　　　　　　　　　　　　31 800

　　　　贷：材料采购——甲材料　　　　　　　　　　　　　　　　　31 800

（2）借：材料采购——乙材料　　　　　　　　　　　　　　　51 450

　　　　　应交税费——应交增值税（进项税额）　　　　　　　7 840

　　　　贷：应付账款　　　　　　　　　　　　　　　　　　　　　　59 290

　　　借：原材料——乙材料　　　　　　　　　　　　　　　　　51 450

　　　　贷：材料采购——乙材料　　　　　　　　　　　　　　　　　51 450

（3）借：材料采购——甲材料　　　　　　　　　　　　　　　84 000

　　　　　　　　　　——丙材料　　　　　　　　　　　　　　38 000

　　　　　应交税费——应交增值税（进项税额）　　　　　　　19 520

　　　　贷：银行存款　　　　　　　　　　　　　　　　　　　　　141 520

　　分配率 = 9 000 ÷（800 + 1 000）= 5

　　甲材料负担 = 5 × 800 = 4 000（元）

　　丙材料负担 = 5 × 1 000 = 5 000（元）

　　　借：材料采购——甲材料　　　　　　　　　　　　　　　　4 000

　　　　　　　　　　——丙材料　　　　　　　　　　　　　　　5 000

贷：银行存款		9 000
借：原材料——甲材料	88 000	
——丙材料	43 000	
贷：材料采购——甲材料		88 000
——丙材料		43 000
（4）借：材料采购——丙材料	3 000	
贷：库存现金		3 000
借：原材料——丙材料	3 000	
贷：材料采购——丙材料		3 000

甲、乙、丙三种材料采购成本计算表见表8-7：

表8-7   物资采购成本计算表   金额单位：元

项 目	甲材料（1 000千克）		乙材料（500千克）		丙材料（1 000千克）	
	总成本	单位成本	总成本	单位成本	总成本	单位成本
买价	114 000	114	49 000	98	38 000	38
采购费用	5 800	5.80	2 450	4.90	8 000	8
采购成本	119 800	119.80	51 450	102.90	46 000	46

3. 编制的会计分录如下：

（1）借：其他应收款	5 000	
贷：库存现金		5 000
（2）借：材料采购——A60泡壳	25 000	
——三管	40 000	
贷：银行存款		65 000

（3）运杂费分配率 = 300÷（50×550+5 000）= 0.0092

A60泡壳负担的运杂费 = 0.0092×27 500 = 253（元）

三管负担的运杂费 = 300−253 = 47（元）

借：材料采购——A60泡壳	253	
——三管	47	
贷：银行存款		300
（4）借：材料采购——钨丝	80 000	
——紫铜丝	4 200	
——铂丝	12 500	
贷：银行存款		96 700
（5）借：预付账款——锦江工厂	50 000	
贷：银行存款		50 000
（6）借：管理费用	4 500	
库存现金	500	
贷：其他应收款		5 000

（7）借：材料采购——A60 泡壳　　　　　　　　　　40 000

　　　　　　——三管　　　　　　　　　　　　16 000

　　　贷：银行存款　　　　　　　　　　　　　　　　　　56 000

运杂费分配率＝200÷（80×550+2 000）＝0.0043

A60 泡壳负担的运杂费＝0.0043×44 000＝189.20（元）

三管负担的运杂费＝200－189.20＝10.80（元）

借：材料采购——A60 泡壳　　　　　　　　　　189.20

　　　　　　——三管　　　　　　　　　　　　　10.80

　　贷：银行存款　　　　　　　　　　　　　　　　　　200

（8）暂不作处理。

（9）借：银行存款　　　　　　　　　　　　　　1 000

　　　材料采购——铁头　　　　　　　　　　49 000

　　　　贷：预付账款——锦江工厂　　　　　　　　　　50 000

（10）对于损坏部分，应索赔。

借：其他应收款　　　　　　　　　　　　　　　　61

　　贷：材料采购——铁头　　　　　　　　　　　　　　61

其余部分暂不处理

（11）运杂费分配率＝120÷（400×1.60+350+50）＝0.1154

钨丝负担的运杂费＝0.1154×400×1.60＝73.86（元）

紫铜丝负担的运杂费＝0.1154×350＝40.39（元）

铂丝负担的运杂费＝120－73.86－40.39＝5.75（元）

借：材料采购——钨丝　　　　　　　　　　　　73.86

　　　　　　——紫铜丝　　　　　　　　　　　40.39

　　　　　　——铂丝　　　　　　　　　　　　5.75

　　贷：银行存款　　　　　　　　　　　　　　　　　120

（12）借：管理费用　　　　　　　　　　　　　　100

　　　贷：库存现金　　　　　　　　　　　　　　　　　100

（13）采购成本计算表见表 8-8：

表 8-8　　　　　　　　　　　　　　材料采购成本计算表　　　　　　　　　　　　单位：元

材料＼项目	买　价	采购费用	总成本	单位成本
A60 泡壳	65 000	442.20	65 442.20	
三管	56 000	57.80	56 057.80	
钨丝	80 000	73.86	80 073.86	
紫铜丝	4 200	40.39	4 240.39	
铂丝	12 500	5.75	12 505.75	
铁头	48 739	200	48 939	
合　计	266 439	820	267 259	

借：原材料——A60 泡壳   65 442.20

    ——三管   56 057.80

    ——钨丝   80 073.86

    ——紫铜丝   4 240.39

    ——铂丝   12 505.75

    ——铁头   48 939

 贷：材料采购   267 259

4. 制造成本和销售成本的计算

编制的会计分录如下：

（1）借：库存现金   20 000

   贷：银行存款   20 000

 借：应付职工薪酬   20 000

  贷：库存现金   20 000

（2）借：生产成本——40W 灯泡   2 000

     ——60W 灯泡   2 500

     ——100W 灯泡   3 000

   管理费用   500

   贷：银行存款   8 000

（3）借：制造费用   1 000

   贷：银行存款   1 000

（4）借：生产成本——40W 灯泡   4 000

     ——60W 灯泡   5 000

     ——100W 灯泡   6 000

   制造费用   2 000

   管理费用   3 000

   贷：应付职工薪酬   20 000

（5）借：生产成本——40W 灯泡   560

     ——60W 灯泡   700

     ——100W 灯泡   840

   制造费用   280

   管理费用   420

   贷：应付职工薪酬   2 800

（6）借：制造费用   10 000

   管理费用   5 000

   贷：累计折旧   15 000

（7）借：制造费用   800

   贷：周转材料   800

（8）借：制造费用   6 000

   管理费用   400

贷：其他应付款   6 400

（9）本笔业务首先应计算各种材料的加权平均单位成本：

A60 泡壳单位成本 $=\dfrac{18\times520+65\ 442.20}{18+50+80}=505.42$（元）

三管单位成本 $=\dfrac{600\times6+56\ 057.80}{600+5\ 000+2\ 000}=7.85$（元）

铁头单位成本 $=\dfrac{50\times400+48\ 939}{50+160-0.2}=328.59$（元）

钨丝单位成本 $=\dfrac{70\times148.90+80\ 073.86}{70+400}=192.56$（元）

紫铜丝单位成本 $=\dfrac{300\times10.26+4\ 240.39}{300+350}=11.26$（元）

铂丝单位成本 $=\dfrac{14\times199.60+12\ 505.75}{14+50}=239.07$（元）

根据上述单位成本结合本月发出材料的数量，即可计算出发出材料的成本。

借：生产成本——40W 灯泡   32 606.47

    ——60W 灯泡   24 381.52

    ——100W 灯泡   44 896.26

    贷：原材料——A60 泡壳   32 852.30

    ——三管   25 120

    ——铁头   19 715.40

    ——钨丝   16 752.72

    ——紫铜丝   5 292.20

    ——铂丝   2 151.63

（10）本月发生的制造费用 $=1\ 000+2\ 000+280+10\ 000+800+6\ 000=20\ 080$（元）

制造费用分配率 $=\dfrac{20\ 080}{4\ 000+5\ 000+6\ 000}=1.3387$

40W 灯泡负担的制造费用 $=1.3387\times4\ 000=5\ 354.80$（元）

60W 灯泡负担的制造费用 $=1.3387\times5\ 000=6\ 693.50$（元）

100W 灯泡负担的制造费用 $=20\ 080-5\ 354.80-6\ 693.50=8\ 031.70$（元）

借：生产成本——40W 灯泡   5 354.80

    ——60W 灯泡   6 693.50

    ——100W 灯泡   8 031.70

    贷：制造费用   20 080

（11）本月完工产品成本=期初在产品成本+本期发生的费用-期末在产品成本，由此可计算出：

40W 灯泡的完工成本 $=2\ 000+4\ 000+560+32\ 606.47+5\ 354.80=44\ 521.27$（元）

60W 灯泡的完工成本 $=2\ 500+5\ 000+700+24\ 381.52+6\ 693.50=39\ 275.02$（元）

100W 灯泡的完工成本 $=3\ 000+6\ 000+840+44\ 896.26+8\ 031.70=62\ 767.96$（元）

借：库存商品——40W 灯泡   44 521.27

    ——60W 灯泡   39 275.02

    ——100W 灯泡   62 767.96

贷：生产成本——40W 灯泡　　　　　　　　　　　　44 521.27

　　　　　　——60W 灯泡　　　　　　　　　　　　39 275.02

　　　　　　——100W 灯泡　　　　　　　　　　　 62 767.96

（12）根据期初结存的产成品和本月完工的产成品成本资料可以计算出发出产品的加权平均单位成本：

$$40W \text{ 灯泡单位成本} = \frac{13 \times 2\,075.94 + 44\,521.27}{13 + 25} = 1\,881.80 \text{（元）}$$

$$60W \text{ 灯泡单位成本} = \frac{18 \times 2\,500 + 39\,275.02}{18 + 15} = 2\,633.59 \text{（元）}$$

$$100W \text{ 灯泡单位成本} = \frac{14 \times 3\,000 + 62\,767.96}{14 + 25} = 2\,686.36 \text{（元）}$$

根据上述加权平均单位成本，结合销售产品的数量，即可计算出销售产品的成本。

借：主营业务成本　　　　　　　　　　　　　　　 210 679.78

　贷：库存商品——40W 灯泡　　　　　　　　　　　　56 454

　　　　　　——60W 灯泡　　　　　　　　　　　　79 007.70

　　　　　　——100W 灯泡　　　　　　　　　　　 75 218.08

完工产品制造成本计算表见表8-9：

表8-9　　　　　　　　　　　完工产品制造成本计算表　　　　　　　金额单位：元

成本项目	40W 灯泡（25 万只）		60W 灯泡（15 万只）		100W 灯泡（25 万只）	
	总成本	单位成本	总成本	单位成本	总成本	单位成本
直接材料	32 606.47		24 381.52		44 896.26	
直接人工	4 000		5 000		6 000	
其他直接支出	2 560		3 200		3 840	
制造费用	5 354.80		6 693.50		8 031.70	
制造成本	44 522.02		39 275.47		62 768.71	

5.（1）假设本期生产费用中直接材料费用为 x，则直接人工费用为 1 000 000 × 80% − x，由于两者的比例为 4:1，故可计算出直接材料费用为 640 000 元，直接人工费用为 160 000 元。

（2）本月完工产品制造成本是本月生产费用的 1.2 倍，即 1 200 000 元。假设期末在产品成本为 y，那么期初在产品成本为 2y，则 y = 2y + 1 000 000 − 1 200 000，y = 200 000（元）。

（3）由于本月发生的生产费用总额为 1 000 000 元，其中直接材料和直接人工费用为 800 000 元，所以制造费用为 200 000 元，间接材料、间接人工、其他费用的比为 5:3:2,因而可以计算出间接材料费用为 100 000 元，据此可知本期消耗的材料总额为：

640 000+100 000=740 000（元）

又因为期初库存材料相当于期末库存材料的50%，本月购入材料总额为800 000元，设期初库存材料为 z，则：

2z=z+800 000-740 000

z=60 000（元）

综合以上的全部计算可知：期末结存的材料成本为120 000元；本期完工产品成本为1 200 000元，期末在产品成本为200 000元。

6. （1）根据资料（1），可以计算出甲在产品成本为 $60\,000 \times \dfrac{2}{5} = 24\,000$（元），其中直接材料费用为16 000元，直接人工费用为4 000元，制造费用为4 000元；乙在产品成本为36 000元，其中直接材料费用为24 000元，直接人工费用为6 000元，制造费用为6 000元。根据资料（3）可知，本月完工产品中的直接人工费用共为310 000元，按照生产工时比例分配，甲、乙、丙产品的生产工时分别为：

61 600×2.5=154 000

40 000×0.9=36 000

20 000×6=120 000

则直接人工费用的分配可计算如下：

$$分配率 = \frac{310\,000}{154\,000+36\,000+120\,000} = 1$$

甲产品负担的直接人工费用=1×154 000=154 000（元）

乙产品负担的直接人工费用=1×36 000=36 000（元）

丙产品负担的直接人工费用=1×120 000=120 000（元）

由于甲、乙产品有期初在产品，其中甲在产品中的直接人工费用为4 000元，乙在产品中的直接人工费用为6 000元，故本月发生的直接人工费用分别为甲产品150 000元、乙产品30 000元、丙产品120 000元。因为没有月末在产品，所以本月完工产品成本中只包括期初在产品成本和本月发生的费用。题中所给完工产品成本中的直接材料费用分别为甲产品251 120元、乙产品120 000元、丙产品70 000元，而甲产品期初在产品成本中的直接材料费用为16 000元，乙产品期初在产品成本中的直接材料费用为24 000元，故本月发生的直接材料费用分别为甲产品235 120元、乙产品96 000元、丙产品70 000元，共计401 120元。据此可以计算出本月发生的制造费用为：

901 120-401 120-300 000=200 000（元）

对此进行分配：

$$分配率 = \frac{200\,000}{150\,000+30\,000+120\,000} = \frac{2}{3}$$

甲产品负担的制造费用 $= \dfrac{2}{3} \times 150\,000 = 100\,000$（元）

乙产品负担的制造费用 $= \dfrac{2}{3} \times 30\,000 = 20\,000$（元）

丙产品负担的制造费用 $= \dfrac{2}{3} \times 120\,000 = 80\,000$（元）

由上述的全部分析可以计算出：

甲产品完工总成本 = 24 000 + （235 120 + 150 000 + 100 000） = 509 120 （元）

甲产品单位成本 = $\frac{509\ 120}{61\ 600}$ = 8.26 （元）

乙产品完工总成本 = 36 000 + （96 000 + 30 000 + 20 000） = 182 000 （元）

乙产品单位成本 = $\frac{182\ 000}{40\ 000}$ = 4.55 （元）

丙产品完工总成本 = 70 000 + 120 000 + 80 000 = 270 000 （元）

丙产品单位成本 = $\frac{270\ 000}{20\ 000}$ = 13.50 （元）

（2）本月销售乙产品 38 000 件，由于没有月初库存，所以：

乙产品销售成本 = 4.55×38 000 = 172 900 （元）

丙产品有期初库存，需要计算其加权平均单位成本：

丙产品平均单位成本 = $\frac{10\ 000×12 + 20\ 000×13.50}{10\ 000 + 20\ 000}$ = 13 （元）

本月丙产品的销售成本 = 13×25 000 = 325 000 （元）

7. 编制的会计分录为：

（1）借：生产成本——A 产品　　　　　　　　　　　　　10 000
　　　　　　　——B 产品　　　　　　　　　　　　　20 000
　　　　制造费用　　　　　　　　　　　　　　　　　2 400
　　　贷：原材料——甲材料　　　　　　　　　　　　　　　　20 500
　　　　　　　——乙材料　　　　　　　　　　　　　　　　11 900

（2）借：生产成本——A 产品　　　　　　　　　　　　　18 000
　　　　　　　——B 产品　　　　　　　　　　　　　32 000
　　　　制造费用　　　　　　　　　　　　　　　　　8 000
　　　贷：应付职工薪酬　　　　　　　　　　　　　　　　　58 000

（3）借：生产成本——A 产品　　　　　　　　　　　　　2 520
　　　　　　　——B 产品　　　　　　　　　　　　　4 480
　　　　制造费用　　　　　　　　　　　　　　　　　1 120
　　　贷：应付职工薪酬　　　　　　　　　　　　　　　　　8 120

（4）借：制造费用　　　　　　　　　　　　　　　　　1 880
　　　贷：银行存款　　　　　　　　　　　　　　　　　　　1 880

（5）借：制造费用　　　　　　　　　　　　　　　　　1 000
　　　贷：预付账款　　　　　　　　　　　　　　　　　　　1 000

（6）借：制造费用　　　　　　　　　　　　　　　　　600
　　　贷：其他应付款　　　　　　　　　　　　　　　　　　600

（7）借：制造费用　　　　　　　　　　　　　　　　　1 000
　　　贷：累计折旧　　　　　　　　　　　　　　　　　　　1 000

（8）本月发生的制造费用额 = 2 400 + 8 000 + 1 120 + 1 880 + 1 000 + 600 + 1 000 = 16 000 （元）

制造费用分配率 = $\frac{16\ 000}{18\ 000 + 32\ 000}$ = 0.32

A 产品负担的制造费用 = 0.32×18 000 = 5 760 （元）

B 产品负担的制造费用 = 0.32×32 000 = 10 240（元）

借：生产成本——A 产品　　　　　　　　　　　　　　　　　　5 760

　　　　　　——B 产品　　　　　　　　　　　　　　　　　　10 240

　　贷：制造费用　　　　　　　　　　　　　　　　　　　　　　　　　16 000

（9）首先，登记 A、B 产品生产成本明细账见表 8-10、表 8-11：

表 8-10　　　　　　　　　　　　　　生产成本明细分类账

产品名称：A 产品　　　　　　　　　　　　　　　　　　　　　　　　　　单位：元

年		凭证	摘　要	借　方				
月	日			直接材料	直接人工	其他直接支出	制造费用	合计
略	略	略	期初在产品成本	4 500	3 000	800	1 200	9 500
			材料费用	10 000				10 000
			生产工人工资		18 000			18 000
			提取福利费			2 520		2 520
			分配制造费用				5 760	5 760
			本期发生额	10 000	18 000	2 520	5 760	36 280
			结转完工产品成本（20 台）	14 500	21 000	3 320	6 960	45 780

表 8-11　　　　　　　　　　　　　　生产成本明细分类账

产品名称：B 产品　　　　　　　　　　　　　　　　　　　　　　　　　　单位：元

年		凭证	摘　要	借　方				
月	日			直接材料	直接人工	其他直接支出	制造费用	合计
略	略	略	期初在产品成本	10 000	7 000	2 600	6 000	25 600
			材料费用	20 000				20 000
			生产工人工资		32 000			32 000
			提取福利费			4 480		4 480
			分配制造费用				10 240	10 240
			本期发生额	20 000	32 000	4 480	10 240	66 720
			结转完工产品成本（50 台）	30 000	39 000	7 080	16 240	92 320

其次，编制完工产品成本计算表见表 8-12 所示：

表 8-12　　　　　　　　　　　　完工产品成本计算表　　　　　　　　　金额单位：元

成本项目	A 产品（20 台）		B 产品（50 台）	
	总成本	单位成本	总成本	单位成本
直接材料	14 500	725	30 000	600
直接人工	21 000	1 050	39 000	780
其他直接支出	3 320	166	7 080	141.60
制造费用	6 960	348	16 240	324.80
制造成本	45 780	2 289	92 320	1 846.40

最后，根据完工产品成本计算表，即可编制结转成本的会计分录：

借：库存商品——A 产品   45 780

         ——B 产品   92 320

  贷：生产成本——A 产品   45 780

         ——B 产品   92 320

七、案例提示

企业所得税的计算，首先应该确定应纳税所得额，在没有纳税调整事项时，即为利润总额。利润总额是由营业利润、营业外收入和营业外支出组成的。式子中最重要的项目就是营业利润，而营业利润计算的准确与否，取决于销售成本的结转是否正确。销售成本＝期初结存的产成品成本＋本期完工的产成品成本－期末库存的产成品成本，本期完工的产成品＝期初的在产品＋本期发生的生产费用－期末的在产品。题中期初的在产品和期末的在产品成本资料都已给定，所以只需要对本期发生的生产费用予以正确的归集，而本期的生产费用包括直接材料、直接人工和制造费用，这些项目需要根据题中的资料进行正确的计算。由以上的分析可以看出，本题的关键就在于本期完工产品制造成本、本期销售产品成本的计算和结转是否正确。根据案例分析思路，结合题意，可作如下的处理：

首先应计算本月完工产品成本。本月完工产品成本＝期初在产品成本＋本期发生的生产费用－期末在产品成本。式中期初期末在产品成本题中已给定，只要把本月发生的生产费用计算出来即可，而本月发生的生产费用包括直接材料费用、直接人工费用和制造费用，分别计算如下：

本期消耗的材料费用＝期初库存的材料成本＋本期购入的材料成本－期末库存材料成本

               =137 600＋356 200－12 400＝369 800（元）

本期消耗的材料包括生产产品消耗的材料和车间一般性消耗的材料两部分，题中已知车间一般性消耗的材料为 14 800 元，故生产产品消耗的直接材料费用为：

369 800－14 800＝355 000（元）

直接人工费用为 73 600 元；根据题中所给各个费用项目可知：

本月发生的制造费用＝27 500＋14 800＋16 500＋11 000＝69 800（元）

本期为生产产品而发生的生产费用总额＝355 000＋73 600＋69 800＝498 400（元）

本月完工产品成本＝6 450＋498 400－7 680＝497 170（元）

其次计算本期销售产品成本。

本期销售产品成本＝期初库存产成品成本＋本月完工入库产品成本－期末库存产品成本

               =82 180＋497 170－94 450＝484 900（元）

根据题中所给项目，本月实现的销售收入为 596 920 元，本月发生的销售费用为 6 450元，销售税费为 29 130 元，则：

产品销售利润＝596 920－484 900－6 450－29 130＝76 440（元）

本月发生的管理费用＝14 320＋8 500＋520＋100＋600＝24 040（元）

财务费用＝2 400 元

营业利润＝产品销售利润－管理费用－财务费用＝76 440－24 040－2 400＝50 000（元）

由于该企业没有营业外收入和营业外支出项目，所以营业利润即为利润总额。另外，根据题中所给资料，该企业没有其他纳税调整项目，因而利润总额就是应纳税所得额，计算出的所得税税额为 12 500 元（50 000×25%），而该企业会计计算出的所得税税额为 8 920 元，显然是错误的。会计张群在计算上出现了错误。我们可以采取倒推的方法来寻找错误：按照张群的计算，所得税税额为 8 920 元，即应纳税所得额为 35 680 元（8 920÷25%），与正常的利润总额相差 14 320 元，而这个数字恰好是该企业行政管理人员的工资，也就是说会计张群在计算利润总额时重减了行政管理人员的工资费用，导致了利润总额虚减 14 320 元。

第 9 章　财产清查

一、学习目的与要求

完整、准确地反映企业的财产物资、货币资金和债权债务的真实情况，随时保证账实相符是会计核算的基本原则，也是经济管理对会计核算提出的客观要求，而账实是否相符又必须通过财产清查这种会计核算的专门方法来确证。本章阐述的内容有：财产清查的意义和种类、财产清查的盘存制度、不同财产的清查方法及财产清查结果的账务处理方法等。应重点掌握不同财产的清查方法及财产清查结果的账务处理方法。

二、预习要览

（一）关键概念

1. 财产清查	2. 全部清查	3. 局部清查
4. 定期清查	5. 不定期清查	6. 实地盘存制
7. 永续盘存制	8. 先进先出法	9. 加权平均法
10. 未达账项	11. 实地盘点法	12. 技术推算法
13. 抽样盘存法		

（二）关键问题

1. 什么是财产清查？财产清查的必要性是什么？
2. 财产清查有哪些种类？
3. 全部清查应在哪几种情况下进行？
4. 财产清查的原始凭证有哪些作用？
5. 永续盘存制与实地盘存制有何不同？各自具有什么样的优缺点？
6. 进行正式清查前，应做好哪些准备工作？
7. 如何进行库存现金的清查？
8. 如何进行银行存款的清查？
9. 如何进行实物财产的清查？
10. 如何进行债权债务的清查？
11. 如何编制"银行存款余额调节表"？
12. 财产清查的核算需要设置的主要账户有哪些？如何核算？
13. 如何进行财产清查结果的处理？

三、本章的重点与难点

财产清查是会计核算的一种专门方法。它是为了核算和监督账簿记录的真实性和财产保管使用的合理性而进行的。通过本章的学习，可以了解到：（1）财产清查的概念、必要性和种类，尤其是进行全部清查的几种情况。（2）存货的盘存制度。存货的盘存制度包括实地盘存制和永续盘存制两种。如何确定期末存货成本和本期销售或耗用成本是本章的重点内容之一。（3）财产清查的内容和方法。财产清查主要包括现金的清查、银行存款的清查、实物财产的清查和应收应付款的清查。其中，银行存款的清查是重点内容之一。对在银行存款清查时发现的未达账项，可编制银行存款余额调节表来调整，但该表只起到对账作用，不能作为调节账面余额的原始凭证。（4）财产清查结果的处理。该部分内容是本章的重点内容，应注意存货与固定资产盘盈、盘亏结果处理的区别。

四、练习题

（一）单项选择题

1. 库存现金清查的方法是（　　）。

A. 技术测算法
B. 实地盘点法
C. 外调核对法
D. 与银行对账单相核对

2. 实地盘存制与永续盘存制的主要区别是（　　）。

A. 盘点的方法不同
B. 盘点的目标不同
C. 盘点的工具不同
D. 盘亏结果的处理不同

3. 一般而言，单位在撤销、合并时，要进行（　　）。

A. 定期清查
B. 全面清查
C. 局部清查
D. 实地清查

4. 对于库存现金的清查，应将其结果及时填列（　　）。

A. 盘存单
B. 实存账存对比表
C. 库存现金盘点报告表
D. 对账单

5. 银行存款清查的方法是（　　）。

A. 日记账与总分类账核对
B. 日记账与收付款凭证核对
C. 日记账和对账单核对
D. 总分类账和收付款凭证核对

6. 对于大量成堆难于清点的财产物资，应采用的清查方法是（　　）。

A. 实地盘点法
B. 抽样盘点法
C. 询证核对法
D. 技术推算法

7. 在记账无误的情况下，造成银行对账单和银行存款日记账不一致的原因是（　　）。

A. 应付账款
B. 应收账款
C. 未达账项
D. 外埠存款

8. 实存账存对比表是调整账面记录的（　　）。

A. 记账凭证
B. 转账凭证
C. 原始凭证
D. 累计凭证

9. 下列项目的清查应采用询证核对法的是（　　）。

A. 原材料
B. 应付账款
C. 实收资本
D. 短期投资

10. "待处理财产损溢"账户未转销的借方余额表示（　　）。

A. 尚待处理的盘盈数　　　　　　　　B. 尚待处理的盘亏和毁损数

C. 已处理的盘盈数　　　　　　　　　D. 已处理的盘亏和毁损数

11. 对财产物资的收发都有严密的手续，且在账簿中有连续的记载便于确定结存灵敏度的制度是(　　　)。

A. 实地盘存制　　　　　　　　　　　B. 权责发生制

C. 永续盘存制　　　　　　　　　　　D. 收付实现制

12. 对于盘盈的固定资产的净值，经批准后应贷记的会计科目是(　　　)。

A. 营业外收入　　　　　　　　　　　B. 营业外支出

C. 管理费用　　　　　　　　　　　　D. 待处理财产损溢

13. 企业对于无法收回的应收账款应借记的会计科目是(　　　)。

A. 财务费用　　　　　　　　　　　　B. 营业外支出

C. 待处理财产损溢　　　　　　　　　D. 管理费用

14. "待处理财产损溢"账户未转销的贷方余额表示(　　　)。

A. 已处理的财产盘盈

B. 结转已批准处理的财产盘盈

C. 转销已批准处理的财产盘亏和毁损

D. 尚待批准处理的财产盘盈数大于尚待批准处理的财产盘亏和毁损数的差额

15. 采用实地盘存制，平时账簿记录中不能反映的是(　　　)。

A. 财产物资的购进业务　　　　　　　B. 财产物资的减少数额

C. 财产物资的增加和减少数额　　　　D. 财产物资的盘盈数额

16. 核销存货的盘盈时，应贷记的会计科目是(　　　)。

A. 管理费用　　　　　　　　　　　　B. 营业外收入

C. 待处理财产损溢　　　　　　　　　D. 其他业务收入

17. 对债权债务的清查应采用的方法是(　　　)。

A. 询证核对法　　　　　　　　　　　B. 实地盘点法

C. 技术推算盘点法　　　　　　　　　D. 抽样盘存法

（二）多项选择题

1. 使企业银行存款日记账余额大于银行对账单余额的未达账项有(　　　)。

A. 企业先收款记账而银行未收款未记的款项

B. 银行先收款记账而企业未收款未记的款项

C. 企业和银行同时收款的款项

D. 银行先付款记账而企业未付款未记账的款项

E. 企业先付款记账而银行未付款未记账的款项

2. 财产物资的盘存制度有(　　　)。

A. 收付实现制　　　　B. 权责发生制　　　　C. 永续盘存制

D. 实地盘存制　　　　E. 岗位责任制

3. 财产清查按照清查的时间可分为(　　　)。

A. 全面清查　　　　　B. 局部清查　　　　　C. 定期清查

D. 不定期清查　　　　E. 内部清查

4. 企业进行全部清查主要发生的情况有( )。

A. 年终决算后 　　　B. 清产核资时 　　　C. 关停并转时

D. 更换现金出纳时 　　E. 单位主要负责人调离时

5. 财产清查按照清查的执行单位不同，可分为( )。

A. 内部清查 　　　　B. 局部清查 　　　　C. 定期清查

D. 不定期清查 　　　E. 外部清查

6. "银行存款余额调节表"是( )。

A. 原始凭证 　　　　B. 盘存表的表现形式 　　C. 只起到对账作用

D. 银行存款清查的方法 　　E. 调整账面记录的原始依据

7. 常用的实物财产清查方法包括( )。

A. 实地盘点法 　　　B. 技术推算法 　　　C. 函证核对法

D. 抽样盘点法 　　　E. 永续盘存法

8. 按清查的范围不同，可将财产清查分为( )。

A. 全面清查 　　　　B. 局部清查 　　　　C. 定期清查

D. 内部清查 　　　　E. 外部清查

9. 采用实地盘点法进行清查的项目有( )。

A. 固定资产 　　　　B. 库存商品 　　　　C. 银行存款

D. 往来款项 　　　　E. 库存现金

10. 定期清查的时间一般是( )。

A. 年末 　　　　　　B. 单位合并时 　　　　C. 中外合资时

D. 季末 　　　　　　E. 月末

11. 核对账目法适用于( )。

A. 固定资产的清查 　　B. 库存现金的清查 　　C. 银行存款的清查

D. 短期借款的清查 　　E. 预付账款的清查

12. 进行财产清查的作用有( )。

A. 便于宏观管理

B. 保证各项财产物资的安全完整

C. 提高会计资料的质量，保证其真实可靠

D. 有利于改善企业经营管理，挖掘财产物资潜力

E. 有利于准确地编制收付款凭证

13. 全面清查的对象包括( )。

A. 货币资金 　　　　B. 各种实物资产 　　　C. 往来款项

D. 在途材料、商品 　　E. 委托加工、保管的物资

14. 编制"银行存款余额调节表"时，计算调节后的余额应等于企业银行存款日记账余额( )。

A. 加企业未入账的收入款项 　　　　　　B. 加银行未入账的收入款项

C. 加双方都未入账的收入款项 　　　　　D. 加企业未入账的支出款项

E. 减企业未入账的支出款项

15. 财产清查结果的处理步骤包括( )。

A. 核准数字，查明原因　　　　　　B. 调整凭证，做到账实相符

C. 调整账簿，做到账实相符　　　　D. 进行批准后的账务处理

E. 销毁账簿资料

16. 对于盘亏的财产物资，经批准后进行账务处理，可能涉及的借方账户有（　　　）。

A. 管理费用　　　　　B. 营业外支出　　　　C. 营业外收入

D. 其他应收款　　　　E. 待处理财产损溢

17. 进行不定期清查的情况有（　　　）。

A. 更换财产和现金保管人员时

B. 发生自然灾害和意外损失时

C. 会计主体发生改变或隶属关系变动时

D. 财税部门对本单位进行会计检查时

E. 企业关停并转、清产核资、破产清算时

18. 下列可用作原始凭证，调整账簿记录的有（　　　）。

A. 实存账存对比表　　　　　　　　B. 未达账项登记表

C. 现金盘点报告表　　　　　　　　D. 银行存款余额调节表

E. 结算款项核对登记表

19. "实存账存对比表"是（　　　）。

A. 财产清查的重要报表　　　　　　B. 会计账簿的重要组成部分

C. 调整账簿的原始凭证　　　　　　D. 资产负债表的附表之一

E. 分析盈亏原因、明确经济责任的重要依据

（三）判断题

1. 会计部门要在财产清查之前将所有的经济业务登记入账并结出余额，做到账账相符、账证相符，为财产清查提供可靠的依据。　　　　　　　　（　　）

2. 采用先进先出法，在物价上涨时，会过低估计企业的当期利润和存货价值；反之，会高估企业的当期利润和存货价值。　　　　　　　　（　　）

3. 采用加权平均法，平时无法从账上提供发出和结存存货的单价及金额，因而不利于加强对存货的管理，所以它只是理论上的一种方法，一般不为企业所采用。

（　　）

4. 对在银行存款清查时发现的未达账项，可编制银行存款余额调节表来调整，编制好的银行存款余额调节表是调节账面余额的原始凭证。　　　　（　　）

5. 存货发出的计价方法不同，不仅会影响企业资产负债表中的负债和损益项目，同时也会影响企业资产负债表中的资产项目。　　　　　　　（　　）

6. 实地盘存制是指平时根据会计凭证在账簿中登记各种财产的增加数和减少数，在期末时再通过盘点实物，来确定各种财产的数量，并据以确定账实是否相符的一种盘存制度。　　　　　　　　（　　）

7. 未达账项是在企业和银行之间，由于凭证的传递时间不同，而导致了记账时间不一致，即一方已接到有关结算凭证并已登记入账，而另一方由于尚未接到有关结算凭证尚未入账的款项。　　　　　　　　　　　　　　　（　　）

8. 为了反映和监督各单位在财产清查过程中查明的各种资产的盈亏或毁损及报废的转销数额，应设置"待处理财产损溢"账户，该账户属于资产类账户。　　　（　）

（四）综合题

1. 某企业 7 月 31 日的银行存款日记账账面余额为 691 600 元，而银行对账单上企业存款余额为 681 600 元，经逐笔核对，发现有以下未达账项：

（1）7 月 26 日，企业开出转账支票 3 000 元，持票人尚未到银行办理转账，银行尚未登账。

（2）7 月 28 日，企业委托银行代收款项 4 000 元，银行已收款入账，但企业未接到银行的收款通知，因而未登记入账。

（3）7 月 29 日，企业送存购货单位签发的转账支票 15 000 元，企业已登账，银行尚未登记入账。

（4）7 月 30 日，银行代企业支付水电费 2 000 元，企业尚未接到银行的付款通知，故未登记入账。

要求：根据以上有关内容，编制"银行存款余额调节表"，并分析调节后是否需要编制有关会计分录。

2. X 企业经财产清查，发现盘盈 A 材料 3 200 吨。经查明是由于计量上的错误造成的，按计划成本 2 元/吨入账。

要求：进行批准前和批准后的账务处理。

3. Y 企业经财产清查，发现盘亏 B 材料 100 吨，单价 200 元/吨。经查明，属于定额内合理的损耗有 5 吨，计 1 000 元；属于人为过失造成的损失由责任人赔偿 40 吨，计 8 000 元；属于自然灾害造成的损失为 55 吨，计 11 000 元，由保险公司赔偿 6 000 元。

要求：进行批准前和批准后的账务处理。

4. W 企业在财产清查中，发现盘盈机器设备一台，估计原值为 30 万元，估计已提折旧额为 5 万元。

要求：进行相关的账务处理。

5. W 企业在财产清查中，发现盘亏机器设备一台，账面原值为 280 000 元，已提折旧额为 100 000 元。

要求：进行批准前和批准后的账务处理。

五、案例

案例一

甲企业采购员王××出差回来报销差旅费。旅馆开出发票记载单价为 50 元/间·天，人数为 1 人，时间为 10 天，金额为 500 元。而王××却将 50 元直接改为 350 元，小写金额改为 3 500 元，将大写金额前加了"叁仟"，报销后贪污金额为 3 000 元。要求：（1）出纳员对此应承担什么责任？（2）出纳员应如何审核这类虚假业务？

案例二

某百货批发部，出纳与会计由一人担任。该批发部根据业务需要有时以优惠价格销售电视机，但必须由经理批条。会计依据批条上的数量、价格开具发票，并保管以备查。审计人员抽查了该批发部 2017 年 10 月份的账目，抽查电视机的 20 笔销售业务，发现有 18 笔业务是按优惠价销售的，审计人员对此产生了怀疑，于是询问了经理。经理证实，在 10 月份根本就没有批准按优惠价格销售电视机。审计人员抓住线索，对全年销售业务的原始凭证进行了审查，查出多笔没有批条却按优惠价销售的业务，共计 3 806.73 元，在事实面前，会计人员承认了自己的贪污行为。

要求：请说明你的处理意见。

案例三

A 企业出纳员张秋收到 B 单位签发的一张金额为 2 084 元的转账支票后，同时签发了一张金额为 2 084 元的现金支票，然后一并到银行办理了银行存款进账业务和提取现金的业务。要求：（1）出纳员的这种做法是否属于正常的经济业务范畴？为什么？（2）对这两笔经济业务如何进行账务处理？（3）你作为一个审计人员，对这类经济业务应如何查处？

案例四

B 企业 2017 年 1 月销售一批产品给 W 企业，价款共计 10 万元，款项尚未收到，2017 年年底仍未收回该项货款。于是，会计人员便将此应收账款作为坏账处理。然而 2018 年 2 月 W 企业将应付 B 企业的货款 10 万元又偿还给了 B 企业，此时，会计人员不但没有入账，而且将 10 万元私自侵吞。要求：（1）会计人员的这种做法属于什么行为？（2）会计人员将应收账款作为坏账处理应如何编制会计分录？（3）当 W 企业将款项支付给 B 企业，会计人员应如何进行正确的账务处理？

案例五

Y 企业的副经理王××，将企业正在使用的一台设备借给其朋友使用，未办理任何手续。清查人员在年底盘点时发现盘亏了一台设备，原值为 20 万元，已提折旧 5 万元，净值为 15 万元。经查，属王副经理所为，于是派人向借方追索，但借方声称，该设备已被人偷走。当问及王副经理对此事的处理意见时，王××建议按正常报废处理。要求：（1）盘亏的设备按正常报废处理是否符合会计制度要求？（2）企业应怎样正确处理盘亏的固定资产？

案例六

M 企业 2017 年发生了亏损 8 万元，经理为了表明其工作业绩，要求会计人员在账面上"扭亏为盈"。于是，会计人员在年底虚报盘盈库存商品 80 吨，价值 16 万元，进行的账务处理是：

发现时：

借：库存商品　　　　　　　　　　　　　　　　　　　160 000

　　贷：待处理财产损溢　　　　　　　　　　　　　　　　　160 000

核销时：

借：待处理财产损溢　　　　　　　　　　　　　　　　160 000

　　贷：营业外收入　　　　　　　　　　　　　　　　　　　160 000

要求：审计人员在次年发现了这笔弄虚作假的业务，应如何调整上年利润和库存商品？

案例七

审计人员在对 G 企业进行审计时发现，G 企业 2017 年 12 月份以更新机器设备为名报废了 8 台正常运转的机器设备。8 台设备原值共计 160 万元，已提折旧 70 万元，会计人员按照厂长的指示对 8 台设备进行了固定资产清理的账务处理：

借：固定资产清理   900 000
  累计折旧   700 000
  贷：固定资产   1 600 000
借：营业外支出   900 000
  贷：固定资产清理   900 000

要求：（1）审计人员应怎样审查 G 企业的这种行为？（2）G 企业这样做的动机是什么？（3）审计人员应责成 G 企业进行怎样的账务调整？

案例八

审计人员在审查 N 企业 2017 年的资产负债表时发现，有一笔待处理流动资产净损失 20 万元，审查其明细账得知是部分库存材料盘亏，但在审查会计凭证时却发现 N 企业 10 月 15 日 23#凭证购买装饰材料时，编制如下会计分录：

借：原材料   200 000
  应交税费——应交增值税（进项税额）   34 000
  贷：银行存款   234 000

10 月 15 日 25#记账凭证后未附有原始凭证，但编制的会计分录是：

借：待处理财产损溢——待处理流动资产损溢 280 000
  贷：原材料   200 000
   其他应付款   80 000

10 月 18 日编制的记账凭证是：

借：管理费用   280 000
  贷：待处理财产损溢——待处理流动资产损溢 280 000

上述会计分录可疑之处在于，N 企业是因何将 8 万元的材料损失记入了"其他应付款"账户？审计人员对"其他应付款"的明细账进行了审查，发现有一笔应付给 C 装饰公司的装饰用工费值得怀疑。审计人员实际查看了 N 企业的会议室，从外观上看是最近装修的，但从账簿、会计凭证中未发现有任何记录。于是，审计人员找到 C 装饰公司于经理询问此事。据于经理反映，他们为 N 企业装饰会议室不仅出了工，而且还购买了装饰材料。根据这些证据，你认为 N 企业都有哪些违法行为？N 企业应如何真实地记录该项经济业务？

六、练习题参考答案

（一）单项选择题

1. B 2. A 3. B 4. C 5. C 6. D 7. C 8. C 9. B 10. B 11. C 12. A 13. D
14. D 15. B 16. A 17. A

（二）多项选择题

1. AD 2. CD 3. CD 4. ABCE 5. AE 6. CD 7. ABCD 8. AB 9. ABE 10. ADE

11. CDE　12. ABCD　13. ABCDE　14. AE　15. ACD　16. ABD　17. ABCDE　18. AC　19. ACE

（三）判断题

1. √　2. ×　3. ×　4. ×　5. ×　6. ×　7. √　8. ×

（四）综合题

1. 编制的"银行存款余额调节表"见表9-1：

表9-1　　　　　　　　　　　　　　　银行存款余额调节表　　　　　　　　　　　　　　单位：元

项　　目	金额	项　　目	金额
企业银行存款日记账余额	691 600	银行对账单余额	681 600
加：银行已收企业未收	4 000	加：企业已收银行未收	15 000
减：银行已付企业未付	2 000	减：企业已付银行未付	3 000
调节后的存款余额	693 600	调节后的存款余额	693 600

银行存款余额调节表只是银行存款清查的工具，它只起到对账作用，不能作为调节账面余额的原始凭证。银行存款日记账的登记，还应待收到有关原始凭证后再进行。

2. 批准前：

借：原材料　　　　　　　　　　　　　　　　　　　　　　　　　　6 400
　　贷：待处理财产损溢　　　　　　　　　　　　　　　　　　　　　　　　6 400

批准后：

借：待处理财产损溢　　　　　　　　　　　　　　　　　　　　　　6 400
　　贷：管理费用　　　　　　　　　　　　　　　　　　　　　　　　　　6 400

3. 批准前：

借：待处理财产损溢　　　　　　　　　　　　　　　　　　　　　20 000
　　贷：原材料　　　　　　　　　　　　　　　　　　　　　　　　　　20 000

批准后：

（1）对属于定额内合理损耗的处理：

借：管理费用　　　　　　　　　　　　　　　　　　　　　　　　1 000
　　贷：待处理财产损溢　　　　　　　　　　　　　　　　　　　　　　1 000

（2）对属于由责任人赔偿的处理：

借：其他应收款　　　　　　　　　　　　　　　　　　　　　　　8 000
　　贷：待处理财产损溢　　　　　　　　　　　　　　　　　　　　　　8 000

（3）对属于自然灾害造成的损失的处理：

借：营业外支出　　　　　　　　　　　　　　　　　　　　　　　5 000
　　其他应收款——保险公司　　　　　　　　　　　　　　　　　　6 000
　　贷：待处理财产损溢　　　　　　　　　　　　　　　　　　　　　11 000

4. 借：固定资产　　　　　　　　　　　　　　　　　　300 000
　　　贷：累计折旧　　　　　　　　　　　　　　　　　　　　　　50 000
　　　　　以前年度损益调整　　　　　　　　　　　　　　　　　250 000

5. 批准前：

借：待处理财产损溢	180 000	
累计折旧	100 000	
贷：固定资产		280 000

批准后：

借：营业外支出	180 000	
贷：待处理财产损溢		180 000

七、案例提示

案例一

（1）出纳员应负责追回损失的现金，若无法追回，出纳员应承担连带赔偿责任。（2）出纳员应首先检查原始凭证，即应检查发票有无部门领导的签字，发票金额的笔体是否一致。发现有疑点时，应采用函询法调查住宿单价。

案例二

限期追回被贪污的款项 3 806.73 元。将该工作人员调离会计岗位。单位在符合国家相关法律法规的前提下，可依据企业的制度规定，解除与涉事人员的聘用合同。由于涉及金额不大，企业可以就当事人认错态度、退赔程度等，追究或不追究当事人的法律责任。

案例三

出纳员的这种做法一般情况下属于异常的经济业务。值得注意的是，出纳员可能利用银行存款同时一增一减两笔相同金额的业务，使银行存款余额没有变化，其与银行对账单余额相符，不易看出漏洞，从而达到贪污公款的目的。因此，对这种贪污行为，审计人员应将银行存款日记账上的收支业务逐笔与银行对账单核对，发现银行对账单上有金额相同且时间间隔不长的一收一付两笔业务而银行日记账上没有记录，应特别注意，询问会计人员是什么原因造成的，如果查不清原因，可到银行调查该收付业务的具体内容，从中查出会计人员有无贪污公款的行为。

案例四

（1）会计人员的这种做法完全属于贪污行为。

（2）会计人员将应收账款转为坏账时，应编制的会计分录是：

借：坏账准备	100 000	
贷：应收账款		100 000

（3）当收到 B 企业偿还的货款时，应编制的会计分录是：

借：应收账款	100 000	
贷：坏账准备		100 000
借：银行存款	100 000	
贷：应收账款		100 000

案例五

Y 企业对盘亏的固定资产的处理是不合适的。清查人员应向当事人索赔。如果当事人不能按期偿还，王××应承担赔偿责任。

案例六

审计人员应编制的调整分录为：

借：利润分配——未分配利润   160 000

    贷：库存商品   160 000

案例七

（1）第一步，审计人员应审阅固定资产清理明细账，对设备未到年限却做清理处理应予以高度重视，同时审查企业在账簿记录中有没有清理费用和残料价值或变价收入。第二步，审计人员应亲临现场，实地查看和盘点已做清理处理的机器设备，看其是否还在使用中。

（2）G 企业提前报废正在使用的固定资产的目的是减少当年利润，达到少交所得税的目的，从而缓解企业资金不足的矛盾。

（3）账务调整的会计分录为：

借：固定资产   1 600 000

    贷：累计折旧   700 000

        利润分配——未分配利润   900 000

案例八

N 企业为装饰豪华会议室，投资了 28 万元。为了不从账面反映出这一铺张行为，便将购料费和用工费 28 万元通过资产盘亏处理掉。这样做的结果是：（1）抵扣了不应抵扣的增值税，偷漏了增值税；（2）虚增了当期费用，虚减了当期利润，少交了所得税。

正确的做法是：

当购进了装饰材料时：

借：工程物资   234 000

    贷：银行存款   234 000

当领用工程物资并发生用工费时：

借：在建工程   314 000

    贷：工程物资   234 000

        其他应付款   80 000

第10章 账户分类

一、学习目的与要求

通过对第3章的学习，我们已经知道，账户是具有一定格式，用来序时、连续、系统地记录经济业务，反映会计要素的增减变动及结果的一种工具，是会计科目在会计账簿中的运用。运用会计账户是进行会计核算和监督的必要保证之一。在前面的学习中，我们主要是通过对个别经济业务进行核算来掌握账户的相关内容的，侧重于账户特性的运用。在掌握前面几章各种账户特性的基础上，通过对本章的学习，应掌握各种账户的共性，探讨各账户之间的内在联系，理解各个账户在整个账户体系中的地位和作用，以及各类账户在提供会计信息方面的规律性，以达到正确设置和运用账户的目的。本章应重点掌握账户按经济内容的分类。

二、预习要览

（一）关键概念

1. 账户的经济内容　　　2. 账户的用途　　　3. 账户的结构
4. 跨期摊配账户　　　　5. 抵减账户　　　　6. 抵减附加账户
7. 集合分配账户　　　　8. 对比账户　　　　9. 结算账户
10. 收入计算账户

（二）关键问题

1. 为什么要把账户按照不同的标准进行分类？
2. 科学地进行账户分类有哪些作用？
3. 账户按照经济内容可以分为哪些类别？
4. 为什么要设置跨期摊配账户？其用途结构如何？
5. 结算账户分为哪几种？其用途结构如何？
6. 为什么要设置调整账户？调整账户的特点是什么？
7. 为什么要设置集合分配账户和成本计算账户？它们之间有何区别？
8. 收入计算账户、费用计算账户和财务成果计算账户之间存在什么关系？
9. 简要说明资产负债表账户、利润表账户包括哪些内容。

三、本章的重点与难点

账户是具有一定格式，用来序时、连续、系统地记录经济业务，反映会计要素增减变动及结果的一种工具。本章在第7章企业基本业务核算内容介绍的基础上，研究了个别经济业务核算方法、个别账户的内容、用途和结构之后，着重研究账户的分类，即从具体到一般。通过研究账户的分类，掌握各种账户的共性，探讨各账户之间的内在联系，理解各个账户在整个账户体系中的地位和作用，以及各类账户在提供会计信息方面的规律性，以达到正确设置和运用账户的目的。每一个账户都有其特定的核算内容，只能运用于特定的经济业务核算，只能对某项经济业务的会计数据进行分类记录，只能从某一个侧面来反映会计要素的变化过程及结果。任何一个账户都有其独特的经济性质、用途和结构，一般不能用其他账户来代替。为了正确地设置和运用账户，就需要从理论上进一步认识各个账户的经济内容、用途结构及其在整个账户体系中的地位和作用。在了解各账户特性的基础上，了解各账户的共性和相互之间的联系，掌握各账户在提供核算指标方面的规律性，从而正确地设置和运用账户，为会计信息使用者提供相应的会计信息，为此就必须研究账户分类的问题。账户分类的标准一般有：按账户的经济内容分类、按账户的用途结构分类、按账户与会计报表的关系分类。科学地进行账户分类，具有如下的作用：（1）便于设置完整的账户体系，全面地反映企业的经营活动和资金运动情况；（2）便于设置会计账簿的格式；（3）便于编制会计报表。

账户按照不同的标准可以分为不同的类别：

（一）账户按其经济内容的分类

账户的经济内容，是指账户所反映的会计对象的具体内容。因而账户按其经济内容的分类，实质上是按会计对象的具体内容即资金运动的分类，它可以分为：（1）资产类账户——核算企业各种资产的增减变动及结余情况，按照资产的流动性又可以分为反映流动资产的账户如"原材料"账户，反映非流动资产的账户如"固定资产"账户；（2）负债类账户——核算企业各种负债的增减变动及结余情况的账户，按照负债的流动性又可以分为反映流动负债的账户如"短期借款"账户，反映长期负债的账户如"长期借款"账户；（3）所有者权益类账户——核算企业所有者权益的增减变动及结余情况，按照所有者权益的来源和构成又可以分为反映所有者原始投资的账户如"实收资本"账户，反映所有者经营积累的账户如"盈余公积"账户；（4）收入类账户——核算企业在生产经营过程中所取得的各种经济利益的账户（注意：这里的收入是指广义的收入），按照收入的不同性质和内容又可以分为反映营业收入的账户如"主营业务收入"账户，反映非营业收入的账户如"营业外收入"账户；（5）费用类账户——核算企业在生产经营过程中所发生的各种费用支出的账户（这里的费用是指广义的费用），按照费用的不同性质和内容又可以分为反映营业费用的账户如"生产成本"账户，反映非营业费用的账户如"营业外支出"账户；（6）利润类账户——核算企业利润的形成及分配情况的账户，它又可以分为反映利润形成情况的账户如"本年利润"账户，反映利润分配情况的账户如"利润分配"账户。

（二）账户按其用途和结构的分类

账户的用途，是指设置和运用账户的目的是什么，通过账户记录能够提供什么核算指标。账户的结构，是指在账户中如何记录经济业务以取得必要的核算指标。按用途和结构分类的账户体系，包括基本账户、调整账户、成本账户和损益账户四大类。基本账户包括：（1）盘存账户——核算监督企业各项财产物资和货币资金（包括有价证券）的增减变动及实有数的账户，如"银行存款"账户；（2）投资权益账户——核算企业投资者投资的增减变动及实有数的账户，如"实收资本"账户；（3）结算账户——核算和监督企业与其他单位和个人之间往来账款结算业务的账户，具体又可以分为债权结算账户如"应收账款"账户，债务结算账户如"应付账款"账户，债权债务结算账户如企业不单独设置"预收账款"账户，而将预收款业务在"应收账款"账户中进行核算，此时"应收账款"账户就是一个债权债务结算账户；（4）跨期摊配账户——核算和监督应由若干个会计期间共同负担的费用，并将这些费用摊配于各个相应的会计期间的账户，如"长期待摊费用"账户。调整账户包括：（1）抵减账户——也称备抵账户，用来抵减相关账户（被调整账户）的余额，以求得被调整账户的实际余额的账户，其调整方式是：被调整账户余额－抵减调整账户余额＝被调整账户实际余额，如"累计折旧"账户；（2）抵减附加账户——也称备抵附加账户，既用来抵减又用来增加被调整账户的余额，以求得被调整账户的实际余额的账户，其调整方式是：被调整账户余额＋调整账户的附加数－调整账户的抵减数＝被调整账户的实际余额，如"材料成本差异"账户。成本账户包括：（1）集合分配账户——用来归集和分配企业经营过程中某一阶段的某种间接费用，借以核算、监督有关间接费用计划执行情况，以及其分配情况的账户，如"制造费用"账户；（2）成本计算账户——用来核算和监督企业经营过程中应计入特定成本计算对象的经营费用，并确定各成本计算对象实际成本的账户，如"在途物资"账户；（3）对比账户——用来核算企业经营过程中某一阶段某项经济业务按照两种不同的计价标准进行对比，借以确定其业务成果的账户，如材料按计划成本核算时企业设置的"材料采购"账户。损益账户包括：（1）收入计算账户——用来核算和监督企业在一定时期（月、季或年）内所取得的各种收入和收益的账户，如"主营业务收入"账户；（2）费用计算账户——用来核算和监督企业在一定时期（月、季或年）内所发生的应计入当期损益的各项费用、成本和支出的账户，如"主营业务成本"账户；（3）财务成果计算账户——用来核算和监督企业在一定时期（月、季或年）内全部营业活动最终成果的账户，如"本年利润"账户。

（三）账户按照与会计报表的关系的分类

账户按照与会计报表的关系可以分为资产负债表账户和利润表账户。其中，资产负债表账户包括资产类账户、负债类账户和所有者权益类账户；利润表账户包括收入类账户、费用类账户和利润类账户。

四、练习题

（一）单项选择题

1. 在下列所有者权益账户中，反映所有者原始投资的账户是(　　)账户。

A. "实收资本"　　　　　　　　　　B. "盈余公积"

C. "本年利润"　　　　　　　　　　D. "利润分配"

2. "生产成本"账户如有借方余额时，按其用途结构分类属于(　　)。

A. 对比账户　　　　　　　　　　　B. 盘存账户

C. 集合分配账户　　　　　　　　　D. 跨期摊配账户

3. 下列不属于盘存账户的是(　　)账户。

A. "固定资产"　　　　　　　　　　B. "长期股权投资"

C. "应收账款"　　　　　　　　　　D. "库存商品"

4. 下列不属于抵减账户的是( )账户。

A. "利润分配"　　　　　　　　　　　B. "坏账准备"

C. "累计折旧"　　　　　　　　　　　D. "生产成本"

5. "税金及附加"账户按其经济内容分类属于( )。

A. 负债类账户　　　　　　　　　　　B. 收入类账户

C. 费用计算账户　　　　　　　　　　D. 费用类账户

6. 下列账户中属于抵减附加账户的是( )账户。

A. "坏账准备"　　　　　　　　　　　B. "材料成本差异"

C. "利润分配"　　　　　　　　　　　D. "累计折旧"

7. "材料成本差异"账户用来抵减附加( )账户。

A. "原材料"　　　　　　　　　　　　B. "材料采购"

C. "生产成本"　　　　　　　　　　　D. "库存商品"

8. 下列账户按用途结构分类不属于费用计算账户的是( )账户。

A. "管理费用"　　　　　　　　　　　B. "财务费用"

C. "制造费用"　　　　　　　　　　　D. "销售费用"

9. 结算账户的期末余额( )。

A. 在借方　　　　　　　　　　　　　B. 在贷方

C. 可能在借方，也可能在贷方　　　　D. 以上都不对

10. 下列账户不是按用途和结构分类的类别是( )。

A. 成本计算账户　　　　　　　　　　B. 财务成果计算账户

C. 费用类账户　　　　　　　　　　　D. 投资权益账户

11. 在企业不单设"预付账款"账户时，对于预付款业务，可在( )账户反映。

A. "应收账款"　　　　　　　　　　　B. "预收账款"

C. "应付账款"　　　　　　　　　　　D. "其他往来"

12. "累计折旧"账户按其经济内容分类属于( )。

A. 费用类账户　　　　　　　　　　　B. 抵减账户

C. 负债类账户　　　　　　　　　　　D. 资产类账户

13. 下列账户中，既属于结算账户，又属于负债类账户的是( )账户。

A. "应收账款"　　　　　　　　　　　B. "预收账款"

C. "应收票据"　　　　　　　　　　　D. "预付账款"

14. 债权债务结算账户的贷方登记( )。

A. 债权的增加　　　　　　　　　　　B. 债务的增加，债权的减少

C. 债务的增加　　　　　　　　　　　D. 债务的减少，债权的增加

15. 投资权益账户( )。

A. 只提供货币指标

B. 只提供实物指标

C. 可以提供实物和货币两种指标

D. 一般提供实物指标，有时也提供货币指标

16. 属于集合分配账户的是( )账户。

A. "实收资本"   B. "制造费用"

C. "生产成本"   D. "管理费用"

17. 下列说法错误的是(   )。

A. 抵减账户与被抵减账户反映的经济内容相同

B. 抵减账户与被抵减账户反映的经济内容不一定相同

C. 抵减账户不能离开被抵减账户而独立存在

D. 有抵减账户就有被抵减账户

18. "材料采购"账户按其用途结构分类,在材料按计划成本核算的条件下(   )。

A. 仅是成本计算账户

B. 仅是对比账户

C. 仅是费用类账户

D. 既是成本计算账户,又是对比账户

(二) 多项选择题

1. 按其不同标志分类,"材料采购"账户可能属于(   )。

A. 资产类账户   B. 盘存账户

C. 对比账户   D. 成本计算账户

E. 费用类账户

2. 账户的用途是指通过账户记录(   )。

A. 能提供什么核算指标

B. 怎样记录经济业务

C. 表明开设和运用账户的目的

D. 观察借贷方登记的内容

E. 判断账户期末余额的方向

3. 下列账户期末一般没有余额的有(   )。

A. 收入计算账户   B. 费用计算账户

C. 盘存账户   D. 集合分配账户

E. 结算账户

4. 下列可能属于盘存账户的有(   )账户。

A. "材料采购"   B. "长期股权投资"

C. "银行存款"   D. "固定资产"

E. "本年利润"

5. 下列账户期末如有余额在借方的有(   )。

A. 债权结算账户   B. 投资权益账户

C. 盘存账户   D. 成本计算账户

E. 跨期摊配账户

6. 下列属于投资权益账户的有(   )账户。

A. "本年利润"   B. "实收资本"

C. "利润分配"   D. "资本公积"

E. 盈余公积

7. 所谓账户的结构，是指账户如何提供核算指标，即（　　）。

A. 账户期末余额的方向　　　　　　　B. 账户余额表示的内容

C. 账户借方核算的内容　　　　　　　D. 账户贷方核算的内容

E. 运用账户的目的

8. 反映流动资产的账户有（　　）账户。

A. "应收账款"　　　　　　　　　　　B. "长期待摊费用"

C. "原材料"　　　　　　　　　　　　D. "库存商品"

9. 下列属于债权结算账户的有（　　）账户。

A. "预付账款"　　　　　　　　　　　B. "应付账款"

C. "应收账款"　　　　　　　　　　　D. "应收票据"

E. "预收账款"

10. 下列账户属于费用账户的有（　　）账户。

A. "制造费用"　　　　　　　　　　　B. "财务费用"

C. "管理费用"　　　　　　　　　　　D. "长期待摊费用"

11. 账户分类的主要标志有（　　）。

A. 账户的经济内容　　　　　　　　　B. 账户的名称

C. 账户的用途和结构　　　　　　　　D. 账户与会计报表的关系

E. 账户的统驭关系

12. 下列盘存账户中，通过设置和运用明细账可以提供数量和金额两种指标的有（　　）账户。

A. "银行存款"　　　　　　　　　　　B. "库存现金"

C. "原材料"　　　　　　　　　　　　D. "库存商品"

E. "生产成本"

13. 关于"本年利润"账户，下列说法中正确的有（　　）。

A. 期末如为贷方余额，表示累积实现的净利润

B. 期末如为贷方余额，表示本期实现的利润总额

C. 期末如为借方余额，表示累积发生的亏损额

D. 年末如为贷方余额，表示未分配利润额

E. 年度中间一般有余额

14. 在生产过程中，用来归集制造产品的生产费用，计算产品生产成本的有（　　）账户。

A. "制造费用"　　　　　　　　　　　B. "库存商品"

C. "材料采购"　　　　　　　　　　　D. "生产成本"

E. "主营业务成本"

（三）判断题

1. 之所以要对账户进行分类，是为了了解各个账户的特性，探讨各个账户之间的区别。　　　　　　　　　　　　　　　　　　　　　　　　　　　　　（　　）

2. "本年利润"账户和"利润分配"账户按其用途结构分类同属于一个类别。

（　　）

3. "主营业务收入"账户是反映营业收入的账户，"其他业务收入"账户是反映非营业收入的账户。

（　　）

4. 按经济内容分类分出的费用类账户是核算企业在经营过程中发生的各种费用支出的账户，这里的费用是指狭义的费用。

（　　）

5. 账户按其经济内容划分归为一类，则按其用途和结构划分也必定归为一类。

（　　）

6. 调整账户按其调整方式的不同又可以分为抵减账户和抵减附加账户。

（　　）

7. 投资权益账户是用来核算投资者投资的增减变动及实有额的账户，在任何企业组织形式下，投资权益类账户的期末余额都不可能在借方。

（　　）

8. 抵减附加账户的期末余额方向不是固定的，当其余额在借方时，起着抵减作用，当其余额在贷方时，起着附加作用。

（　　）

9. 集合分配账户是用来归集应由某个成本计算对象负担的间接费用的账户，因而具有明显的过渡性质，期末一般都有余额。

（　　）

10. 企业的利润在没有分配之前属于企业的所有者权益，所有者权益应反映在企业的资产负债表中，因而"本年利润"账户和"利润分配"账户均属于资产负债表账户。

（　　）

（四）综合题

1. 企业"固定资产"账户的期末余额为 128 000 元，"累计折旧"账户期末余额为 35 000 元。

要求：（1）计算固定资产净值。

（2）说明"固定资产"账户与"累计折旧"账户之间的关系。

2. 企业原材料按照计划成本组织核算，"原材料"账户期末余额为 72 500 元，如果：

（1）"材料成本差异"账户为借方余额 1 500 元；

（2）"材料成本差异"账户为贷方余额 1 000 元。

要求：分别就上述两种情况计算该企业期末原材料的实际成本，并说明上述两个账户之间的关系。

3. 将下列账户按经济内容分类，再按用途结构分类：

固定资产	其他应付款	利润分配
累计折旧	材料成本差异	原材料
应交税费	应付账款	银行存款
生产成本	制造费用	长期待摊费用
实收资本	财务费用	应收账款
管理费用	主营业务收入	应收票据
材料采购	本年利润	短期借款
营业外收入	所得税费用	

4. 按照要求，完成表10-1中的各个项目：

表10-1

账户分类表

账户类别	账户用途	借方反映的内容	贷方反映的内容	账户举例
集合分配账户				
成本计算账户				
跨期摊配账户				
对比账户				

5. 某机械制造厂在物资采购核算中设置了"应付账款"和"预付账款"两个账户，2017年8月份"应付账款"账户和"预付账款"账户及其所属明细账户的期初余额如下："应付账款"贷方余额125 000元，其中"应付账款——A工厂"78 000元，"应付账款——B工厂"47 000元；"预付账款"借方余额65 000元，其中"预付账款——C工厂"35 000元，"预付账款——D工厂"30 000元。该企业8月份发生下列业务：

（1）用银行存款50 000元归还所欠A工厂的货款；

（2）收到C工厂发来的材料48 000元，其中材料价款40 000元，增值税进项税额6 800元，代垫外地运杂费1 200元，材料验收入库，款项上个月已经预付35 000元，差额部分暂未支付；

（3）从B工厂购买材料，价款10 000元，增值税进项税额1 700元，款项未付，材料尚未入库；

（4）通过银行补付所欠C工厂的差额款。

要求：编制本月业务的会计分录，开设并登记"应付账款"、"预付账款"总分类账户和明细分类账户。

6. 承综合题5，如果该企业不设置"预付账款"账户，企业发生的预付账款业务在"应付账款"账户中核算，其他资料不变。

要求：根据业务编制会计分录，开设并登记"应付账款"账户并结账。

五、练习题参考答案

（一）单项选择题

1. A　2. B　3. C　4. D　5. D　6. B　7. A　8. C　9. C　10. C　11. C　12. D　13. B　14. B　15. A　16. B　17. B　18. D

（二）多项选择题

1. ABCD　2. AC　3. ABD　4. ABCD　5. ACD　6. BDE　7. ABCD　8. ABCD　9. ACD　10. ABC　11. ACD　12. CD　13. ACE　14. AD

（三）判断题

1. ×　2. ×　3. ×　4. ×　5. ×　6. √　7. √　8. ×　9. ×　10. ×

（四）综合题

1. （1）固定资产净值 = 128 000 – 35 000 = 93 000（元）。

（2）"固定资产"账户与"累计折旧"账户之间的关系是："固定资产"账户是被调整账户，"累计折旧"账户是"固定资产"账户的资产备抵调整账户即抵减账户，其备抵的方式是："固定资产"账户期末余额 – "累计折旧"账户期末余额 = 调整后实际余额即固定资产的净值。

2. （1）当"材料成本差异"账户为借方余额 1 500 元时（表示超支差异），材料实际成本 = 72 500 + 1 500 = 74 000（元），此时"材料成本差异"账户是"原材料"账户的附加调整账户。

（2）当"材料成本差异"账户为贷方余额 1 000 元时（表示节约差异），材料实际成本 = 72 500 – 1 000 = 71 500（元），此时"材料成本差异"账户为"原材料"账户的备抵调整账户。

3. 首先，按账户的经济内容分类。

属于资产类账户的有：固定资产、累计折旧、材料成本差异、原材料、银行存款、长期待摊费用、应收账款、应收票据、材料采购。

属于负债类账户的有：其他应付款、应交税费、应付账款、短期借款。

属于所有者权益类账户的有：实收资本。

属于收入类账户的有：主营业务收入、营业外收入。

属于费用类账户的有：生产成本、制造费用、财务费用、管理费用、所得税费用。

属于利润类账户的有：利润分配、本年利润。

其次，按账户的用途结构分类。

属于盘存账户的有：固定资产、原材料、银行存款。

属于投资权益账户的有：实收资本。

属于结算账户的有：其他应付款、应交税费、应付账款、应收账款、应收票据、短期借款。

属于跨期摊配账户的有：长期待摊费用。

属于抵减账户的有：利润分配、累计折旧。

属于抵减附加账户的有：材料成本差异。

属于集合分配账户的有：制造费用。

属于成本计算账户的有：生产成本、材料采购。

属于对比账户的有：材料采购（材料按照计划成本核算）。

属于收入计算账户的有：主营业务收入、营业外收入。

属于费用计算账户的有：财务费用、管理费用、所得税费用。

属于财务成果计算账户的有：本年利润。

这里需要说明的是，在账户分类标志确定的情况下，账户的归属也不是唯一的。例如，在账户按照经济内容分类的情况下，"生产成本"账户如有余额，则属于资产类账户；在账户按照用途结构分类的情况下，"生产成本"账户除了属于成本计算账户之外，还可能属于盘存账户，"材料采购"账户既属于成本计算账户，在期末有余额时又属于盘存账户，当材料按计划成本核算时又属于对比账户。

4. 填写表 10-2：

表 10-2 账户分类表

账户类别	账户用途	借方反映的内容	贷方反映的内容	账户举例
集合分配账户	用来归集和分配经营过程中某一阶段发生的间接费用，核算监督间接费用计划执行情况以及分配情况的账户	归集间接费用的发生额	间接费用的分配额	制造费用
成本计算账户	核算和监督经营过程中应计入特定成本计算对象的经营费用，并确定各成本计算对象实际成本的账户	归集应计入特定成本计算对象的全部费用（包括直接计入和先归集然后再分配计入的费用）	反映转出的某一成本计算对象的实际成本	材料采购、生产成本
跨期摊配账户	核算和监督应由若干个会计期间共同负担的费用，并将这些费用摊配于各个相应的会计期间的账户	用来登记跨期费用的实际支出数或发生数	用来登记由各个会计期间负担的费用的摊配数	长期待摊费用
对比账户	用来核算经营过程中某一阶段某项经济业务按照两种不同的计价标准进行对比，借以确定其业务成果的账户	登记未入库材料的实际成本及转入"材料成本差异"账户贷方的实际成本小于计划成本的节约差异	登记入库材料的计划成本及转入"材料成本差异"账户借方的实际成本大于计划成本的超支差异	材料采购（材料按计划成本核算）

5. 编制的本月业务的会计分录如下：

（1）借：应付账款——A 工厂   50 000

      贷：银行存款   50 000

（2）借：原材料   41 200

      应交税费——应交增值税（进项税额）   6 800

      贷：预付账款——C 工厂   48 000

（3）借：材料采购   10 000

      应交税费——应交增值税（进项税额）   1 700

      贷：应付账款——B 工厂   11 700

（4）借：预付账款——C 工厂   13 000

      贷：银行存款   13 000

有关总分类账户和明细分类账户的登记如下：

应付账款

借方		贷方	
（1）	50 000	期初余额：	125 000
		（3）	11 700
		期末余额：	86 700

预付账款

借方		贷方	
期初余额：	65 000	（2）	48 000
（4）	13 000		
期末余额：	30 000		

应付账款——A 工厂

借方		贷方	
（1）	50 000	期初余额：	78 000
		期末余额：	28 000

应付账款——B 工厂

借方		贷方	
		期初余额：	47 000
		（3）	11 700
		期末余额：	58 700

预付账款——C 工厂

借方		贷方	
期初余额：	35 000	（2）	48 000
（4）	13 000		

预付账款——D 工厂

借方		贷方	
期初余额：	30 000		
期末余额：	30 000		

6. 编制的会计分录如下：

（1）借：应付账款——A 工厂 　　50 000

　　　贷：银行存款 　　　　　　　　　50 000

（2）借：原材料 　　　　　　　　　41 200

　　　　应交税费——应交增值税（进项税额）　6 800

　　　贷：应付账款——C 工厂 　　　　　48 000

（3）借：材料采购 　　　　　　　　10 000

　　　　应交税费——应交增值税（进项税额）　1 700

　　　贷：应付账款——B 工厂 　　　　　11 700

（4）借：应付账款——C 工厂 　　13 000

　　　贷：银行存款 　　　　　　　　　13 000

有关账户的登记如下：

应付账款

借方		贷方	
（1）	50 000	期初余额：	60 000
（4）	13 000	（2）	48 000
		（3）	11 700
		期末余额：	56 700

应付账款——A 工厂

借方		贷方	
（1）	50 000	期初余额：	78 000
		期末余额：	28 000

应付账款——B 工厂

借方		贷方	
		期初余额：	47 000
		（3）	11 700
		期末余额：	58 700

应付账款——C 工厂

借方		贷方	
期初余额：	35 000	（2）	48 000
（4）	13 000		

应付账款——D 工厂

借方		贷方	
期初余额：	30 000		
期末余额：	30 000		

第11章 会计报表

一、学习目的与要求

会计的基本职能之一是向与企业有利害关系的各个方面及其他相关的机构提供决策有用的会计信息，这些信息使用者主要包括股东、债权人、政府管理机构、企业管理部门等。决策有用的会计信息主要指反映企业财务状况、经营成果和现金流量等方面的信息，这些对外提供的会计信息必须有一个载体，这就是会计报表。企业对外提供的会计报表的内容、会计报表的种类和格式、会计报表附注的主要内容等，由国家统一会计制度规定。本章阐述的内容有：会计报表的作用和种类、会计报表的编制要求及基本编制方法等。应重点掌握资产负债表和利润表的基本编制方法。

二、预习要览

（一）关键概念

1. 会计报表　　　　2. 静态会计报表　　　　3. 动态会计报表

4. 单位会计报表　　5. 汇总会计报表　　　　6. 个别会计报表

7. 合并会计报表　　8. 内部会计报表　　　　9. 外部会计报表

10. 资产负债表　　　11. 利润表　　　　　　12. 制造成本报表

13. 所有者权益变动表

（二）关键问题

1. 为什么要编制会计报表？会计报表的作用是什么？

2. 会计报表的编制要求有哪些？

3. 会计报表的种类是如何划分的？

4. 我国利润表的结构和内容是如何规定的？

5. 怎样填制利润表"本月金额"一栏的各个项目？

6. 怎样填制利润表"本期金额"一栏？

7. 为什么要编制资产负债表？

8. 资产负债表的结构和内容如何？

9. 资产负债表项目的填列方法有哪几种？试举例说明。

三、本章的重点与难点

本章通过对会计报表的概念、种类和编制要求的阐述，要求重点掌握会计报表的结构原理和编制方法。本章重点阐述了以下几方面内容：

（一）会计报表的作用、种类和要求

会计报表的作用主要体现在以下三个方面：（1）会计报表是国家经济管理部门进

行宏观调控和管理的信息源；（2）会计报表是与企业有经济利益关系的外部单位和个人了解企业的财务状况和经营成果，并据以作出决策的重要依据；（3）会计报表提供的经济信息是企业内部加强和改善经营管理的重要依据。

会计报表的分类如下：（1）按照会计报表所反映的内容，可以分为动态会计报表和静态会计报表。（2）按照会计报表的编报时间，可以分为月报、季报和年报。（3）按照会计报表的编制单位，可以分为单位报表和汇总报表。（4）按照会计报表各项目所反映的数字内容，可以分为个别会计报表和合并会计报表。（5）按照会计报表的服务对象，可以分为内部报表和外部报表。

（二）会计报表的编制

1. 利润表的编制。在利润表中重点阐述了以下两点内容：

（1）利润表的概念、结构和内容。利润表是反映企业在一定期间内生产经营成果的会计报表。它是会计报表中的主要报表。我国企业采用的是多步式利润表格式。利润表通常包括四部分内容：一是营业利润；二是利润总额；三是净利润；四是综合收益总额。

（2）利润表的编制方法。按照我国企业利润表的格式内容，其编制方法如下：

利润表中"本月金额"栏反映各项目的本月实际发生数，在编报年度报表时，填列上年全年累计实际发生数，并将"本月金额"栏改为"上期金额"栏。

利润表中的"本期金额"栏，反映各项目自年初起至本月止的累计实际发生数。

2. 资产负债表的编制。在资产负债表中重点阐述了以下两方面的内容：

（1）资产负债表的概念、结构与内容。资产负债表是反映企业某一特定日期财务状况的会计报表。按照我国现行会计制度规定，企业的资产负债表一般采用账户式。资产负债表包括的内容有：企业资产总额及构成，包括流动资产、非流动资产；负债总额及构成，包括流动负债和非流动负债；所有者权益总额及构成，包括投资者投入的资本以及留存收益。

（2）资产负债表的编制方法。在我国，资产负债表的"期初余额"栏各项目数字，应根据上年末资产负债表"期末余额"栏内所列数字填列。

资产负债表的"期末余额"栏各项目主要是根据有关账户期末余额编制的，其数据主要通过以下几种方式取得：①根据总账期末借方余额直接填列。例如，"固定资产"项目，应根据"固定资产"账户的期末余额直接填列。②根据总账和明细账户期末余额分析计算填列。例如，"应付债券"项目，根据"应付债券"总账余额扣除"应付债券"账户所属的明细账户中反映的一年内到期的应付债券部分分析计算填列。③根据若干个总账账户的期末余额计算填列。例如，"存货"项目，应根据"材料采购""原材料""包装物""低值易耗品""材料成本差异""委托加工物资""自制半成品""库存商品""分期收款发出商品""生产成本"等科目的期末余额合计，减去"存货跌价准备"科目期末余额后的金额填列。④根据明细账期末余额计算填列。例如，"应收账款"项目，应根据"应收账款"账户所属各明细账户的期末借方余额合计，减去"坏账准备"科目中有关应收账款计提的坏账准备期末余额后的金额填列。如"预收账款"账户所属有关明细账户有借方余额的，也应包括在本项目内；如"应收账款"账户所属明细账户有贷方余额，应在"预收款项"项目内填列。

四、练习题

(一) 单项选择题

1. 会计报表编制的根据是( )。

A. 原始凭证　　　　　　　　　　B. 记账凭证

C. 科目汇总表　　　　　　　　　D. 账簿记录

2. 依照我国的会计准则，资产负债表采用的格式为( )。

A. 单步报告式　　　　　　　　　B. 多步报告式

C. 账户式　　　　　　　　　　　D. 混合式

3. 依照我国的会计准则，利润表所采用的格式为( )。

A. 单步报告式　　　　　　　　　B. 多步报告式

C. 账户式　　　　　　　　　　　D. 混合式

4. 资产负债表是反映企业( )财务状况的会计报表。

A. 某一特定日期　　　　　　　　B. 一定时期内

C. 某一年份内　　　　　　　　　D. 某一月份内

5. 在下列各个会计报表中，属于反映企业对外的静态报表的是( )。

A. 利润表　　　　　　　　　　　B. 所有者权益变动者

C. 现金流量表　　　　　　　　　D. 资产负债表

6. "应收账款"科目所属明细科目如有贷方余额，应在资产负债表( )项目中反映。

A. 预付款项　　　　　　　　　　B. 预收款项

C. 应收账款　　　　　　　　　　D. 应付账款

7. 编制会计报表时，以"资产=负债+所有者权益"这一会计等式作为编制依据的会计报表是( )。

A. 利润表　　　　　　　　　　　B. 所有者权益变动表

C. 资产负债表　　　　　　　　　D. 现金流量表

8. 编制会计报表时，以"收入-费用=利润"这一会计等式作为编制依据的会计报表是( )。

A. 利润表　　　　　　　　　　　B. 所有者权益变动表

C. 资产负债表　　　　　　　　　D. 现金流量表

9. 在编制资产负债表时，资产类备抵调整账户应列示在( )。

A. 权益方　　　　　　　　　　　B. 资产方

C. 借方　　　　　　　　　　　　D. 贷方

10. 某企业"应付账款"明细账期末余额情况如下：W 企业贷方余额为 200 000 元，Y 企业借方余额为 180 000 元，Z 企业贷方余额为 300 000 元。假如该企业"预付账款"明细账均为借方余额，则根据以上数据计算的反映在资产负债表上应付账款项目的数额为( )。

A. 680 000 元　　　　　　　　　B. 320 000 元

C. 500 000 元   D. 80 000 元

11. 在利润表中，对主营业务要求详细列示其收入、成本费用，而对其他业务只列示其利润，这一做法体现了(   )。

A. 可靠性要求   B. 配比要求

C. 权责发生制要求   D. 重要性要求

12. 填列资产负债表"期末余额"栏各个项目时，下列说法正确的是(   )。

A. 主要是根据有关账户的期末余额记录填列

B. 主要是根据有关账户的本期发生额记录填列

C. 大多数项目根据有关账户的期末余额记录填列，少数项目则根据有关账户的本期发生额记录填列

D. 少数项目根据有关账户的期末余额记录填列，大多数项目则根据有关账户的本期发生额记录填列

13. 不能通过资产负债表了解的会计信息是(   )。

A. 企业固定资产的新旧程度

B. 企业资金的来源渠道和构成

C. 企业所掌握的经济资源及分布情况

D. 企业在一定期间内现金的流入和流出的信息及现金增减变动的原因

14. 按照会计报表反映的经济内容分类，资产负债表属于(   )。

A. 财务状况报表   B. 经营成果报表

C. 对外报表   D. 月报

15. 资产负债表的下列项目中，需要根据几个总账账户的期末余额进行汇总填列的是(   )。

A. 长期股权投资   B. 短期借款

C. 货币资金   D. 累计折旧

（二）多项选择题

1. 对账工作的内容主要包括(   )。

A. 账证核对   B. 账账核对

C. 账实核对   D. 账表核对

E. 表表核对

2. 在利润表中，应列入"税金及附加"项目中的税金有(   )。

A. 增值税   B. 消费税

C. 城市维护建设税   D. 资源税

E. 教育费附加

3. 利润表提供的信息包括(   )。

A. 实现的营业收入   B. 发生的营业成本

C. 营业外收入和支出   D. 利润或亏损总额

4. 企业的下列报表中，属于对外的会计报表的有(   )。

A. 资产负债表   B. 利润表

C. 制造成本报表   D. 所有者权益变动表

5. 下列各项目中, 属于资产负债表中的流动资产项目的有(   )。

A. 货币资金
B. 其他应收款
C. 应收账款
D. 预付款项
E. 预收款项

6. 下列报表中, 反映企业财务状况及现金流量变动情况的报表是(   )。

A. 资产负债表
B. 利润表
C. 所有者权益变动表
D. 主营业务收支明细表
E. 现金流量表

7. 按照所反映的经济内容不同, 会计报表可分为(   )。

A. 反映财务状况的报表
B. 反映财务成果的报表
C. 个别会计报表
D. 合并会计报表
E. 反映费用成本的报表

8. 会计报表的使用者包括(   )。

A. 债权人
B. 企业内部管理层
C. 投资者
D. 潜在的投资者
E. 国家政府部门

9. 资产负债表的"存货"项目应根据下列总账科目的合计数填列的有(   )。

A. 发出商品
B. 自制半成品
C. 在建工程
D. 低值易耗品
E. 分期收款发出商品

10. 在编制资产负债表时, 应根据总账科目的期末借方余额直接填列的项目有(   )。

A. 固定资产
B. 应收票据
C. 坏账准备
D. 累计折旧
E. 短期借款

(三) 判断题

1. 会计报表是综合反映企业资产、负债和所有者权益的情况及一定时期的经营成果和现金流量的书面文件。 (   )

2. 会计报表按其反映的内容, 可以分为动态会计报表和静态会计报表。资产负债表是反映在某一特定时期内企业财务状况的会计报表, 属于静态会计报表。 (   )

3. 会计报表按照编制单位不同, 可以分为个别会计报表和合并会计报表。
(   )

4. 目前国际上比较普遍的利润表的格式主要有多步式利润表和单步式利润表两种, 为简便明晰起见, 我国企业采用的是单步式利润表格式。 (   )

5. 资产负债表的"期末余额"栏各项目主要是根据总账或有关明细账本期发生额直接填列的。 (   )

6. 资产负债表中"货币资金"项目, 应主要根据"银行存款"各种结算账户的期末余额填列。 (   )

7. 资产负债表中"应收账款"项目, 应根据"应收账款"账户所属各明细账户的期末借方余额合计填列。如"预付账款"账户所属有关明细账户有借方余额的，也应包括在本项目内；如"应收账款"账户所属明细账户有贷方余额的，应在"预付款项"项目内填列。   （ ）

（四）综合题

1. 某企业发生下列经济业务，要求根据发生的经济业务编制会计分录和该企业当月的利润表，利润表格式见表11-1（凡能确定二级或明细账户名称的，应同时列明二级或明细账户）。

表 11-1   **利润表**

编制单位：   20××年××月   单位：元

序号	项目	本月金额
1	一、营业收入	
2	减：营业成本	
3	税金及附加	
4	销售费用	
5	管理费用	
6	财务费用	
7	资产减值损失	
8	加：公允价值变动收益（损失以"-"号填列）	
9	投资收益（损失以"-"号填列）	
10	二、营业利润（亏损以"-"号填列）	
11	加：营业外收入	
12	减：营业外支出	
13	其中：非流动资产处置损失	
14	三、利润总额（亏损总额以"-"号填列）	
15	减：所得税费用	
16	四、净利润（净亏损以"-"号填列）	
17	五、每股收益：	
18	（一）基本每股收益	
19	（二）稀释每股收益	
20	六、综合收益总额	

（1）企业销售甲产品 1 000 件，每件售价 80 元，税金 12 800 元，货款已通过银行

收讫。

（2）企业同城销售给红星厂乙产品 900 件，每件售价 50 元，税金为 7 200 元，但货款尚未收到。

（3）结转已售甲、乙产品的生产成本。其中，甲产品生产成本 65 400 元；乙产品生产成本 36 000 元。

（4）以银行存款支付本月销售甲、乙两种产品的销售费用 1 520 元。

（5）根据规定计算应缴纳城市维护建设税 8 750 元。

（6）王××外出归来报销因公出差的差旅费 350 元（原已预支 400 元）。

（7）以库存现金 1 000 元支付厂部办公费。

（8）企业收到红星厂前欠货款 45 000 元并存入银行。

（9）没收某单位逾期未退回的包装物押金 6 020 元。

（10）用银行存款支付材料仓库的租赁费 170 元。

（11）根据上述有关经济业务，结转本期主营业务收入、其他业务收入。

（12）根据上述有关经济业务结转本月主营业务成本、销售费用、税金及附加及管理费用。

（13）根据本期实现的利润总额，按 25% 的税率计算应交所得税。

（14）以银行存款上交税金，城建税税额 8 750 元，所得税税额 4 457.5 元。

2. 已知 A 企业 2017 年 12 月份发生下列经济业务，要求根据发生的经济业务编制会计分录（在编制会计分录时，凡能确定二级或明细账户名称的，应同时列明二级或明细账户）。

（1）12 月 12 日销售甲产品 100 件，每件售价 450 元，税费为 7 200 元，货款尚未收到。

（2）12 月 20 日，以银行存款支付管理部门办公费 3 110 元。

（3）12 月 30 日，计提行政管理部门使用的固定资产折旧费 2 000 元。

（4）12 月 30 日，计算应缴纳城市维护建设税 1 000 元。

（5）12 月 30 日，结转已销售的 100 件甲产品的实际生产成本 20 000 元。

（6）12 月 30 日，以银行存款支付 100 件甲产品的运费 600 元。

（7）12 月 31 日，预提本月短期借款利息费用 300 元。

（8）12 月 31 日，将逾期未退回的 4 000 元包装物押金没收，予以转账。

（9）12 月 31 日，以银行存款支付罚款支出 2 400 元。

（10）12 月 31 日，将各项收入和各项费用转入"本年利润"账户。

（11）12 月 31 日，按 25% 的所得税税率计算应纳所得税税额，并结转到"本年利润"账户。

（12）年终决算时，将全年实现的净利润（税后利润）总额转入"利润分配"账户（假定 1—11 月已实现净利润 118 607.5 元）。

（13）按全年净利润的 10% 提取法定盈余公积。

（14）本年计算应向股东分配股利 80 000 元。

（15）年末经董事会决议，将资本公积中的 4 000 元转增资本金。

五、案例

案例一

A 企业按其预计营业额计算的业务招待费应列支 12 万元，否则其超支额须列入应纳税所得额中计算缴纳所得税。A 企业当年 5 月底的业务招待费实际支出额已达 10 万元，为了达到少缴税的目的，将招待费压缩到 12 万元以内，经理和会计人员商定，以报销劳保用品为名套取现金，用于业务招待费支出。会计人员随即从某劳保用品商店搞到几张空白发票，自行编造填列有关数据，共计 18 万元。会计人员依据这些伪造的发票，借记"制造费用"科目，贷记"银行存款"科目。套取的现金 18 万元，全部以个人名义存储，专门用于压缩业务招待费的超支。

要求：请问清查人员对上述违法行为应怎样进行查处？

案例二

审计人员在查阅 U 企业 2017 年 10 月份的会计报表时，发现利润表中"营业收入"项目较以前月份的发生额有较大的增加，资产负债表中的"应收账款"项目本期与前几期比较也发生了较大的变动。于是，审计人员查阅了该企业的账簿，发现"应收账款"总账与明细账金额之和不相等，对总账所记载的一些"应收账款"数额，明细账中并未做登记。审计人员根据账簿记录调阅有关记账凭证，发现 3 张记账凭证后未附有原始凭证。其中：

10 月 12 日 9#凭证编制的会计分录是：

借：应收账款 580 000

　贷：主营业务收入 500 000

　　　应交税费——应交增值税（销项税额） 80 000

10 月 17 日 15#凭证编制的会计分录是：

借：应收账款 116 000

　贷：主营业务收入 100 000

　　　应交税费——应交增值税（销项税额） 16 000

10 月 23 日 20#凭证编制的会计分录是：

借：应收账款 102 000（红字）

　贷：应交税费——应交增值税（销项税额） 102 000（红字）

经审查，U 企业在上述 10 月份的三张会计凭证中虚列当期收入 60 万元，三笔业务在"库存商品"明细账和"主营业务成本"明细账中均未做登记，准备于下年年初做销货退回处理。

要求：（1）U 企业此举的目的是什么？说出你认为的几种可能性。

（2）上述问题在年终结账前发现，U 企业应如何调账？

案例三

R 企业购入了一台不需要安装的机器设备，增值税专用发票标明：买价 500 万元，增值税 80 万元，购买设备时发生的运杂费 2 万元，包装费 1 万元，上述款项均通过银行转账。企业进行了如下的会计处理：

借：固定资产 5 000 000

借：应交税费——应交增值税（进项税额）   800 000

     管理费用   30 000

  贷：银行存款   5 830 000

要求：R 企业对上述经济业务的处理是否正确？为什么？

六、练习题参考答案

（一）单项选择题

1. D 2. C 3. B 4. A 5. D 6. B 7. C 8. A 9. B 10. C 11. D 12. A 13. D

14. A 15. C

（二）多项选择题

1. ABC 2. BCDE 3. ABCD 4. ABD 5. ABCD 6. AE 7. AB 8. ABCDE

9. ABDE 10. AB

（三）判断题

1. √ 2. × 3. × 4. × 5. × 6. × 7. ×

（四）综合题

1. （1）借：银行存款   92 800

      贷：主营业务收入   80 000

         应交税费——应交增值税（销项税额） 12 800

（2）借：应收账款——红星厂   52 200

     贷：主营业务收入   45 000

         应交税费——应交增值税（销项税额） 7 200

（3）借：主营业务成本   101 400

     贷：库存商品——甲产品   65 400

               ——乙产品   36 000

（4）借：销售费用   1 520

     贷：银行存款   1 520

（5）借：税金及附加   8 750

     贷：应交税费——应交城市维护建设税 8 750

（6）借：管理费用   350

     库存现金   50

     贷：其他应收款   400

（7）借：管理费用   1 000

     贷：库存现金   1 000

（8）借：银行存款   45 000

     贷：应收账款——红星厂   45 000

（9）借：其他应付款   6 020

     贷：其他业务收入   6 020

（10）借：管理费用   170

      贷：银行存款   170

（11）借：主营业务收入　　　　　　　　　　　　　　　　　125 000

　　　　其他业务收入　　　　　　　　　　　　　　　　　　6 020

　　　　　贷：本年利润　　　　　　　　　　　　　　　　　　　　131 020

（12）借：本年利润　　　　　　　　　　　　　　　　　　113 190

　　　　　贷：主营业务成本　　　　　　　　　　　　　　　　　　101 400

　　　　　　销售费用　　　　　　　　　　　　　　　　　　　　1 520

　　　　　　税金及附加　　　　　　　　　　　　　　　　　　　8 750

　　　　　　管理费用　　　　　　　　　　　　　　　　　　　　1 520

（13）借：所得税费用　　　　　　　　　　　　　　　　　4 457.5

　　　　贷：应交税费——应交所得税　　　　　　　　　　　　4 457.5

借：本年利润　　　　　　　　　　　　　　　　　　　4 457.5

　　贷：所得税费用　　　　　　　　　　　　　　　　　　　4 457.5

（14）借：应交税费——应交城市维护建设税　　　　　　　8 750

　　　　　　　　——应交所得税　　　　　　　　　　　　4 457.5

　　　　　贷：银行存款　　　　　　　　　　　　　　　　　　　13 207.5

利润表见表11-2。

表11-2　　　　　　　　　　　　　　　　利润表

编制单位：某企业　　　　　　　　　　20××年××月　　　　　　　　　　单位：元

项　　目	本月金额
一、营业收入	131 020
减：营业成本	101 400
税金及附加	8 750
销售费用	1 520
管理费用	1 520
二、营业利润（亏损以"-"号填列）	17 830
三、利润总额（亏损总额以"-"号填列）	17 830
减：所得税费用	4 457.5
四、净利润（净亏损以"-"号填列）	13 372.5

2.（1）借：应收账款　　　　　　　　　　　　　　　　　52 200

　　　　　贷：主营业务收入　　　　　　　　　　　　　　　　　45 000

　　　　　　应交税费——应交增值税（销项税额）　　　　　　7 200

（2）借：管理费用　　　　　　　　　　　　　　　　　　3 110

　　　　贷：银行存款　　　　　　　　　　　　　　　　　　　3 110

（3）借：管理费用　　　　　　　　　　　　　　　　　　2 000

　　　　贷：累计折旧　　　　　　　　　　　　　　　　　　　2 000

（4）借：税金及附加　　　　　　　　　　　　　　　　　1 000

　　　　贷：应交税费——应交城市维护建设税　　　　　　　　1 000

（5）借：主营业务成本   20 000

   贷：库存商品   20 000

（6）借：销售费用   600

   贷：银行存款   600

（7）借：财务费用   300

   贷：应付利息   300

（8）借：其他应付款   4 000

   贷：其他业务收入   4 000

（9）借：营业外支出   2 400

   贷：银行存款   2 400

（10）借：主营业务收入   45 000

    其他业务收入   4 000

   贷：本年利润   49 000

借：本年利润   29 410

 贷：主营业务成本   20 000

   销售费用   600

   税金及附加   1 000

   管理费用   5 110

   财务费用   300

   营业外支出   2 400

（11）借：所得税费用   4 897.50

   贷：应交税费——应交所得税   4 897.50

借：本年利润   4 897.50

 贷：所得税费用   4 897.50

（12）借：本年利润   133 300

   贷：利润分配——未分配利润   133 300

（13）借：利润分配——提取法定盈余公积   13 330

   贷：盈余公积——法定盈余公积   13 330

（14）借：利润分配——应付现金股利   80 000

   贷：应付股利   80 000

（15）借：资本公积   4 000

   贷：实收资本   4 000

七、案例提示

案例一

清查人员应询问劳保用品保管员，对账面登记的劳保用品与仓库中的劳保用品的购进与发出进行核对。查出问题后，应强令 A 企业补缴所得税，调整账面盈余。

案例二

上述问题在年终结账前发现，U 企业应作如下调整分录：

借：主营业务收入   600 000
　　贷：应收账款   600 000

案例三

R 企业的会计处理是不正确的。购买设备时发生的运杂费、包装费等也应计入固定资产价值中，企业将其计入了期间费用，会使利润虚减，少缴所得税。

第12章 会计账务处理程序

一、学习目的与要求

本章主要阐述了当前企事业单位采用的三种账务处理程序，即记账凭证账务处理程序、科目汇总表账务处理程序和汇总记账凭证账务处理程序。本章重点要求掌握科目汇总表账务处理程序。

二、预习要览

（一）关键概念

1. 会计核算组织程序
2. 记账凭证核算组织程序
3. 科目汇总表核算组织程序
4. 汇总记账凭证核算组织程序
5. 汇总收款凭证
6. 汇总付款凭证
7. 汇总转账凭证
8. 日记总账核算组织程序

（二）关键问题

1. 企业单位设计科学、适用的会计核算组织程序有何意义？
2. 记账凭证核算组织程序的工作步骤如何？
3. 说明科目汇总表的编制方法。
4. 比较科目汇总表与汇总记账凭证。
5. 各种会计核算组织程序的优缺点和适用范围各是什么？

三、本章的重点与难点

本章是在我们学习了会计凭证、会计账簿内容的基础上，阐述各种会计凭证和各种会计账簿合理地结合使用的方式，即会计核算组织程序问题。会计核算组织程序又称为会计核算形式或账务处理程序，是指一个单位所采用的会计凭证、账簿、会计报表的种类、格式以及记账程序相互结合的方式。合理的、适用的会计核算组织程序对于保证会计核算工作质量，提高会计核算工作效率，规范各项会计核算的组织工作，节约人力、物力，充分发挥会计在经济管理中的应有作用，都具有重要的意义。

目前，各企业单位采用的会计核算组织程序包括：（1）记账凭证核算组织程序；（2）科目汇总表核算组织程序；（3）汇总记账凭证核算组织程序；（4）日记总账核算组织程序。以上四种核算组织程序之间既有相同点，也有不同之处，其根本区别就在于登记总账的依据和方法不同。

记账凭证核算组织程序是根据每张记账凭证逐笔登记总分类账，是一种最基本的会计核算组织程序。其优点是总分类账能详细地反映经济业务的发生情况，账户对应关系清晰，有利于利用账户之间的对应关系分析和查对账目；其缺点是登记总分类账的工作量较大。记账凭证核算组织程序适用于规模小、业务量少、凭证不多的单位。学习时，应结合教材中的图式，掌握在这种核算形式下凭证、账簿的种类、格式以及记账的程序，分析其相关内容。

科目汇总表核算组织程序是定期根据所有记账凭证汇总编制科目汇总表（也称为记账凭证汇总表），然后根据科目汇总表登记总分类账的一种会计核算组织程序。科目汇总表的编制方法是：根据一定时期内的全部记账凭证，按照相同会计科目归类，定期（如5天或10天）汇总每一账户的借方和贷方本期发生额，并将其填列在科目汇总表的相应栏内，用以反映全部账户的借方本期发生额和贷方本期发生额。科目汇总表核算组织程序的优点：一是大大简化了总账的登记工作；二是科目汇总表能起到入账前的试算平衡作用。其缺点是科目汇总表不能反映账户之间的对应关系，不便于分析经济业务的发生而引起的资金运动的来龙去脉。科目汇总表核算组织程序适用于大、中、小型单位。学习时，应全面理解这种核算组织程序的特点，掌握科目汇总表的具体编制方法，并根据教材中所列示的科目汇总表核算形式的账务处理程序图，与记账凭证核算形式对比，以分析其有关内容。

汇总记账凭证核算组织程序是定期将全部记账凭证分别编制汇总收款凭证、汇总付款凭证、汇总转账凭证，然后再根据各种汇总的记账凭证登记总分类账的一种会计核算组织程序。汇总收款凭证是将现金或银行存款的收款凭证，按借方科目设置，分别按贷方科目归类，定期（5天或10天）汇总填列一次，每月编制一张；汇总付款凭证是将现金或银行存款的付款凭证，按贷方科目设置，分别按借方科目归类，定期（5天或10天）汇总填列一次，每月编制一张；汇总转账凭证是按转账凭证中每一贷方科目设置，将其借方科目归类，定期（5天或10天）汇总填列一次，每月编制一张。汇总记账凭证核算组织程序的优点：一是汇总记账凭证能清晰地反映账户之间的对应关系，便于了解资金运动的来龙去脉；二是大大减少了总账的登记工作。其缺点是定期编制汇总记账凭证的工作量较大，而且在汇总过程中是否存在错误也不易发现。汇总记账凭证核算组织程序适用于规模大、经济业务较多的单位。学习时，应注意各种汇总记账凭证的结构、格式和具体的编制方法。

日记总账核算组织程序是设置日记总账，根据记账凭证逐笔登记日记总账的一种会计核算组织程序。日记总账既是日记账，要根据经济业务发生时间的先后顺序登记，又是总账，要将所有科目的总分类核算都集中在一张账页上，所以日记总账属于一种联合账簿。日记总账核算组织程序的优点是：将日记账和总分类账结合在一起，简化了记账手续，日记总账能清晰地反映账户之间的对应关系。其缺点是如果会计科目较多，会造成账页过大、栏次过多，不便于分工记账。日记总账核算组织程序适用于规模小、业务少、使用会计科目少的单位。学习时，应注意日记总账的结构、用途和具体的登记方法。

四、练习题

（一）单项选择题

1. 各种会计核算形式之间的主要区别是（　　　）。

A. 凭证及账簿组织不同   B. 记账方法不同

C. 记账程序不同   D. 登记总账的依据和方法不同

2. 根据记账凭证逐笔登记总账的会计核算组织程序是(   )。

A. 日记总账核算组织程序   B. 记账凭证核算组织程序

C. 汇总记账凭证核算组织程序   D. 科目汇总表核算组织程序

3. 使用会计科目少、业务量小的单位可以采用(   )。

A. 记账凭证核算组织程序   B. 科目汇总表核算组织程序

C. 汇总记账凭证核算组织程序   D. 日记总账核算组织程序

4. 科目汇总表核算组织程序(   )。

A. 便于分析经济业务   B. 可以看清经济业务的来龙去脉

C. 能清楚反映账户之间的对应关系   D. 不能反映账户之间的对应关系

5. 汇总记账凭证与科目汇总表的核算组织程序的主要相同点是(   )。

A. 记账凭证的汇总方法相同   B. 汇总凭证的格式相同

C. 登记总账的依据相同   D. 记账凭证都需要汇总

6. 会计核算组织程序的核心是(   )。

A. 设置的凭证体系   B. 设置的账簿体系

C. 记账程序   D. 记账方法

7. 科目汇总表汇总的是(   )。

A. 全部科目的借方发生额   B. 全部科目的贷方发生额

C. 全部科目的借贷方余额   D. 全部科目的借贷方发生额

8. 科目汇总表与汇总记账凭证都属于(   )。

A. 原始凭证   B. 汇总的原始凭证

C. 汇总的记账凭证   D. 转账凭证

9. 汇总记账凭证核算形式的适用范围是(   )。

A. 规模较大、业务较多的单位   B. 规模较小、业务较少的单位

C. 规模较大、业务较少的单位   D. 规模较小、业务较多的单位

10. 汇总记账凭证核算形式的主要缺点是(   )。

A. 登记总账的工作量大   B. 不利于人员分工

C. 体现不了账户之间的对应关系   D. 明细账与总账无法核对

11. 在汇总记账凭证核算形式下，对于平时所编的转账凭证上的科目对应关系应保持(   )。

A. 一借二贷   B. 一借多贷

C. 多借多贷   D. 一借一贷或多借一贷

12. 编制科目汇总表直接依据的凭证是(   )。

A. 原始凭证   B. 汇总原始凭证

C. 记账凭证   D. 汇总记账凭证

13. 汇总付款凭证的贷方科目可能是(   )。

A. 应收账款或应付账款   B. 固定资产或实收资本

C. 管理费用或长期待摊费用   D. 库存现金或银行存款

14. 将全部科目都集中设置在一张账页上，以记账凭证为依据，对发生的经济业务进行序时地逐笔登记的账簿是（　　　）。

A. 日记总账
B. 多栏式日记账
C. 特种日记账
D. 明细账

15. 记账凭证核算组织程序的特点是根据记账凭证逐笔登记（　　　）。

A. 总分类账
B. 日记账
C. 明细账
D. 总分类账和明细分类账

16. 汇总转账凭证的编制依据是（　　　）。

A. 原始凭证
B. 汇总原始凭证
C. 付款凭证
D. 转账凭证

17. 记账凭证核算组织程序和日记总账核算组织程序的主要区别是（　　　）。

A. 登记分类账的依据不同
B. 登记明细账的依据不同
C. 登记总账的依据和方法不同
D. 登记总账和明细账的依据不同

18. 各种会计核算组织程序中，最基本的是（　　　）。

A. 日记总账核算组织程序
B. 汇总记账凭证核算组织程序
C. 记账凭证核算组织程序
D. 科目汇总表核算组织程序

19. 会计核算组织程序主要解决的是会计核算工作的（　　　）。

A. 记账程序问题
B. 职责分工问题
C. 技术组织方式问题
D. 信息质量问题

20. 在记账凭证核算组织程序下，记账凭证一般采用的格式是（　　　）。

A. 通用格式
B. 专用格式
C. 收付及转账两种格式
D. 收、付、转三种格式

（二）多项选择题

1. 科学适用的会计核算组织程序能够（　　　）。

A. 减少会计人员工作量
B. 不需要登记总账
C. 节约人力和物力
D. 不需要编制财务报表
E. 提高会计工作的质量和效率

2. 汇总记账凭证核算组织程序的优点是（　　　）。

A. 能反映账户之间的对应关系
B. 能减少登记总账的工作量
C. 编制的汇总记账凭证的工作量小
D. 有利于会计工作的分工
E. 能起到入账前的试算平衡作用

3. 各种会计核算组织程序下，登记明细账的依据可能是（　　　）。

A. 原始凭证
B. 汇总原始凭证
C. 记账凭证
D. 汇总记账凭证
E. 记账凭证汇总表

4. 以记账凭证为依据，按科目贷方设置，将借方科目归类汇总的凭证编制法有（　　　）。

A. 汇总收款凭证编制法   B. 汇总付款凭证编制法

C. 汇总转账凭证编制法   D. 科目汇总表编制法

E. 汇总原始凭证编制法

5. 在汇总记账凭证核算组织程序下，应设置的凭证及账簿有(　　　)。

A. 收、付款凭证   B. 汇总的收、付款凭证

C. 转账凭证及汇总转账凭证   D. 科目汇总表

E. 库存现金、银行存款日记账

6. 在各种会计核算组织程序中，能够减少登记总账工作量的核算组织程序是(　　　)。

A. 记账凭证核算组织程序

B. 科目汇总表核算组织程序

C. 汇总记账凭证核算组织程序

D. 日记总账核算组织程序

E. 以上各种核算组织程序都可以

7. 在记账凭证核算组织程序下，不能作为登记总账直接依据的有(　　　)。

A. 原始凭证   B. 记账凭证

C. 汇总记账凭证   D. 科目汇总表

E. 汇总原始凭证

8. 在不同的会计核算组织程序下，登记总账的依据可以是(　　　)。

A. 记账凭证   B. 汇总记账凭证

C. 科目汇总表   D. 原始凭证

E. 汇总原始凭证

9. 规模大、业务多、使用会计科目多的单位，应该采用的核算组织程序是(　　　)。

A. 记账凭证核算组织程序

B. 科目汇总表核算组织程序

C. 汇总记账凭证核算组织程序

D. 日记总账核算组织程序

E. 以上各种核算组织程序均可以

10. 采用汇总记账凭证核算组织程序，平时编制记账凭证的要求是(　　　)。

A. 收款凭证为一借多贷   B. 付款凭证为多借一贷

C. 转账凭证为一借多贷   D. 转账凭证为多借一贷

E. 收款、付款、转账凭证均可为一借一贷

11. 各种会计核算形式中，其账务处理程序相同的是(　　　)。

A. 根据原始凭证编制汇总原始凭证

B. 根据原始凭证或汇总原始凭证编制记账凭证

C. 根据原始凭证、汇总原始凭证、记账凭证登记总账

D. 根据记账凭证逐笔登记总账

E. 根据明细账及总账记录编制财务报表

12. 科目汇总表核算形式下，月末应与总账核对的内容有(　　　)。

A. 库存现金日记账　　　　　　　　B. 银行存款日记账

C. 科目汇总表　　　　　　　　　　D. 明细账

E. 汇总记账凭证

13. 会计核算组织程序是指(　　)的合理组织过程。

A. 会计凭证　　　　　　　　　　　B. 会计科目

C. 会计账簿　　　　　　　　　　　D. 会计方法

E. 会计报表

14. 日记总账核算组织程序的特点是(　　)。

A. 设置日记总账

B. 设置明细账

C. 根据记账凭证逐笔登记总账

D. 根据记账凭证逐笔登记日记总账

E. 根据记账凭证登记日记账

15. 会计核算组织程序又可称为(　　)。

A. 会计核算形式　　　　　　　　　B. 凭证核算形式

C. 账务处理程序　　　　　　　　　D. 记账程序

E. 记账方法

(三) 判断题

1. 记账凭证核算组织程序下，总账可以根据记账凭证逐笔登记，也可以定期汇总登记。　　　　　　　　　　　　　　　　　　　　　　　　　　　　　　(　　)

2. 记账凭证核算组织程序下，由于总账是根据记账凭证登记的，因而会计期末不需要对有关账簿的记录进行核对。　　　　　　　　　　　　　　　　　　(　　)

3. 科目汇总表汇总了有关科目的借、贷方发生额和余额。　　　　　　　(　　)

4. 科目汇总表不仅是登记总账的依据，而且根据科目汇总表可以了解企业资金运动的来龙去脉。　　　　　　　　　　　　　　　　　　　　　　　　　　(　　)

5. 汇总的记账凭证不仅能体现账户之间的对应关系，而且能起到入账前的试算平衡作用。　　　　　　　　　　　　　　　　　　　　　　　　　　　　　(　　)

6. 由于汇总记账凭证核算组织程序大大减少了登记总账的工作量，因而这种核算组织程序适用于一切单位。　　　　　　　　　　　　　　　　　　　　　(　　)

7. 日记总账既起到日记账的作用，又起到分类账的作用，所以一般称之为联合账簿。　　　　　　　　　　　　　　　　　　　　　　　　　　　　　　(　　)

8. 日记总账核算组织程序下，由于设置了日记总账，所以不需要设置库存现金日记账和银行存款日记账。　　　　　　　　　　　　　　　　　　　　　　(　　)

9. 在各种会计核算组织程序中，原始凭证都不能直接用来登记总账和明细账。
　　　　　　　　　　　　　　　　　　　　　　　　　　　　　　　　(　　)

10. 不论哪种会计核算组织程序，在编制会计报表之前，都要进行对账工作。
　　　　　　　　　　　　　　　　　　　　　　　　　　　　　　　　(　　)

(四) 综合题

1. 大连金逸机械制造有限公司采用科目汇总表核算组织程序，有关资料如下：

资料一：2017 年 5 月 1 日有关账户余额见表 12-1、表 12-2。

表 12-1 账户余额表 单位：元

会计科目	借方	会计科目	贷方
库存现金	6 500	短期借款	60 000
银行存款	297 000	应付账款	103 500
应收账款	200 000	应交税费	20 000
其他应收款	10 000	累计折旧	70 000
原材料	210 000	实收资本	400 000
库存商品	100 000	盈余公积	150 000
固定资产	400 000	本年利润	300 000
		利润分配	120 000
合计	1 223 500	合计	1 223 500

表 12-2 材料明细表 金额单位：元

材料名称	计量单位	数量	单价	金额
甲材料	千克	300	400	120 000
乙材料	千克	600	150	90 000

资料二：该企业 5 月份发生下列业务。

（1）

浦发银行现金缴款单

对方科目： 缴款日期：2017 年 5 月 1 日

收款单位名称	大连金逸机械制造有限公司		款项来源		销售									
账号（或科目）	4291000817		金额											
			百	十万	千	百	十元	角	分					
币种（大写）人民币叁仟元整					¥	3	0	0	0	0	0			

券别	100元	50元	10元	5元	2元	1元	5角	2角	1角	5分	2分	1分	合计金额
数额													
整把券													
零张券													

浦发银行
收款银行盖章
大连高新园区支行
现金清讫

收款复核： 收款员：

· 198 ·

（2）

收料单

仓库：材料库　　　　　　　　　　　　　　　　　　　　　　　　　　第 2 号

供货单位：大连钢铁厂　　　　　　　　2017 年 5 月 6 日　　　　　　金额单位：元

名　称	规格	单位	数量	单价	金额	备注
甲材料		千克	100	400	40 000.00	

负责人：马　明　　　　　　　　　　　　　　　　　　经手人：赵　强

二交会计

2102053140　　　　　　　　　　**大连增值税专用发票**　　　　　　　No 00688309

开票日期：2017 年 5 月 6 日

购买方	名　　　称：大连金逸机械制造有限公司						密码区	（略）	
	纳税人识别号：120000987654321								
	地址、电话：沙河口区尖山街 216 号、0411-84713589								
	开户银行及账号：浦发银行高新园区支行 4291000817								
货物或应税劳务、服务名称	规格型号	单位	数量	单价	金　额		税率	税　额	
甲材料		千克	100	400	40 000.00		16%	6 400.00	
合　　计					￥40 000.00			￥6 400.00	
价税合计（大写）　⊗肆万陆仟肆佰元整							（小写）￥46 400.00		
销售方	名　　　称：大连钢铁厂						备注		
	纳税人识别号：120000987612345								
	地址、电话：甘井子区北石道街 115 号、0411-86555321								
	开户银行及账号：工商银行甘井子区支行 6254000556								

收款人：　　　　复核：　　　　　开票人：贾　颖　　　销售劳（章）

第三联：发票联　购买方记账凭证

浦发银行
转账支票存根
支票号码 00006795

科　　目 _____

对方科目 _____

出票日期 2017 年 5 月 6 日 _____

收款人：大连钢铁厂
金　额：￥46 400.00
用　途：货款

单位主管　　　　会计

（3）

仓库：材料库   第 3 号

供货单位：大连钢铁厂   2017 年 5 月 7 日   金额单位：元

名称	规格	单位	数量	单价	金额	备注
乙材料		千克	400	150	60 000.00	

负责人：马 明   经手人：赵 强

二 交 会 计

2102053140   **大连增值税专用发票**   No 00688311

发 票 联   开票日期：2017 年 5 月 7 日

购买方	名　　称：大连金逸机械制造有限公司 纳税人识别号：120000987654321 地址、电话：沙河口区尖山街 216 号、0411-84713589 开户银行及账号：浦发银行高新园区支行 4291000817	密码区	（略）

货物或应税劳务、服务名称	规格型号	单位	数量	单价	金额	税率	税额
乙材料		千克	400	150	60 000.00	16%	9 600.00
合　计					¥ 60 000.00		¥ 9 600.00

价税合计（大写）	⊗陆万玖仟陆佰元整	（小写）　¥ 69 600.00

销售方	名　　称：大连钢铁厂 纳税人识别号：120000987612345 地址、电话：甘井子区北石道街 115 号、0411-86555321 开户银行及账号：工商银行甘井子区支行 6254000556	备注	大连钢铁厂 120000987612345 发票专用章

收款人：   复核：   开票人：贾 颖   销售方：（章）

第三联：发票联 购买方记账凭证

商业承兑汇票

出票日期（大写）   贰零壹柒年伍月零柒日

付款人	全　称	大连金逸机械制造有限公司	收款人	全　称	大连钢铁厂
	账　号	4291000817		账　号	6254000556
	开户银行	浦发银行高新园区支行		开户银行	工商银行甘井子区支行

出票金额	人民币 （大写） 陆万玖仟陆佰元整	亿	千	百	十	万	千	百	十	元	角	分
				¥	6	9	6	0	0	0	0	

汇票到期日 （大写）	贰零壹柒年捌月零柒日	行号	310222000026
交易合同号码	供销字 0054309	地址	大连高新园区 142 号
		出票人签章	财务专用章

此联承兑人留存

·200·

（4）
辽宁省大连市商业货物销售剪贴发票

发宁票连联

购货单位：大连金逸机械制造有限公司　2017 年 5 月 8 日　　　　　No 100352

编号	品名	数量	单位	单价	金额								
					十万	千	百	十	元	角	分	
	文具	10	件	200.00		2	0	0	0	0	0	②报销凭证
合计（人民币大写）：贰仟零佰零拾零元零角零分					¥	2	0	0	0	0	0	

现金收讫

销售企业名称（盖章）　　　收款人：　　　开票人：张 莉

（5）
辽宁省大连市广告业专用发票

发 辽票大联

购货单位：大连金逸机械制造有限公司　2017 年 5 月 12 日　　　　　No 100689

项目	单位	数量	单价	金额								
				十万	千	百	十	元	角	分	
广告制作					3	0	0	0	0	0	②报销凭证
合计（人民币大写）：叁仟零佰零拾零元零角零分				¥	3	0	0	0	0	0	

销售企业名称（盖章）　　　收款人：　　　开票人：张 莉

浦发银行
转账支票存根
支票号码 00006796

科　　　　目＿＿＿＿＿＿＿＿＿＿

对方科目＿＿＿＿＿＿＿＿＿＿

出票日期 2017 年 5 月 12 日　＿＿＿＿＿＿＿

收款人：大连恒发广告有限公司
金　额：¥3 000.00
用　途：付广告费
单位主管　　　会计

(6)

工资结算汇总表

2017 年 5 月

单位：元

车间或部门	应发工资				代扣款项	实发金额
	岗位工资	综合奖金	岗位津贴	合 计		
生产车间：						
生产工人——A 产品	28 000	7 000	5 000	40 000		40 000
生产工人——B 产品	12 000	5 500	2 500	20 000		20 000
车间管理人员	3 500	900	600	5 000		5 000
企业管理人员	10 000	4 500	2 200	16 700		16 700
合计	53 500	17 900	10 300	81 700		81 700

会计主管：　　　　审核：　　　　制单：李　丽

```
            浦发银行
          转账支票存根
        支票号码 00008978

   科    目 _____

   对方科目 _____

   出票日期 2017 年 5 月 13 日 _____

   收款人：大连金逸机械制造有限公司

   金　额：¥81 700.00

   用　途：付工资

   单位主管　　　　会计
```

(7)

2102053140

No 00684255

开票日期：2017 年 5 月 17 日

购买方	名　　　称：大连利源商贸公司 纳税人识别号：120000981123356 地址 、电话：中山区槐树街 116 号、0411-82355689 开户银行及账号：农业银行中山区支行 45681000555					密码区	(略)	
货物或应税劳务、服务名称	规格型号	单位	数量	单 价	金　额	税率	税　额	
A 产品		台	100	1 800	180 000.00	16%	28 800.00	
合　计					¥180 000.00		¥28 800.00	
价税合计（大写）	⊗贰拾万捌仟捌佰元整						(小写)¥208 800.00	
销售方	名　　　称：大连金逸机械制造有限公司 纳税人识别号：120000987654321 地址 、电话：沙河口区尖山街 216 号、0411-84713589 开户银行及账号：浦发银行高新园区支行 4291000817					备注		

收款人：　　　　复核：　　　　开票人：吴　明　　　　销售方：（章）

浦发银行进账单（收账通知）

2017 年 5 月 17 日　　　　　　　　　　　　　№ 0133557

<table>
<tr><td rowspan="3">出票人</td><td>全　称</td><td>大连利源商贸公司</td><td rowspan="3">持票人</td><td>全　称</td><td>大连金逸机械制造有限公司</td><td rowspan="9">此联是持票人的收账通知开户银行交给</td></tr>
<tr><td>账　号</td><td>45681000555</td><td>账　号</td><td>4291000817</td></tr>
<tr><td>开户银行</td><td>农行中山区支行</td><td>开户银行</td><td>浦发银行高新园区支行</td></tr>
<tr><td colspan="3">人民币
（大写）：贰拾万零捌仟捌佰元整</td><td colspan="3">千 百 十 万 千 百 十 元 角 分
　　　　¥ 2 0 8 8 0 0 0 0</td></tr>
<tr><td>票据种类</td><td colspan="2">转账支票</td><td colspan="3" rowspan="2">浦发银行
大连高新园区支行

转讫

收款人开户银行盖章</td></tr>
<tr><td></td><td></td><td></td></tr>
<tr><td></td><td>复核：</td><td>记账：</td></tr>
</table>

（8）

托收凭证（受理回单）

委托日期 2017 年 5 月 25 日

<table>
<tr><td colspan="3">业务类型</td><td colspan="3">委托收款（□邮划、□电划）　　托收承付（□邮划、□电划）</td><td rowspan="8">此联作开户银行给收款人的受理回单</td></tr>
<tr><td rowspan="3">付款人</td><td>全　称</td><td colspan="2">大连利源商贸公司</td><td rowspan="3">收款人</td><td>全　称</td><td>大连金逸机械制造有限公司</td></tr>
<tr><td>账　号</td><td colspan="2">45681000555</td><td>账　号</td><td>4291000817</td></tr>
<tr><td>地　址</td><td>大连市</td><td>开户行 农行中山支行</td><td>地　址</td><td>大连市　开户行 浦发高新支行</td></tr>
<tr><td rowspan="2">金额</td><td>人民币
（大写）</td><td colspan="3">壹拾壹万陆仟元整</td><td colspan="2">亿 千 百 十 万 千 百 十 元 角 分
　　　¥ 1 1 6 0 0 0 0 0</td></tr>
<tr><td>款项内容</td><td>货款</td><td>托收凭据名称</td><td>托收承付凭证电划</td><td colspan="2">附寄单证张数</td></tr>
<tr><td>商品发运情况</td><td>已发</td><td colspan="2">合同名称号码</td><td colspan="2">浦发银行
大连高新园区支行
收款人开户银行签章
业务专用章</td></tr>
<tr><td>备注：</td><td colspan="2">款项收妥日期</td><td>年　月　日</td><td colspan="2">2017 年 5 月 25 日</td></tr>
<tr><td>复核</td><td colspan="6">记账</td></tr>
</table>

2102053140

大连增值税专用发票

No 00684289

开票日期：2017 年 5 月 25 日

<table>
<tr><td rowspan="4">购买方</td><td>名　　　称：大连利源商贸公司</td><td rowspan="4">密码区</td><td rowspan="4">（略）</td></tr>
<tr><td>纳税人识别号：120000981123356</td></tr>
<tr><td>地 址 、电 话：中山区槐树街 116 号、0411–82355689</td></tr>
<tr><td>开户银行及账号：农业银行中山区支行 45681000555</td></tr>
</table>

货物或应税劳务、服务名称	规格型号	单位	数量	单价	金 额	税率	税 额
B 产品		台	200	500	100 000.00	16%	16 000.00
合 　计					￥100 000.00		￥16 000.00

价税合计（大写）	⊗ 壹拾壹万陆仟元整	（小写）￥116 000.00

<table>
<tr><td rowspan="4">销售方</td><td>名　　　称：大连金逸机械制造有限公司</td><td rowspan="4"></td></tr>
<tr><td>纳税人识别号：120000987654321</td></tr>
<tr><td>地 址 、电 话：沙河口区尖山街 216 号、0411–84713589</td></tr>
<tr><td>开户银行及账号：浦发银行高新园区支行 4291000817</td></tr>
</table>

第一联：记账联 销售方记账凭证

收款人：　　　　　　复核：　　　　　　开票人：吴　明　　　　　　销售方：（章）

（9）

发料凭证汇总表

2017 年 5 月 31 日

金额单位：元

项　　目	甲材料		乙材料		合计	
	数　量	金　额	数　量	金　额	数　量	金　额
制造产品耗用：	120	48 000	450	67 500		115 500
A 产品	70	28 000	200	30 000		58 000
B 产品	50	20 000	250	37 500		57 500
车间机物料消耗	10	4 000				4 000
行政管理部门耗用	10	4 000				4 000
合计	140	56 000	450	67 500		123 500

（10）

工资费用分配表

2017 年 5 月 31 日

单位：元

分配对象	工资分配	福利费（10%）	合计
基本生产车间：	60 000	6 000	66 000
生产工人——A 产品	40 000	4 000	44 000
生产工人——B 产品	20 000	2 000	22 000
车间管理人员	5 000	500	5 500
行政管理人员	16 700	1 670	18 370
合计	81 700	8 170	89 870

会计主管：　　　　　　审核：　　　　　　制单：李　丽

（11）

折旧费用分配表

2017 年 5 月 31 日　　　　　　　　　　　　　　单位：元

| 使用部门 | 本月应计折旧额 | | | | 合　计 |
	房屋、建筑物	机器设备	其他设备	运输工具	
基本生产车间	12 000	8 000	1 400		21 400
行政管理部门	6 000			2 300	8 300
合　计					29 700

会计主管：　　　　　　审核：　　　　　　制单：李　丽

（12）

制造费用分配表

2017 年 5 月 31 日

分配对象	分配标准（生产工时）	分配率	分配金额（元）
A 产品	400		24 720
B 产品	100		6 180
合计	500	61.8	30 900

会计主管：　　　　　　审核：　　　　　　制单：李　丽

（13）

完工产品成本汇总计算表　　　　　　　　　金额单位：元

| 成本项目 | 产品名称：A 产品 产量（台）：90 | | 产品名称：B 产品 产量（台）：250 | |
	总成本	单位成本	总成本	单位成本
直接材料	36 000	400	45 000	180
直接人工	31 500	350	15 000	60
制造费用	18 000	200	5 000	20
合计	85 500	950	65 000	260

产品入库单

交库部门：　　　　　　2017 年 5 月 31 日　　　产成品库：　　　　　金额单位：元

产品类型	产品名称	产品编号	计量单位	实收数量	单位成本	实际成本
	A 产品		台	90	950	85 500
	B 产品		台	250	260	65 000
合计						150 500

记账：　　　　　　主管：　　　　　　保管：刘　东　　　交库：

（14）

产品出库单

用途：销售　　　　　2017 年 5 月 17 日　　　产成品库：　　　金额单位：元

产品类型	产品名称	产品编号	计量单位	数　量	单位成本	总成本
	A 产品		台	100	950	95 000
	B 产品		台	200	260	52 000
合计						147 000

记账：　　　　　　主管：　　　　　保管：刘　东

产品销售成本计算表

2017 年 5 月 31 日　　　　　　　　　　　金额单位：元

产品名称	本期销售		
	数　量	单位成本	总成本
A 产品	100	950	95 000
B 产品	200	260	52 000
合计			147 000

会计主管：　　　　审核：　　　　　制单：李　丽

（15）

城市维护建设税和教育费附加计算表

2017 年 5 月 31 日　　　　　　　　　　　金额单位：元

项　目	城市维护建设税			教育费附加		地方教育费附加		合　计
	计税额	比例	提取额	比例	提取额	比例	提取额	
增值税	30 600	7%	2 142	3%	918	1%	306	3 366
消费税								
合计								3 366

（16）期末结转损益类账户。

（17）计算并结转本期所得税费用 23 491 元。

要求：①根据以上经济业务编制记账凭证。

付款凭证

贷方 出纳编号：
科目 年 月 日 凭证编号：

| 摘 要 | 借方科目 | | 金 额 | | | | | | | | | 记账 |
	总账科目	明细科目	百	十	万	千	百	十	元	角	分	
合 计												

会计主管： 稽核： 制单： 出纳： 记账：

附单据 张

付款凭证

贷方 出纳编号：
科目 年 月 日 凭证编号：

| 摘 要 | 借方科目 | | 金 额 | | | | | | | | | 记账 |
	总账科目	明细科目	百	十	万	千	百	十	元	角	分	
合 计												

会计主管： 稽核： 制单： 出纳： 记账：

附单据 张

转账凭证

年 月 日 凭证编号：

| 摘 要 | 借 方 | | 贷 方 | | 金 额 | | | | | | | | | 记账 |
	总账科目	明细科目	总账科目	明细科目	百	十	万	千	百	十	元	角	分	
合 计														

会计主管： 稽核： 制单： 记账：

附单据 张

付款凭证

贷方　　　　　　　　　　　　　　　　　　　　　　　　　　出纳编号：
科目　　　　　　　　　　　　　年　　月　　日　　　　　　凭证编号：

摘　要	借方科目		金　额								记账
	总账科目	明细科目	百	十	万	千	百	十	元	角	分	
合　计											

会计主管：　　　　稽核：　　　　制单：　　　　出纳：　　　　记账：

附单据　　张

付款凭证

贷方　　　　　　　　　　　　　　　　　　　　　　　　　　出纳编号：
科目　　　　　　　　　　　　　年　　月　　日　　　　　　凭证编号：

摘　要	借方科目		金　额								记账
	总账科目	明细科目	百	十	万	千	百	十	元	角	分	
合　计											

会计主管：　　　　稽核：　　　　制单：　　　　出纳：　　　　记账：

附单据　　张

付款凭证

贷方　　　　　　　　　　　　　　　　　　　　　　　　　　出纳编号：
科目　　　　　　　　　　　　　年　　月　　日　　　　　　凭证编号：

摘　要	借方科目		金　额								记账
	总账科目	明细科目	百	十	万	千	百	十	元	角	分	
合　计											

会计主管：　　　　稽核：　　　　制单：　　　　出纳：　　　　记账：

附单据　　张

收款凭证

借方
科目

年　月　日

出纳编号：
凭证编号：

摘　要	贷方科目		金　额										记账	
	总账科目	明细科目	百	十	万	千	百	十	元	角	分		
合计													

附单据　张

会计主管：　　　稽核：　　　制单：　　　出纳：　　　记账：

转账凭证

年　月　日

凭证编号：

摘　要	借　方		贷　方		金　额									记账
	总账科目	明细科目	总账科目	明细科目	百	十	万	千	百	十	元	角	分	
合计														

附单据　张

会计主管：　　　稽核：　　　制单：　　　记账：

转账凭证

年　月　日

凭证编号：

摘　要	借　方		贷　方		金　额									记账
	总账科目	明细科目	总账科目	明细科目	百	十	万	千	百	十	元	角	分	
合计														

附单据　张

会计主管：　　　稽核：　　　制单：　　　记账：

转账凭证

年　月　日　　　　　　凭证编号：

摘　要	借　方		贷　方		金　额									记账
	总账科目	明细科目	总账科目	明细科目	百	十	万	千	百	十	元	角	分	
合　计														

会计主管：　　　　稽核：　　　　制单：　　　　记账：

附单据　　张

转账凭证

年　月　日　　　　　　凭证编号：

摘　要	借　方		贷　方		金　额									记账
	总账科目	明细科目	总账科目	明细科目	百	十	万	千	百	十	元	角	分	
合　计														

会计主管：　　　　稽核：　　　　制单：　　　　记账：

附单据　　张

转账凭证

年　月　日　　　　　　凭证编号：

摘　要	借　方		贷　方		金　额									记账
	总账科目	明细科目	总账科目	明细科目	百	十	万	千	百	十	元	角	分	
合　计														

会计主管：　　　　稽核：　　　　制单：　　　　记账：

附单据　　张

转账凭证

年　月　日　　　　　　　　　凭证编号：

摘要	借方		贷方		金额									记账	附单据
	总账科目	明细科目	总账科目	明细科目	百	十	万	千	百	十	元	角	分		
															张
合计															

会计主管：　　　稽核：　　　制单：　　　记账：

转账凭证

年　月　日　　　　　　　　　凭证编号：

摘要	借方		贷方		金额									记账	附单据
	总账科目	明细科目	总账科目	明细科目	百	十	万	千	百	十	元	角	分		
															张
合计															

会计主管：　　　稽核：　　　制单：　　　记账：

转账凭证

年　月　日　　　　　　　　　凭证编号：

摘要	借方		贷方		金额									记账	附单据
	总账科目	明细科目	总账科目	明细科目	百	十	万	千	百	十	元	角	分		
															张
合计															

会计主管：　　　稽核：　　　制单：　　　记账：

转账凭证

年　　月　　日　　　　　　　　凭证编号：

摘　要	借　方		贷　方		金　额									记账	
	总账科目	明细科目	总账科目	明细科目	百	十	万	千	百	十	元	角	分		
															附单据
															张
合　计															

会计主管：　　　　　稽核：　　　　　制单：　　　　　记账：

转账凭证

年　　月　　日　　　　　　　　凭证编号：

摘　要	借　方		贷　方		金　额									记账	
	总账科目	明细科目	总账科目	明细科目	百	十	万	千	百	十	元	角	分		
															附单据
															张
合　计															

会计主管：　　　　　稽核：　　　　　制单：　　　　　记账：

转账凭证

年　　月　　日　　　　　　　　凭证编号：

摘　要	借　方		贷　方		金　额									记账	
	总账科目	明细科目	总账科目	明细科目	百	十	万	千	百	十	元	角	分		
															附单据
															张
合　计															

会计主管：　　　　　稽核：　　　　　制单：　　　　　记账：

转账凭证

年　月　日　　　　　　　　凭证编号：

摘　要	借　方		贷　方		金　额									记账
	总账科目	明细科目	总账科目	明细科目	百	十	万	千	百	十	元	角	分	
合　计														

附单据　　张

会计主管：　　　　稽核：　　　　制单：　　　　记账：

②根据收、付款凭证逐日逐笔登记库存现金日记账、银行存款日记账。

库存现金日记账　　　　　　　　　　　　单位：

年		摘　要	对方科目	借	贷	核对号	余　额
月	日						

银行存款日记账

存款种类：　　　　　　　　　　　　　　　　单位：

年		摘　要	结算方式	票号	借	贷	核对号	余　额
月	日							

③根据原始凭证、记账凭证登记原材料明细账、生产成本明细账。

原材料明细账

材料名称：　　　　　　　　　　　　　　　　　　　　　　　　计量单位：

年		凭证	摘　要	收　入			发　出			结　存		
月	日			数量	单价	金额	数量	单价	金额	数量	单价	金额

原材料明细账

材料名称：　　　　　　　　　　　　　　　　　　　　　　　　计量单位：

年		凭证	摘　要	收　入			发　出			结　存		
月	日			数量	单价	金额	数量	单价	金额	数量	单价	金额

生产成本明细账

产品名称：　　　　　　　　　　　　　　　　　　　　　　　　单位：

年		凭证号数	摘　要	借方（成本项目）				合　计
月	日			直接材料	燃料动力	直接人工	制造费用	

生产成本明细账

产品名称：　　　　　　　　　　　　　　　　　　　　　　　　　　　　　　　　单位：

年		凭证号数	摘　要	借方（成本项目）				合　计
月	日			直接材料	燃料动力	直接人工	制造费用	

④根据记账凭证编制科目汇总表（见表12-3）。

表12-3　　　　　　　　　　　　　　　科目汇总表　　　　　　　　　　　　　　　单位：

会计科目	本期发生额	
	借　方	贷　方

⑤根据科目汇总表登记总账。

总　账

会计科目：

年		凭证号数	摘　要	借　方	贷　方	核对号	借或贷	余　额
月	日							

总　账

会计科目：

年		凭证号数	摘　要	借　方	贷　方	核对号	借或贷	余　额
月	日							

总　账

会计科目：

年		凭证号数	摘　要	借　方	贷　方	核对号	借或贷	余　额
月	日							

总　账

会计科目：

年		凭证号数	摘　要	借　方	贷　方	核对号	借或贷	余　额
月	日							

总　账

会计科目：

| 年 | | 凭证号数 | 摘　要 | 借　方 | 贷　方 | 核对号 | 借或贷 | 余　额 |
月	日						

总　账

会计科目：

| 年 | | 凭证号数 | 摘　要 | 借　方 | 贷　方 | 核对号 | 借或贷 | 余　额 |
月	日						

总　账

会计科目：

| 年 | | 凭证号数 | 摘　要 | 借　方 | 贷　方 | 核对号 | 借或贷 | 余　额 |
月	日						

总　账

会计科目：

| 年 | | 凭证号数 | 摘　要 | 借　方 | 贷　方 | 核对号 | 借或贷 | 余　额 |
月	日						

总 账

会计科目：

年		凭证号数	摘 要	借 方	贷 方	核对号	借或贷	余 额
月	日							

总 账

会计科目：

年		凭证号数	摘 要	借 方	贷 方	核对号	借或贷	余 额
月	日							

总 账

会计科目：

年		凭证号数	摘 要	借 方	贷 方	核对号	借或贷	余 额
月	日							

总 账

会计科目：

年		凭证号数	摘 要	借 方	贷 方	核对号	借或贷	余 额
月	日							

总　账

会计科目：

年		凭证号数	摘　要	借　方	贷　方	核对号	借或贷	余　额
月	日							

总　账

会计科目：

年		凭证号数	摘　要	借　方	贷　方	核对号	借或贷	余　额
月	日							

总　账

会计科目：

年		凭证号数	摘　要	借　方	贷　方	核对号	借或贷	余　额
月	日							

总　账

会计科目：

年		凭证号数	摘　要	借　方	贷　方	核对号	借或贷	余　额
月	日							

总　账

会计科目：

年		凭证号数	摘　要	借　方	贷　方	核对号	借或贷	余　额
月	日							

总　账

会计科目：

年		凭证号数	摘　要	借　方	贷　方	核对号	借或贷	余　额
月	日							

总　账

会计科目：

年		凭证号数	摘　要	借　方	贷　方	核对号	借或贷	余　额
月	日							

总　账

会计科目：

年		凭证号数	摘　要	借　方	贷　方	核对号	借或贷	余　额
月	日							

总 账

会计科目：

年		凭证号数	摘 要	借 方	贷 方	核对号	借或贷	余 额
月	日							

总 账

会计科目：

年		凭证号数	摘 要	借 方	贷 方	核对号	借或贷	余 额
月	日							

总 账

会计科目：

年		凭证号数	摘 要	借 方	贷 方	核对号	借或贷	余 额
月	日							

总 账

会计科目：

年		凭证号数	摘 要	借 方	贷 方	核对号	借或贷	余 额
月	日							

⑥编制总分类账户期末余额试算平衡表（见表12-4）。

表 12-4　　　　　　　　　　　　**期末余额试算平衡表**　　　　　　　　单位：

会计科目	期末余额	
	借　方	贷　方

⑦编制资产负债表（见表12-5）及利润表（见表12-6）。

表12-5　　　　　　　　　　　　　　　**资产负债表（简表）**

编制单位：　　　　　　　　　　　　年　月　日　　　　　　　　　　单位：元

资　产	期末余额	年初余额（略）	负债和所有者权益	期末余额	年初余额（略）
流动资产：			流动负债：		
货币资金			短期借款		
应收票据			应付票据		
应收账款			应付账款		
预付款项			预收款项		
其他应收款			应付职工薪酬		
存货			应交税费		
流动资产合计			流动负债合计		
非流动资产：			非流动负债：		
可供出售金融资产			长期借款		
持有至到期投资			非流动负债合计		
固定资产			负债合计		
工程物资			所有者权益：		
固定资产清理			实收资本		
无形资产			资本公积		
长期待摊费用			盈余公积		
其他非流动资产			未分配利润		
非流动资产合计			所有者权益合计		
资产总计			负债和所有者权益总计		

表12-6　　　　　　　　　　　　　　　**利润表（简表）**

编制单位：　　　　　　　　　　　　年　月　　　　　　　　　　　　单位：元

项　目	本期金额	上期金额（略）
一、营业收入		
减：营业成本		
税金及附加		
销售费用		
管理费用		
财务费用		
资产减值损失		
加：公允价值变动收益（损失以"-"号填列）		
投资收益（损失以"-"号填列）		
二、营业利润（亏损以"-"号填列）		
加：营业外收入		
减：营业外支出		
三、利润总额（亏损总额以"-"号填列）		
减：所得税费用		
四、净利润（净亏损以"-"号填列）		

2. 填列表12-7中的有关项目：

表 12-7 会计核算组织程序分类

会计核算组织程序	特　点	优　点	缺　点	适用范围
记账凭证 核算组织程序				
科目汇总表 核算组织程序				
汇总记账凭证 核算组织程序				
日记总账 核算组织程序				

3. 练习科目汇总表的编制。

某企业采用科目汇总表核算组织程序，6 月 30 日，会计编制了如下科目汇总表（见表 12-8）。

表 12-8　　　　　　　　　　　　科目汇总表　　　　　　　　　　　单位：元

会计科目	本期发生额	
	借　方	贷　方
库存现金	508	
银行存款	4 600	
应收账款	700	
原材料	12 000	
固定资产	50 000	
管理费用	3 000	
应付账款		2 000
实收资本		60 000
预收账款		2 068
应付职工薪酬		2 600
合计	70 808	66 668

经与有关账簿记录核对，发现在记账和过账过程中存在以下错误：（1）本月"库存现金"账户借方发生额应为 2 840 元，贷方发生额应为 2 372 元；（2）企业用银行存款 4 000 元偿还一笔欠款，已经正确记入"应付账款"账户，但未记入"银行存款"账户；（3）企业提取现金 500 元零用，已经正确记入"库存现金"账户，但未记入"银行存款"账户；（4）用现金 850 元购买当月厂部办公用品，已正确记入"库存现金"账户，但未记入"管理费用"账户；（5）用现金 50 元支付零星费用，过账时误记为：

借：管理费用　　　　　　　　　　　　　　　　　　　　　　　　　　　　500

　　贷：库存现金　　　　　　　　　　　　　　　　　　　　　　　　　　　 50

要求：根据以上的资料，编制正确的科目汇总表。

4. 划线标明科目汇总表核算组织程序的一般账务处理程序（如图 12-1 所示）。

5. 某工厂"管理费用"总账账户 6 月 20 日有借方余额 18 500 元，6 月 21 日至 30 日发生下列经济业务：

（1）开出转账支票 1 500 元支付行政管理部门本月水电费。

（2）公出人员出差归来报销差旅费 800 元，付给现金。

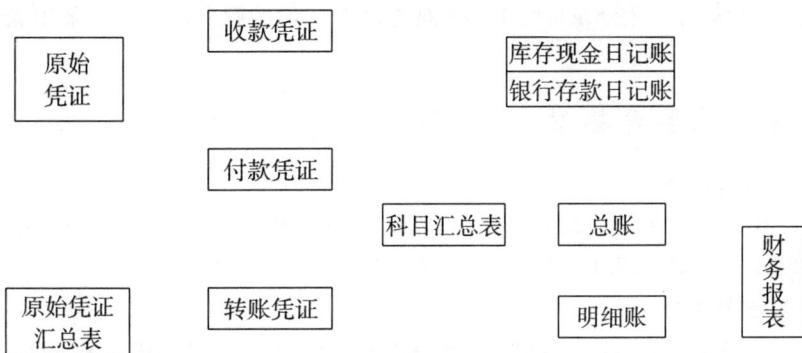

图 12-1　科目汇总表核算组织程序图

（3）某职工因私事打长途电话，费用 100 元，现收回现金（前已报销）。

（4）摊销应由本月负担的保险费 600 元。

（5）月末结转本月发生的管理费用 21 300 元。

要求：（1）编制本月业务的会计分录，并说明其应编入何种汇总记账凭证。

（2）根据汇总记账凭证登记"管理费用"总分类账户（"T"形账户），并写明摘要。

五、案例

刘通于 2017 年 1 月 1 日用银行存款 100 000 元作为投资创办了天地公司，主要经营各种家具的批发与零售。5 月 1 日，刘通以每月 2 000 元的租金租用了一个店面作为经营场所。由于刘通不懂会计，他除了将所有的发票等单据收集并保存起来外，没有作任何其他记录。到 5 月底，刘通发现公司的存款减少了，只剩下 58 987 元，外加 643 元现金。另外，客户赊欠的 13 300 元尚未收现，公司有 10 560 元货款尚未支付。除此之外，实地盘点库存家具，价值 25 800 元。刘通开始怀疑自己的经营能力，前来向你请教。

因此，对刘通保存的所有单据进行检查分析，汇总一个月的资料显示：

（1）银行存款投资 100 000 元。

（2）内部装修及必要的设施花费 20 000 元，均已用支票支付。

（3）购入家具两批，每批价值 35 200 元，其中第一批为现金购入，第二批购入时赊欠了价款的 30%，其余 70% 用支票支付。

（4）本月零售家具收入共 38 800 元，全部收到并存入银行。

（5）本月批发家具收入共 25 870 元，其中赊销 13 300 元，其余均存入银行。

（6）用支票支付当月租金 2 000 元。

（7）本月从银行存款账户提取现金共 10 000 元，其中 4 000 元支付店员的工资，5 000 元用作个人生活费，其余备日常零星开支。

（8）本月水电费 543 元，支票支付。

（9）本月电话费 220 元，现金支付。

（10）其他各种杂费 137 元，用现金支付。

请你根据天地公司的具体经济业务，替刘通设计一套适合的会计核算组织程序，并帮助刘通记账（编制会计分录即可），向刘通报告公司的财务状况，解答其疑惑，评述其经营业绩。

六、练习题参考答案

（一）单项选择题

1. D　2. B　3. D　4. D　5. D　6. C　7. D　8. C　9. A　10. B　11. D　12. C　13. D　14. A　15. A　16. D　17. C　18. C　19. A　20. D

（二）多项选择题

1. ACE　2. AB　3. ABC　4. BC　5. ABCE　6. BC　7. ACDE　8. ABC　9. BC　10. ABDE　11. ABE　12. ABD　13. ACE　14. AD　15. AC

（三）判断题

1. ×　2. ×　3. ×　4. ×　5. ×　6. ×　7. √　8. ×　9. ×　10. √

（四）综合题

1. ①根据本月经济业务编制的记账凭证（会计分录代替）。

会计分录如下：

（1）借：银行存款　　　　　　　　　　　　　　　　　　　　3 000

　　　　贷：库存现金　　　　　　　　　　　　　　　　　　　　　3 000

（2）借：原材料——甲材料　　　　　　　　　　　　　　　　40 000

　　　　应交税费——应交增值税（进项税额）　　　　　　　6 400

　　　　贷：银行存款　　　　　　　　　　　　　　　　　　　　46 400

（3）借：原材料——乙材料　　　　　　　　　　　　　　　　60 000

　　　　应交税费——应交增值税（进项税额）　　　　　　　9 600

　　　　贷：应付票据　　　　　　　　　　　　　　　　　　　　69 600

（4）借：管理费用　　　　　　　　　　　　　　　　　　　　2 000

　　　　贷：库存现金　　　　　　　　　　　　　　　　　　　　　2 000

（5）借：销售费用　　　　　　　　　　　　　　　　　　　　3 000

　　　　贷：银行存款　　　　　　　　　　　　　　　　　　　　　3 000

（6）借：应付职工薪酬　　　　　　　　　　　　　　　　　　81 700

　　　　贷：银行存款　　　　　　　　　　　　　　　　　　　　81 700

（7）借：银行存款　　　　　　　　　　　　　　　　　　　208 800

　　　　贷：主营业务收入　　　　　　　　　　　　　　　　180 000

　　　　　　应交税费——应交增值税（销项税额）　　　　　28 800

（8）借：应收账款　　　　　　　　　　　　　　　　　　　116 000

　　　　贷：主营业务收入　　　　　　　　　　　　　　　　100 000

　　　　　　应交税费——应交增值税（销项税额）　　　　　16 000

（9）借：生产成本——A产品　　　　　　　　　　　　　　　58 000

　　　　　　　　——B产品　　　　　　　　　　　　　　　57 500

　　　　制造费用　　　　　　　　　　　　　　　　　　　　4 000

　　　　管理费用　　　　　　　　　　　　　　　　　　　　4 000

	贷：原材料——甲材料	56 000
	——乙材料	67 500
（10）借：生产成本——A产品	44 000	
	——B产品	22 000
	制造费用	5 500
	管理费用	18 370
	贷：应付职工薪酬——工资	81 700
	——福利费	8 170
（11）借：制造费用	21 400	
	管理费用	8 300
	贷：累计折旧	29 700
（12）借：生产成本——A产品	24 720	
	——B产品	6 180
	贷：制造费用	30 900
（13）借：库存商品——A产品	85 500	
	——B产品	65 000
	贷：生产成本——A产品	85 500
	——B产品	65 000
（14）借：主营业务成本	147 000	
	贷：库存商品——A产品	95 000
	——B产品	52 000
（15）借：税金及附加	3 366	
	贷：应交税费——应交城市维护建设税	2 142
	——应交教育费附加	918
	——应交地方教育费附加	306
（16）借：主营业务收入	280 000	
	贷：本年利润	280 000
借：本年利润	186 036	
	贷：主营业务成本	147 000
	税金及附加	3 366
	管理费用	32 670
	销售费用	3 000
（17）借：所得税费用	23 491	
	贷：应交税费——应交所得税	23 491
借：本年利润	23 491	
	贷：所得税费用	23 491

②根据收、付款凭证逐日逐笔登记库存现金日记账、银行存款日记账。

库存现金日记账

单位：元

2017年 月	日	摘 要	对方科目	借	贷	核对号	余 额
5	1	期初余额					6 500
	1	现金存银行	银行存款	3 000			3 500
	8	付办公费	管理费用		2 000		1 500
	31	本月合计			5 000		

银行存款日记账

存款种类：基本存款户

单位：元

2017年 月	日	摘要	结算方式	票号	借	贷	核对号	余额
5	1	期初余额						297 000
	1	现金存银行			3 000			300 000
	6	购材料				46 400		253 600
	12	付广告费				3 000		250 600
	13	发工资				81 700		168 900
	17	销售			208 800			377 700
	31	本月合计			211 800	131 100		

③根据原始凭证、记账凭证登记原材料明细账、生产成本明细账。

原材料明细账

材料名称：甲材料

计量单位：千克/元

2017年 月	日	凭证	摘 要	收 入			发 出			结 存		
				数量	单价	金额	数量	单价	金额	数量	单价	金额
5	1		期初余额							300	400	120 000
	6	2	购入	100	400	40 000				400	400	160 000
	31	9	领料				140	400	56 000	260	400	104 000
	31		本月合计	100		40 000	140		56 000			

原材料明细账

材料名称：乙材料 计量单位：千克/元

2017年		凭证	摘 要	收 入			发 出			结 存		
月	日	证		数量	单价	金额	数量	单价	金额	数量	单价	金额
5	1		期初余额							600	150	90 000
	7	3	购入	400	150	60 000				1 000	150	150 000
	31	9	领料				450	150	67 500	550	150	82 500
	31		本月合计	400		60 000	450		67 500			

生产成本明细账

产品名称：A产品 单位：元

2017年		凭证号数	摘 要	借方（成本项目）				合 计
月	日			直接材料	燃料动力	直接人工	制造费用	
5	31	9	领料	58 000				58 000
	31	10	分配工资			40 000		40 000
	31	10	计提福利费			4 000		4 000
	31	12	结转制造费用				24 720	24 720
	31		本月合计	58 000		44 000	24 720	126 720
	31	13	转出完工产品	36 000		31 500	18 000	85 500
	31		期末余额	22 000		12 500	6 720	41 220

生产成本明细账

产品名称：B产品 单位：元

2017年		凭证号数	摘 要	借方（成本项目）				合 计
月	日			直接材料	燃料动力	直接人工	制造费用	
5	31	9	领料	57 500				57 500
	31	10	分配工资			20 000		20 000
	31	10	计提福利费			2 000		2 000
	31	12	结转制造费用				6 180	6 180
	31		本月合计	57 500		22 000	6 180	85 680
	31	13	转出完工产品	45 000		15 000	5 000	65 000
	31		期末余额	12 500		7 000	1 180	20 680

④根据记账凭证编制科目汇总表（见表12-9）。

表12-9   科目汇总表   单位：元

会计科目	本期发生额	
	借　方	贷　方
库存现金		5 000
银行存款	211 800	131 100
应收账款	116 000	
原材料	100 000	123 500
库存商品	150 500	147 000
应交税费	16 000	71 657
累计折旧		29 700
本年利润	209 527	280 000
应付票据		69 600
管理费用	32 670	32 670
销售费用	3 000	3 000
应付职工薪酬	81 700	89 870
主营业务收入	280 000	280 000
生产成本	212 400	150 500
制造费用	30 900	30 900
主营业务成本	147 000	147 000
税金及附加	3 366	3 366
所得税费用	23 491	23 491
合计	1 618 354	1 618 354

⑤根据科目汇总表登记总账。

总　账

会计科目：库存现金

2017 年		凭证号数	摘　要	借　方	贷　方	核对号	借或贷	余　额
月	日							
5	1		期初余额				借	6 500
	31		汇总1—17号凭证		5 000		借	1 500
	31		本月合计		5 000			

总　账

会计科目：银行存款

2017 年		凭证号数	摘　要	借　方	贷　方	核对号	借或贷	余　额
月	日							
5	1		期初余额				借	297 000
	31		汇总1—17号凭证	211 800	131 100		借	377 700
	31		本月合计	211 800	131 100			

总 账

会计科目：应收账款

2017 年		凭证号数	摘 要	借 方	贷 方	核对号	借或贷	余 额
月	日							
5	1		期初余额				借	200 000
	31		汇总 1—17 号凭证	116 000			借	316 000
	31		本月合计	116 000				

总 账

会计科目：其他应收款

2017 年		凭证号数	摘 要	借 方	贷 方	核对号	借或贷	余 额
月	日							
5	1		期初余额				借	10 000

总 账

会计科目：原材料

2017 年		凭证号数	摘 要	借 方	贷 方	核对号	借或贷	余 额
月	日							
5	1		期初余额				借	210 000
	31		汇总 1—17 号凭证	100 000	123 500		借	186 500
	31		本月合计	100 000	123 500			

总 账

会计科目：库存商品

2017 年		凭证号数	摘 要	借 方	贷 方	核对号	借或贷	余 额
月	日							
5	1		期初余额				借	100 000
	31		汇总 1—17 号凭证	150 500	147 000		借	103 500
	31		本月合计	150 500	147 000			

总 账

会计科目：固定资产

2017 年		凭证号数	摘 要	借 方	贷 方	核对号	借或贷	余 额
月	日							
5	1		期初余额				借	400 000

总 账

会计科目：短期借款

2017年		凭证号数	摘 要	借 方	贷 方	核对号	借或贷	余 额
月	日							
5	1		期初余额				贷	60 000

总 账

会计科目：应付账款

2017年		凭证号数	摘 要	借 方	贷 方	核对号	借或贷	余 额
月	日							
5	1		期初余额				贷	103 500

总 账

会计科目：应交税费

2017年		凭证号数	摘 要	借 方	贷 方	核对号	借或贷	余 额
月	日							
5	1		期初余额				贷	20 000
	31		汇总1—17号凭证	16 000	71 657		贷	75 657
	31		本月合计	16 000	71 657			

总 账

会计科目：累计折旧

2017年		凭证号数	摘 要	借 方	贷 方	核对号	借或贷	余 额
月	日							
5	1		期初余额				贷	70 000
	31		汇总1—17号凭证		29 700		贷	99 700
	31		本月合计		29 700			

总 账

会计科目：实收资本

2017年		凭证号数	摘 要	借 方	贷 方	核对号	借或贷	余 额
月	日							
5	1		期初余额				贷	400 000

总　账

会计科目：本年利润

2017年		凭证号数	摘　要	借　方	贷　方	核对号	借或贷	余　额
月	日							
5	1		期初余额				贷	300 000
	31		汇总1—17号凭证	209 527	280 000		贷	370 473
	31		本月合计	209 527	280 000			

总　账

会计科目：利润分配

2017年		凭证号数	摘　要	借　方	贷　方	核对号	借或贷	余　额
月	日							
5	1		期初余额				贷	120 000

总　账

会计科目：应付票据

2017年		凭证号数	摘　要	借　方	贷　方	核对号	借或贷	余　额
月	日							
5	31		汇总1—17号凭证		69 600		贷	69 600
	31		本月合计		69 600			

总　账

会计科目：管理费用

2017年		凭证号数	摘　要	借　方	贷　方	核对号	借或贷	余　额
月	日							
5	31		汇总1—17号凭证	32 670	32 670		平	0
	31		本月合计	32 670	32 670			

会计科目：销售费用

2017年		凭证号数	摘　要	借　方	贷　方	核对号	借或贷	余　额
月	日							
5	31		汇总1—17号凭证	3 000	3 000		平	0
	31		本月合计	3 000	3 000			

会计科目：应付职工薪酬

2017年		凭证号数	摘　要	借　方	贷　方	核对号	借或贷	余　额
月	日							
5	31		汇总1—17号凭证	81 700	89 870		贷	8 170
	31		本月合计	81 700	89 870			

会计科目：主营业务收入

2017年		凭证号数	摘　要	借　方	贷　方	核对号	借或贷	余　额
月	日							
5	31		汇总1—17号凭证	280 000	280 000		平	0
	31		本月合计	280 000	280 000			

会计科目：生产成本

2017年		凭证号数	摘　要	借　方	贷　方	核对号	借或贷	余　额
月	日							
5	31		汇总1—17号凭证	212 400	150 500		借	61 900
	31		本月合计	212 400	150 500			

总　账

会计科目：制造费用

2017 年		凭证号数	摘　要	借　方	贷　方	核对号	借或贷	余　额
月	日							
5	31		汇总1—17号凭证	30 900	30 900		平	0
	31		本月合计	30 900	30 900			

总　账

会计科目：主营业务成本

2017 年		凭证号数	摘　要	借　方	贷　方	核对号	借或贷	余　额
月	日							
5	31		汇总1—17号凭证	147 000	147 000		平	0
	31		本月合计	147 000	147 000			

总　账

会计科目：税金及附加

2017 年		凭证号数	摘　要	借　方	贷　方	核对号	借或贷	余　额
月	日							
5	31		汇总1—17号凭证	3 366	3 366		平	0
	31		本月合计	3 366	3 366			

总　账

会计科目：所得税费用

2017 年		凭证号数	摘　要	借　方	贷　方	核对号	借或贷	余　额
月	日							
5	31		汇总1—17号凭证	23 491	23 491		平	0
	31		本月合计	23 491	23 491			

⑥编制总分类账户期末余额试算平衡表（见表12-10）。

表12-10　　　　　　　　　　　　期末余额试算平衡表　　　　　　　　　　　单位：元

会计科目	期末余额	
	借　方	贷　方
库存现金	1 500	
银行存款	377 700	
应收账款	316 000	
其他应收款	10 000	
原材料	186 500	
库存商品	103 500	
固定资产	400 000	
短期借款		60 000
应付账款		103 500
应交税费		75 657
累计折旧		99 700
实收资本		400 000
盈余公积		150 000
本年利润		370 473
利润分配		120 000
应付票据		69 600
应付职工薪酬		8 170
生产成本	61 900	
合计	1 457 100	1 457 100

⑦编制资产负债表（见表12-11）及利润表（见表12-12）。

表12-11 资产负债表（简表）

编制单位：大连金逸机械制造有限公司　2017年5月31日　　　　单位：元

资产	期末余额	年初余额（略）	负债和所有者权益	期末余额	年初余额（略）
流动资产：			流动负债：		
货币资金	379 200		短期借款	60 000	
应收票据	0		应付票据	69 600	
应收账款	316 000		应付账款	103 500	
预付款项	0		预收款项	0	
其他应收款	10 000		应付职工薪酬	8 170	
存货	351 900		应交税费	75 657	
流动资产合计	1 057 100		流动负债合计	316 927	
非流动资产：			非流动负债：		
可供出售金融资产	0		长期借款	0	
持有至到期投资	0		非流动负债合计	0	
固定资产	300 300		负债合计	319 327	
工程物资	0		所有者权益：		
固定资产清理	0		实收资本	400 000	
无形资产	0		资本公积	0	
长期待摊费用	0		盈余公积	150 000	
其他非流动资产	0		未分配利润	490 473	
非流动资产合计	300 300		所有者权益合计	1 040 473	
资产总计	1 357 400		负债和所有者权益总计	1 357 400	

表12-12 利润表（简表）

编制单位：大连金逸机械制造有限公司　　　　2017年5月　　　　单位：元

项目	本期金额	上期金额（略）
一、营业收入	280 000	
减：营业成本	147 000	
税金及附加	3 366	
销售费用	3 000	
管理费用	32 670	
财务费用	0	
资产减值损失	0	
加：公允价值变动收益（损失以"-"号填列）	0	
投资收益（损失以"-"号填列）	0	
二、营业利润（亏损以"-"号填列）	93 964	
加：营业外收入	0	
减：营业外支出	0	
三、利润总额（亏损总额以"-"号填列）	93 964	
减：所得税费用	23 491	
四、净利润（净亏损以"-"号填列）	70 473	

2. 填写表12-13：

表 12-13   会计核算组织程序分类

会计核算组织程序	特　点	优　点	缺　点	适用范围
记账凭证核算组织程序	根据记账凭证逐笔登记总分类账	总分类账能详细反映业务发生情况，账户对应关系清楚	登记总账的工作量较大	规模小、业务少、凭证不多的单位
科目汇总表核算组织程序	定期根据所有记账凭证汇总编制科目汇总表，然后根据科目汇总表登记总分类账	简化了登记总账的工作量，科目汇总表能起到入账前的试算平衡作用	账户对应关系不清楚，不便于分析资金运动的来龙去脉	大、中、小型单位
汇总记账凭证核算组织程序	定期将全部记账凭证分别编制汇总收款凭证、汇总付款凭证、汇总转账凭证，根据各种汇总的记账凭证登记总分类账	大大减少了登记总账的工作量，汇总的记账凭证能正确地反映账户之间的对应关系	定期编制汇总记账凭证的工作量较大，而且在汇总过程中是否存在错误也不易发现	规模较大、经济业务较多的单位
日记总账核算组织程序	设置日记总账，根据记账凭证逐笔登记日记总账	简化了记账手续，日记总账能反映账户之间的对应关系，有利于分析资金运动的来龙去脉	会计科目较多时，会造成账页过大、栏次过多，不便于分工记账	规模小、业务少、使用会计科目少的单位

3. 正确的科目汇总表见表 12-14：

表 12-14   科目汇总表   单位：元

会计科目	本期发生额	
	借　方	贷　方
库存现金	2 840	2 372
银行存款	4 600	4 500
应收账款	700	
原材料	12 000	
固定资产	50 000	
管理费用	3 400	
应付账款		2 000
实收资本		60 000
预收账款		2 068
应付职工薪酬		2 600
合　计	73 540	73 540

4. 科目汇总表核算组织程序图（如图 12-2 所示）。

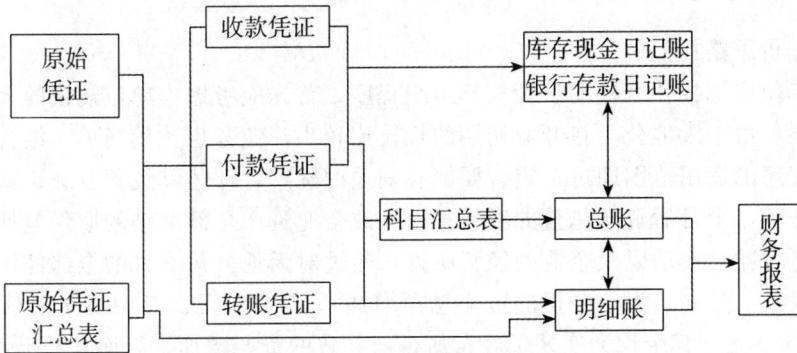

图 12-2　科目汇总表核算组织程序图

5. 所编制的会计分录为：

（1）借：管理费用 　　　　　　　　　　　　　　　　　　　　1 500

　　　　贷：银行存款 　　　　　　　　　　　　　　　　　　　　　　1 500

应编入"银行存款汇总付款凭证"。

（2）借：管理费用 　　　　　　　　　　　　　　　　　　　　　800

　　　　贷：库存现金 　　　　　　　　　　　　　　　　　　　　　　　800

应编入"库存现金汇总付款凭证"。

（3）借：库存现金 　　　　　　　　　　　　　　　　　　　　　100

　　　　贷：管理费用 　　　　　　　　　　　　　　　　　　　　　　　100

应编入"库存现金汇总收款凭证"。

（4）借：管理费用 　　　　　　　　　　　　　　　　　　　　　600

　　　　贷：长期待摊费用 　　　　　　　　　　　　　　　　　　　　　600

应编入贷方科目"长期待摊费用汇总转账凭证"。

（5）借：本年利润 　　　　　　　　　　　　　　　　　　　21 300

　　　　贷：管理费用 　　　　　　　　　　　　　　　　　　　　　21 300

应编入贷方科目"管理费用汇总转账凭证"。

"管理费用"总账账户的登记如下：

管理费用

6 月 20 日余额：	18 500		
根据银行存款汇总付款凭证	1 500		
根据库存现金汇总付款凭证	800		
根据库存现金汇总收款凭证	100		
根据"长期待摊费用"账户		根据"管理费用"账户	
贷方汇总转账凭证	600	贷方汇总转账凭证	21 300
本月发生额合计	21 300	本月发生额合计	21 300

七、案例提示

案例分析思路：

一个单位应选择什么样的会计核算组织程序，首先应考虑本单位规模的大小、业务的繁简需要。由于天地公司在开业初期的规模比较小，业务也比较简单，结合各种会计核算组织程序的适用范围即可选定。要解答刘通的疑惑，评述其经营业绩，就必须观察天地公司开业一个月后资产总量的增减，而导致企业资产总额变动的原因包括负债的变动、所有者权益的变动以及企业的经营所得。通过对天地公司本月的全部经济业务进行处理可以发现，月末，天地公司的资产总额增加了 23 730 元，其中由于负债使得资产增加了 10 560 元，其余均为实现了经营所得而导致的资产增加，因而其结果不言而喻。

由于天地公司的初始投资额仅有 100 000 元，规模并不大，而且其经营业务主要是家具的批发与零售。在开业初期，其业务量也不是太大，这一点从其开业一个月发生的业务中就可以看出。本书所介绍的四种会计核算组织程序的适用范围分别是：记账凭证核算组织程序适用于规模小、业务量少的单位；科目汇总表核算组织程序适用于所有的单位；汇总记账凭证核算组织程序适用于规模大、业务多的单位；日记总账核算组织程序适用于规模小、业务量少、使用会计科目少的单位。就目前天地公司的状况而言，最适合选择的就是记账凭证核算组织程序。另外，刘通不懂会计，所以在这种核算组织程序下，刘通就能很容易地通过总账的详细记录了解公司发生的每一笔经济业务，进而观察其资金运动的来龙去脉，把握公司的经营状况。

天地公司应设置的记账凭证可以有收款凭证、付款凭证、转账凭证；设置的账簿可以有库存现金日记账、银行存款日记账、总分类账、有关的明细账等。对于天地公司开业一个月的业务可作如下处理（为简化起见，这里只编制会计分录）：

（1）借：银行存款   100 000
      贷：实收资本   100 000

（2）借：长期待摊费用   20 000
      贷：银行存款   20 000

（3）借：库存商品   70 400
      贷：银行存款   59 840
          应付账款   10 560

（4）借：银行存款   38 800
      贷：主营业务收入   38 800

（5）借：银行存款   12 570
      应收账款   13 300
      贷：主营业务收入   25 870

（6）借：销售费用   2 000
      贷：银行存款   2 000

（7）借：库存现金   10 000
      贷：银行存款   10 000
    借：销售费用   4 000

借：其他应收款   5 000
  贷：库存现金   9 000
（8）借：销售费用   543
    贷：银行存款   543
（9）借：销售费用   220
    贷：库存现金   220
（10）借：销售费用   137
    贷：库存现金   137
（11）借：主营业务成本   44 600
    贷：库存商品   44 600
（12）借：主营业务收入   64 670
    贷：本年利润   64 670
（13）借：本年利润   51 500
    贷：主营业务成本   44 600
      销售费用   6 900

根据会计分录登记有关的总分类账（用"T"形账户代替）如下：

银行存款

（1）	100 000	（2）	20 000
（4）	38 800	（3）	59 840
（5）	12 570	（6）	2 000
		（7）	10 000
		（8）	543
期末余额：	58 987		

实收资本

		（1）	100 000
		期末余额：	100 000

长期待摊费用

（2）	20 000		
期末余额：	20 000		

库存商品

（3）	70 400	（11）	44 600
期末余额：	25 800		

应付账款

		（3）	10 560
		期末余额：	10 560

主营业务收入

（12）	64 670	（4）	38 800
		（5）	25 870

应收账款

（5）	13 300		
期末余额：	13 300		

销售费用

（6）	2 000	（13）	6 900
（7）	4 000		
（8）	543		
（9）	220		
（10）	137		

库存现金			
(7)	10 000	(7)	9 000
		(9)	220
		(10)	137
期末余额：643			

其他应收款			
(7)	5 000		
期末余额：	5 000		

主营业务成本			
(11)	44 600	(13)	44 600

本年利润			
(13)	51 500	(12)	64 670
		期末余额：	13 170

根据天地公司的账簿记录，可以编制资产负债表、利润表，分别见表 12-15、表12-16：

表 12-15

资产负债表（简表）

编制单位：天地公司　　　　　　　　2017 年 5 月 31 日　　　　　　　　单位：元

资　产	期末余额	年初余额（略）	负债和所有者权益	期末余额	年初余额（略）
流动资产：			流动负债：		
货币资金	59 630		应付账款	10 560	
应收账款	13 300		流动负债合计	10 560	
其他应收款	5 000		所有者权益：		
存货	25 800		实收资本	100 000	
流动资产合计	103 730		未分配利润	13 170	
非流动资产：			所有者权益合计	113 170	
长期待摊费用	20 000				
非流动资产合计	20 000				
资产总计	123 730		负债和所有者权益总计	123 730	

表 12-16

利润表（简表）

编制单位：天地公司　　　　　　　　2017 年 5 月　　　　　　　　单位：元

项　目	本期金额	上期金额（略）
一、营业收入	64 670	
减：营业成本	44 600	
销售费用	6 900	
二、营业利润（亏损以"-"号填列）	13 170	
三、利润总额（亏损总额以"-"号填列）	13 170	
减：所得税费用	3 292.50	
四、净利润（净亏损以"-"号填列）	9 877.50	

根据我们为天地公司编制的资产负债表、利润表可以看出，经过一个月的经营，天地公司的资产总额由月初的 100 000 元增加到月末的 123 730 元，负债总额增加了

10 560元，所有者权益总额增加了 13 170 元，而所有者权益的增加是由于实现了利润 13 170 元所致。由此可见，天地公司在这一个月的经营中，其成绩是肯定的。在处理天地公司业务的过程中，有两点需要注意：一是公司的装修及设施支出不能全部作为 5 月份的费用，应该在确定了摊销期限之后，按月进行摊销；二是刘通个人的生活支出不能作为天地公司的支出，这是会计主体前提条件所限定的内容。

第 13 章 财务软件的基本使用方法

一、学习目的与要求

本章以金蝶 KIS 专业版 V12.3 为蓝本，简单介绍了会计信息系统的构成要素和功能结构，以及会计信息系统的业务处理流程、基本操作方法。通过本章的学习，应能够理解会计信息的概念，掌握计算机网络环境下会计信息系统的概念、特点及操作流程，了解会计信息系统的发展。

二、预习要览

(一) 关键概念

1. 系统注册　　　　2. 账套　　　　　　3. 账务分工

4. 内部转账　　　　5. 报表运算

(二) 关键问题

1. 说明系统注册的主要过程。

2. 建立账套时要注意哪些主要问题？

3. 在电算化会计环境下，财务分工应怎样设置？

4. 说明会计软件操作中转账的主要内容。

5. 如何定义报表运算？

三、本章的重点与难点

会计核算软件使用的主要问题是：系统注册、建立账套、合适的财务分工、日常和期末账务处理以及会计报表的生成与输出等。

四、练习题

以第 11 章、第 12 章的综合题资料为基础，用金蝶 KIS 专业版 V12.3 进行系统注册、建立账套、日常和期末账务处理以及会计报表的生成与输出的练习。

第14章 会计工作的组织与管理

一、学习目的与要求

本章阐述的内容有：会计工作组织的含义、会计机构的管理体制、会计的岗位设置及岗位责任、会计工作的组织形式和会计档案与会计工作交接等。应重点掌握会计工作岗位的设置及岗位责任，这是我们做好具体会计工作的组织保证。

二、预习要览

（一）关键概念

1. 会计工作组织　　　2. 会计核算管理模式　　3. 会计机构

4. 会计法规制度　　　5. 集中核算　　　　　　6. 非集中核算

7. 会计档案　　　　　8. 会计岗位群　　　　　9. 会计岗位

（二）关键问题

1. 合理地组织会计工作有哪些意义？

2. 组织好会计工作有哪些要求？

3. 会计人员有哪些职责和权限？

4. 我国会计法规制度体系包括哪些具体内容？

5. 企业单位选择会计工作组织形式时应注意哪些问题？

6. 怎样保管会计档案？

7. 统一的企业会计制度主要包括哪些内容？

三、练习题

（一）单项选择题

1. 《中华人民共和国会计法》明确规定由(　　　)管理全国的会计工作。

A. 国务院　　　　　　　　　　B. 财政部

C. 全国人民代表大会　　　　　D. 注册会计师协会

2. 在大中型企业中，领导和组织企业会计工作和经济核算工作的是(　　　)。

A. 厂长　　　　　　　　　　　B. 注册会计师

C. 高级会计师　　　　　　　　D. 总会计师

3. 关于非集中核算组织形式，下列说法中正确的是(　　　)。

A. 总分类核算和对外报表应由厂级会计部门集中进行

B. 车间级会计部门负责独立组织本车间的全套会计循环

C. 车间级会计部门只负责登记原始记录和填制原始凭证

D. 以上说法都不对

4. 关于会计部门内部的岗位责任制，下列说法中错误的是(   )。

A. 必须贯彻钱账分设、内部牵制的原则

B. 人员分工可以一岗一人，也可以一岗多人或多岗一人

C. 会计人员合理分工，能划小核算单位、缩小会计主体、简化会计工作

D. 应保证每一项会计工作都有专人负责

5. 会计人员的职责中不包括(   )。

A. 进行会计核算   B. 实行会计监督

C. 编制预算   D. 决定经营方针

6. 我国会计工作管理体制的总体原则是(   )。

A. 统一领导，分级管理   B. 精减机构，提高效率

C. 钱账分设，内部牵制   D. 分工协作，职责分明

7. 会计人员对不真实、不合法的原始凭证应(   )。

A. 予以退回   B. 更正补充

C. 不予受理   D. 无权自行处理

8. 企业年度会计报表的保管期限为(   )。

A. 5 年   B. 15 年

C. 30 年   D. 永久

9. 在一些规模小、会计业务简单的单位，应(   )。

A. 单独设置会计机构   B. 在有关机构中配备专职会计人员

C. 在单位领导机构中设置会计人员   D. 不设专职的会计人员

10. 集中核算和非集中核算，在一个企业里(   )。

A. 可同时采用   B. 可分别采用

C. 既可同时采用，又可分别采用   D. 不能同时采用

11. 企业的库存现金日记账和银行存款日记账保管期限为(   )。

A. 15 年   B. 3 年

C. 30 年   D. 永久

（二）多项选择题

1. 合理地组织企业的会计工作，能够(   )。

A. 提高会计工作的效率

B. 提高会计工作的质量

C. 确保会计工作与其他经济管理工作协调一致

D. 加强各单位内部的经济责任制

E. 取代企业的计划、统计等部门的工作

2. 会计工作的组织，主要包括(   )。

A. 会计机构的设置   B. 会计人员的配备

C. 会计法规、制度的制定与执行   D. 会计档案的保管

E. 会计工作的组织形式

3. 会计工作的组织形式包括(   )。

A. 科目汇总表核算形式   B. 集中核算形式

C. 汇总记账凭证核算形式　　　　　　　D. 非集中核算形式

E. 记账凭证核算形式

4. 在非集中核算形式下，二级核算单位的核算内容包括(　　　)。

A. 填制原始凭证　　　　　　　　　　　B. 进行明细分类核算

C. 进行总分类核算　　　　　　　　　　D. 编制内部报表

E. 编制对外会计报表

5. 我国会计专业技术职务分别规定为(　　　)。

A. 高级会计师　　　　　　　　　　　　B. 会计师

C. 注册会计师　　　　　　　　　　　　D. 助理会计师

E. 会计员

6. 有关会计人员的法规包括(　　　)。

A. 《会计人员职权条例》　　　　　　　B. 《总会计师条例》

C. 《会计基础工作规范》　　　　　　　D. 《中华人民共和国注册会计师法》

E. 《会计档案管理办法》

7. 会计档案的定期保管期限有(　　　)。

A. 3 年　　　　　　　　　　　　　　　B. 15 年

C. 10 年　　　　　　　　　　　　　　　D. 30 年

E. 25 年

8. 会计人员和会计机构的主要职责有(　　　)。

A. 进行会计核算

B. 实行会计监督

C. 拟订本单位的会计工作实施办法和制度

D. 编制预算和财务计划，并考核分析执行情况

E. 办理其他会计事项

9. 无论采用集中核算还是非集中核算，(　　　)都应由厂部财务会计部门集中办理。

A. 企业对外的现金往来　　　　　　　　B. 材料的明细核算

C. 物资购销　　　　　　　　　　　　　D. 债权债务的结算

E. 企业所有会计报表的编制

10. 各单位制定内部会计管理制度应当遵循下列原则(　　　)。

A. 应当执行法律、法规和国家统一的财务会计制度

B. 应当体现本单位的生产经营、业务管理的特点和要求

C. 应当全面规范本单位的会计工作，建立健全会计基础，保证会计工作的有序进行

D. 应当科学、合理，便于操作和执行

E. 应当定期检查执行情况

11. 各单位应当建立内部会计管理体系，其主要内容包括(　　　)。

A. 单位领导人、总会计师对会计工作的领导职责

B. 会计部门及会计机构负责人、会计主管人员的职责、权限

C. 会计部门与其他职能部门的关系

D. 会计核算的组织形式

E. 会计人员的工作岗位设置

12. 会计人员的权限有(   )。

A. 督促本单位有关部门执行国家财务会计制度

B. 参与本单位计划编制

C. 对外签订经济合同

D. 有权检查本单位有关部门的财务收支

E. 参加有关的业务会议

13. 我国会计法规和制度体系由(   )等三个层次构成。

A. 会计法   B. 会计准则

C. 会计制度   D. 会计程序

E. 会计假设

14. 我国《企业会计准则》主要包括以下内容(   )。

A. 关于会计核算基本前提的规定   B. 关于会计核算一般原则的规定

C. 关于会计要素准则的规定   D. 关于财务报告体系的规定

E. 关于会计人员职责的规定

15. 国有企事业单位的(   )的任免,应当经过上级主管单位同意,不得任意调动或者撤换。

A. 会计机构负责人   B. 会计人员

C. 总会计师   D. 会计主管人员

E. 高级会计师

(三) 判断题

1.《中华人民共和国会计法》明确规定,国务院直接管理全国的会计工作。

(   )

2. 企业会计工作的组织形式是统一领导,分级管理。   (   )

3. 在实际工作中,企业可以对某些业务采用集中核算,而对另外一些业务采用非集中核算。

(   )

4. 在《企业会计准则》中,对会计机构负责人和会计主管人员的任免都作了若干特殊的规定。

(   )

5. 我国的会计法规制度体系由三个层次构成,即会计法、企业会计准则、企业财务通则。

(   )

6. 会计档案的保管期限分为永久保管和定期保管两种,其中定期保管又分为 5 年、10 年、15 年和 30 年。

(   )

7. 企业单位采用非集中核算,财会部门掌握的资料比较完整、详细。   (   )

8. 会计制度包括全国统一的行业会计制度和企业单位内部的会计制度。   (   )

四、练习题参考答案

(一) 单项选择题

1. B   2. A   3. A   4. C   5. D   6. A   7. C   8. D   9. B   10. D   11. C

（二）多项选择题

1. ABCD　2. ABCDE　3. BD　4. ABD　5. ABDE　6. ABCDE　7. CD　8. ABCDE

9. ACD　10. ABCD　11. ABCDE　12. ABDE　13. ABC　14. ABD　15. AC

（三）判断题

1. ×　2. ×　3. ×　4. ×　5. ×　6. ×　7. ×　8. ×